심동보 제독의
필승 리더십

나남
nanam

나남신서 1926

심동보 제독의
필승 리더십

2017년 7월 20일 발행
2017년 7월 20일 1쇄

지은이   심동보
발행자   趙相浩
발행처   (주) 나남
주소   10881 경기도 파주시 회동길 193
전화   (031) 955-4601 (代)
FAX   (031) 955-4555
등록   제 1-71호 (1979.5.12)
홈페이지   http://www.nanam.net
전자우편   post@nanam.net

ISBN 978-89-300-8926-5
ISBN 978-89-300-8001-9(세트)

책값은 뒤표지에 있습니다.

나남신서 1926

THE ADMIRED LEADER

심동보 제독의
필승 리더십

나남
nanam

이 책을 읽다 보면
자부심 높은 최강의 조직이 보인다

김동길
태평양시대위원회
이사장

역사의 어느 시대에도 유능한 지도자는 반드시 필요했다. 1789년 프랑스 대혁명은 신분사회를 타파하고 시민사회를 형성하여 민주주의의 계기를 마련했지만 여망을 완성하지 못했다. 신뢰할 지도자가 없어 민중이 갈팡질팡하는 바람에 결국 제정으로 되돌아간 것이다.

오늘날 한국은 민주적 헌법을 가진 나라임에도 위기에 직면하여 우왕좌왕하는 형편이어서 다른 어느 때보다 더 진실하고 능력 있는 지도자의 출현을 고대하고 있다.

그렇기에 평소 주변 사람들의 존경과 신뢰와 사랑을 듬뿍 받고 있는 심동보 제독의 이 책은 시의적절하게 출판된 리더십 양서이다. 누구에게나 일독을 권하고 싶다.

김태영
전 국방부장관

전쟁이라는 극한 상황에서 우리는 많은 리더십의 표상을 발견할 수 있다. 그러나 평화로운 시기에도 위대한 리더십은 존재한다. 영국을 다시 일으켜 세운 마거릿 대처 총리, 통일 독일의 경제를 개혁하여 오늘날 유럽을 주도할 수 있는 여건을 마련한 슈뢰더 독일 총리, 남북대결과 남남갈등의 혼란 속에서도 오늘의 대한민국을 가능하게 한 박정희 대통령은 나라의 먼 미래를 내다보고 묵묵히 자신의 소임을 완수한 위대한 지도자들이었다. 정치적 혼란과 무너져 내리는 경제 상황에서 신뢰할 지도자를 찾을 수 없는 오늘의 상황에서 이 책을 통해 리더십을 공부할 수 있는 계기가 만들어지길 기대한다.

박재완
한반도선진화재단
이사장

이 책은 리더라면 꼭 지녀야 할 나침반과 같다. 심동보 제독은 이순신과 안중근의 DNA를 고루 갖춘 누구나 닮고 싶은 리더다. 군 최고의 전략기획가가 체득하고 고심해서 정립한 리더십 원칙은 군대뿐만 아니라 정부와 기업 등 모든 조직에 그대로 적용될 수 있다.

이종호
전 국가보훈처장

30년간 해군으로 생활한 나는 이 책을 읽고 전율을 느낄 정도로 크게 공감하였다. 심동보 제독은 리더로서 갖추어야 할 필수적 요건인 청빈성과 탁월한 지식을 겸비하고 있어 앞으로도 대한민국의 발전을 위해 많은 일을 할 인물이다. 이 책은 군 지휘관뿐만 아니라 사회 각층의 지도자들이 참고로 할 수 있는 필독서이다.

이택수
(주)리얼미터 대표

심동보 제독은 적을 무찌르고 정의를 실천한 용기 있는 리더이자 전략가이다. 청빈하고 정직하며 따뜻하고도 강직한 품성을 지닌, 청량제와 같은 우리 시대의 영웅이 쓴 이 책은 그의 전설적 헌신과 용기가 어디에서 나왔는지 알 수 있게 해준다. 정치가를 비롯한 책임 있는 리더들이 반드시 읽어야 하는 책으로서 추천하는 바이다.

자유롭게 하면
행복한 가운데 이기고 번영한다

경남 함안의 시골 초등학교 5학년 때 태어나 처음으로 바다와 도시를 보았다. 흙먼지 자욱한 시골 길을 털털거리는 시외버스로 오가면서 멀미로 인사불성이 됐다. 빡빡머리는 늘 집에서 아버님이나 형들이 깎아 주었다. 예쁘게 손질해 주는 이발소에 가는 게 소원이었으나 어쩔 수 없었다.

어릴 때는 숫기가 모자라 여러 사람 앞에 나서서 말 한마디 제대로 하지 못했다. 전교 어린이 회장 선거에서 단 1표 차로 떨어지고 혼자 교실에 숨어 울기도 했다. 이후의 2학기 선거에서 압도적으로 당선되기는 하였으나, 그날의 낙선은 인생에서 처음 겪은 쓰라린 패배였다.

어려운 형편에 형제는 많아 중·고등학교 6년 내내 교복이 유일한 외출복일 정도로 어려웠으나 누구로부터도 잔소리 듣지 않고 스스로 알아서 자유롭고 행복하게 생활했다.

첫 발에 무장간첩선 격침으로 기적적 승리의 주인공이 되다

10여 년 후 바다를 주 무대로 한 삶이 새로 시작됐다. 처음으로 비행기도 타 보고 해군 2인자의 전속부관, 1인자의 수행부관으로 전격 발탁돼 촌놈 티를 벗었다. 모두가 놓친 북한 무장간첩선을 발견하고 첫 발에 격침해 공작원 6명과 함께 겨울 바다 속에 가라앉히면서 일약 스타덤에 올랐다. 해군사관학교를 졸업하고 임관을 한 이후 줄곧 남의 부러움을 샀던 좋은 일들은 사실 나에겐 어울리지 않는 기적에 가까웠다.

나에게도 놀라웠던 일들은 이후에도 꾸준히 이어졌다. 해상근무 마지막 무렵의 대령 보직인 1급함 함장으로서 지휘한 호위함이 그해 해군의 '최우수 1급함'으로 선정되고 지금까지 유일한 벤치마크 함정 (bench-mark ship: 본보기가 돼 여러 가지 배울 점이 많은 군함) 으로 선포됐다. 합동감사 결과 해군에서 유일하게 구타 및 가혹행위 없는 부대로 확인되어 전 부대에 수범 사례로 전파되었다. 32년간의 해군 생활에서 내가 지휘한 거의 모든 부대는 최우수평가를 받았다. 해군사관학교 연대 훈육관('생도 연대장'으로 호칭) 근무를 마치고 떠날 땐 사관생도 전원이 편지를 써서 선물로 주었다. 우리나라 사관학교 역사상 처음 있는 일이라고 했다.

어느 부대나 내가 발령 받은 부대는 거의 무조건적으로 긴장한다고 하였다. 이제부터 죽을 각오를 하든지 먼저 떠나든지 해야 살 수 있다는 식이었다. 그러나 함께 근무하고 나면 하나같이 딴판으로 달라졌다. 자유로운 분위기 속에서 스스로 알아서 일하는 기분도 나고 보람도 있어 자랑스럽다는 것이었다. 같이 근무한 수병들은 다른 부대로 발령이 나도 떠나지 않으려 했다. 어쩔 수 없이 떠났던 어떤 수병은 스스로 다시 돌아와 전역할 때까지 다시 근무하기도 했다.

살아있는 실전 리더십의 교재가 되다

'군사교육의 하버드(Harvard)'로 불리는 미국 국방대학원(National War College) 유학 시절엔 특강 중에 내가 질의한 내용이 결국 9·11 테러를 예견한 경고가 됐다. 졸업 때는 1년 만에 미국의회가 인준한 국가안보전략 석사학위를 어렵게 받기도 하였다.

합동참모본부와 국방부 근무 때는 전략기동함대 발전계획을 작성하고 21세기·통일대비 국방태세발전방향을 기획하였다. 또한 한국군의 정보작전(information operations)을 창시, 초대 과장으로 근무하면서 사이버전(戰)을 비롯한 첨단전쟁 수행개념을 반영한 공세적 작전계획(OPLAN)과 최초의 한반도 전역계획(Campaign Plan)을 세우기도 했다.

32년간의 군복무를 마치고 전역하고 나니 해군충무공리더십센터에서 리더십 사례에 대한 글을 써 달라는 요청이 왔다. 존경받는 예비역 선배의 근무 사례 중에서도 나의 경우를 선정한 이유는 현역의

후배 장교들이 대표적으로 가장 읽고 싶어 하기 때문이라 했다. 〈해
군리더십논총〉 제2호(2008. 12. 30. 해군충무공리더십센터)에 실린
"심동보 제독의 실전 리더십 10계명"을 읽은 많은 장교들의 반응과
나의 군 생활에 대한 과분한 칭찬을 들으며 보람을 느꼈다.

제독님은 이 시대와 우리 해군, 해병대 공동체의 진정한 자랑이자 살
아 있는 긍지이십니다. 제독님과 한 줄기, 한 핏줄의 바닷사람인 것
이 영광스럽습니다(군종대위).

다른 이들이 잘 때 일하는 용감한 사람들, 다른 이들이 도망갈 때 당
당히 맞서는 사람들, 그들이야말로 한 나라의 기둥을 깊이 묻고 하늘
을 찌를 듯 높이 세우는 사람들. 후배로서 닮고 싶습니다(항해대위).

제독님은 아직도 온몸을 떨게 한 감동이었으며 훌륭한 지표가 되고
있습니다. 해군에 제독님과 같은 분이 계셨다는 것이 참 감사했습니
다(항해대위).

후배들에게 실제 희생과 헌신이 무엇인지 몸소 실천으로 보여 주신
선배님(여군대위).

오직 전투에만 신경 쓸 수 있도록 모든 체계를 만들어 주시고, 까마
득한 후배들 많이도 챙겨 주신 멋지고 자랑스러운 선배였음을 영원히

기억할 것입니다(항해소령).

정말 1%의 사심도 없이 정열적으로 해군을 위해 애쓰신 그 모든 것은 저희 후배들 가슴 속에 영원히 남아 있습니다(항해중령).

먼 곳을 지향하면서 자부심을 가지고 오늘을 용기 있게 도전하면서 작은 영웅처럼 사신 선배님(항해대령).

특출한 창의력과 성실로 항상 최우수 부대를 창조하였고, 신의를 생활신조로 선·후배를 대했던 후배님(항해대령, 선배).

선배님은 진정 해군장교의 Benchmark이셨습니다(준장).

진정 당신만큼 열심히 해군을 위해 일한 사람이 있을까 하는 의문이 남습니다. 분명 선배님은 의미 있고, 영광스럽고, 누구에게나 존경받을 만한 전역을 하는 것입니다(예비역 대령, 후배).

나는 해군장교 중에 당신만큼 열정과 해박한 지식을 겸비한 선후배를 본 적이 없었소(예비역 대령, 옛 상관).

내가 해군에 있는 동안 심 제독만큼 온 정열을 바쳐 열심히 일하고 한눈팔지 않고 정도를 걸어온 사람은 없었소(예비역 준장, 옛 상관).

심 제독을 자랑으로 생각하며, 해군의 인재가 사라져 가고 있음에 안타까움을 느낍니다(예비역 중장).

긴 세월을 피와 땀으로 나라 위해 숨어 일해 오시고 몸을 아끼지 않으신 데에 존경과 감사를 드립니다(기업인).

순수의 시대를 살아가시는 분(언론인).

별책으로 인쇄한 96쪽 분량의 소책자를 읽은 많은 분들 중 지휘권을 가진 이들은 사본을 만들어 부하들에게 반드시 읽도록 했다. 대통령 경호실, 경찰청, 현대중공업, KPMG 삼정회계법인 등, 이 책을 의무적으로 읽게 한 곳이 적지 않다. 특히 어느 대기업 임원은 부하 직원들로부터 독후감을 받아서 책장 가득 쌓아 두고 경영관리에 활용할 정도였다.

'전설의 전우'가 시대의 의인이 되다

전역 후 국가안보 및 리더십과 관련, 여러 방송에 100여 차례 출연한 적이 있었다. 2016년 4월엔 국방TV에서 인터뷰를 요청해 왔다. 〈진군가, 전설의 전우〉란 프로그램으로 해군 출신 중엔 내가 처음이라고 했다. 전 국방부장관이나 육군참모총장 등이 출연한 비중 있는 방송에 해군준장 출신이 처음 나갔는데 인터뷰 앞머리에 나를 소개한 앵커 멘트가 과분했다.

조선시대에 이순신 제독이 있었다면 21세기에는 심동보 제독님이더
라고요. 제가 듣기로는 심 제독님을 해군 후배들이 가장 닮고 싶은
선배로 꼽았다고 합니다.

한편 대통령이 탄핵되는 엄중한 시기에 여성대통령을 모독한 전라
(全裸) 그림이 예술을 빙자하여 국회의원이 관련한 전시회에 내걸
린 적이 있었다. 대통령의 잘잘못을 떠나 많은 이가 모욕감을 느끼
고 분노했는데도 여러 날 동안 벌거벗겨진 대통령 그림은 국회의원
회관 로비에서 건재했다.

마침 국회에 용무가 있어 들렀다가 그 모습을 보고 그림을 망설임
없이 끌어내려 팽개쳐 버렸다. 그 그림을 전시한 것은 표현의 자유
를 빙자하여 국가원수이자 국군통수권자인 대통령의 명예를 실추시
키고 인격과 권위를 심각히 훼손한 부당한 일이며, 이에 대해 행동
으로 경고한 것은 국민의 도리이자 예비역 군인의 의무라는 생각이
었다.

재물손괴죄 혐의로 현장에서 경찰에 연행되어 조사를 받고 검찰
에 송치된 이후 5개월 만에 검찰 조사를 받았다. 하지만 당시 그 파
장은 일파만파로 퍼져나가 여러 사람들의 잠자는 용기를 촉발하는
도화선이 된 것 같았다. 연일 언론이 대대적으로 보도하고 각종 집
회와 시위가 이어졌고, 사회관계망 서비스에서도 대통령에 대한 호

불호를 떠나 사회정의를 실현한 용기 있는 행동이라며 폭발적인 반응이 일어났다. 어떤 이들은 위안을 받고 대리만족과 용기를 얻었다고도 했다.

이 나라와 우리 해군은 심 제독을 자랑스럽게 생각할 것입니다(예비역 해군 선배 제독).

제독님의 부하였다는 것이 자랑스럽습니다. 평소 저희들에게 말씀하시고 보여 주신 삶을 여전히 지켜가고 계시네요. 전역 후에도 표상이십니다(옛 부하).

누구도 하지 못한 장한 일로 대한민국의 의기가 살아 있음을 보여 주시고 국가의 자존심을 살려 주었습니다. 역사와 국민이 기억할 것입니다(직접 만나지 못한 지인들).

실전 리더십과 기적적 사례들이 담겨

이 책에는 전역 후 대기업 임원 근무, 강의, 방송 출연, 언론 기고 활동 등을 통해 제시해 온 국가안보와 국민안전과 관련된 국가 사회적 이슈에 대한 필자의 해법이 실전에서 몸으로 익히고 배운 리더십 원칙 및 기적적 사례와 함께 담겨 있다.

가능하면 독자들이 관심분야를 골라 읽기에 편리하도록 3부로 구성하였다. 제1부에는 "기적의 리더십 원칙" 6가지와 19개 세부 원칙, 제2부에는 "실전 리더십 이야기" 4가지와 28개의 사례, 제3부에는 "국가리더십과 안보전략" 3가지와 24편의 에세이가 실렸다.

이 글은 간부들의 출세 지침서가 아니다. 보신과 출세가 지상목표인 사람들은 이 책을 읽을 필요가 없다. 그러나 무엇보다 자신의 존엄과 명예를 지키기 바란다면, 부하들의 자유와 행복을 진정으로 위한다면, 그런 바탕 위에서 소속 조직에 신뢰와 긍지, 보람과 승리를 안겨 주기 위해 몸 바칠 마음을 갖고 있다면, 더 나아가 국가번영과 국민안전을 보장하고 자부심 높은 자유통일국가 시대를 주도적으로 열기 원한다면, 이 책은 그러한 리더를 현명한 길로 안내할 것이라 믿는다.

이 책을 낼 수 있도록 배려하신 나남출판사의 조상호 회장님, 고승철 사장님, 방순영 편집이사님께 감사드린다. 부족한 나를 항상 따뜻한 마음으로 이끌고 용기를 주셨을 뿐 아니라 추천사까지 써 주신 김동길 박사님을 비롯한 존경하는 여러 분에게도 고마움을 전한다. 아울러 평생 '독립군의 가족'을 자처하며 부덕한 가장(家長)을 도와 국가에 헌신할 수 있도록 애써 준 사랑하는 아내에게 그동안 말로 다하지 못했던 마음을 전한다.

　나와 함께 생사고락을 같이한 충직한 전우들을 영원히 기억하면서 진정한 리더십에 보탬이 되기를 바라는 마음을 담아, 나를 닮고 싶어 했던 후배들, 그리고 대통령을 포함해 부하들을 이끌며 책임 있는 자리에 앉은 모든 리더들에게 이 책을 바친다.

자유롭게 하면 꼭 승리하리라!

2017년 6월 호국보훈의 달에
서울디지털산업단지에서

심동보 제독의
필승 리더십

차 례

──────────────── **제 1부 기적의 리더십 원칙 _ 자유롭게 하라**

제1부

기적의 리더십 원칙

자유롭게 하라

가장 이상적인 조직은 임무 앞에 저절로 움직인다.

★

제 1장

기본부터 확립한다
숭본식말

정직과 정확이 기본의 출발이다.

무조건 밝게 만들어라

조직의 경쟁력은 한눈에 확인할 수 있다. 구성원들의 표정과 태도가 밝고 자신감에 차 있으면 십중팔구 희망이 있다는 이야기다. 반대로 어두운 표정과 분위기가 감도는 조직치고 잘되는 경우는 드문 법이다.

긍정적인 기운의 차이가 경쟁력의 차이를 만든다. 무슨 일을 하든지 조직의 최고 리더로부터 말단 직원에 이르기까지 구성원 모두가 일단 기분 좋고 자신감 있게 자신의 일에 임하면 성과를 거둘 수 있을 뿐만 아니라 그 과정에서도 행복할 수 있다.

새로 부임하는 부대나 조직에서 언제나 최우선적으로 변화시킨 것도 구성원들이 무조건 밝은 표정을 갖도록 하는 일이었다. 개인의 밝은 표정은 조직원으로서 임무수행의 첫걸음임을 강조했다. 특정 조직원이 침울하면 조직에 어두운 부정의 분위기를 확산시키는 반면 그가 밝으면 조직 전체에 활력과 생기가 생기기 때문이다.

조직의 경쟁력도 구성원들의 표정과 분위기를 파악함으로써 측정할 수 있다. 이는 직무에 대한 세세한 감찰보다 훨씬 효율적이며, 동기 유발 효과까지도 얻을 수 있는 방법이다.

당장 구성원들의 표정을 살펴보라. 유난히 어두운 표정을 한 부하가 있다면 직접 물어서라도 그 이유를 파악해 봐야 한다. 특별한 사연도 없이 습관적으로 어두운 표정을 지었다면 교육과 훈련을 통해서라도 의무적으로 밝은 표정을 갖게 해야 한다. 모두가 밝은 조직은 반드시 승리할 수밖에 없기 때문이다.

형식이 내용을 지배한다

'폼생폼사'라는 말이 있다. 다 겪어 보지 않아도 외양이 반듯하면 일
단 믿음이 가게 돼 있다. 반대로 아무리 내실이 있어도 겉모습이 허
술하면 빠른 시일 안에 믿음을 얻기 어렵다. 물론 겉으로 드러난 것
보다 잘 알려지지 않은 진실도 언젠가는 드러나게 마련이다. 하지만
촌시를 다투는 속도경쟁의 시대에 겉모습 뒤에 숨어 있는 사실을 바
로, 간단히 알아차리기란 쉽지 않다.

"장교는 아침 이슬을 머금은 장미꽃 같이 항상 신선하고 단정해야
한다." 영국 해군에서 자주 인용하는 경구다. 깔끔한 복장과 용모는
리더가 갖추어야 할 기본덕목 중 으뜸이다. 군 복무와 사회생활을
통해 경험한 바로도 외양이 단정치 못한 사람치고 맡은 일을 제대로
해내는 이를 보지 못했다.

정리정돈도 마찬가지다. 자기신변 주변도 정리 못 하고 지저분한

사람이 일은 효율적으로 처리하는 것을 보기도 쉽지 않다. 언론 보도로 우리에게도 익숙한 미국 백악관의 대통령 집무실 책상은 결코 너저분하지 않다. 반면 어느 광역단체장이 책상 위에 서류가 사람 키보다 높게 쌓인 것을 자랑삼아 언론에 홍보까지 한 것을 본 적 있다. 이 사람은 과연 얼마나 일을 효율적으로 하는지 의문이다. 정리정돈 수준은 일의 우선순위를 매기는 전략적 사고와도 직결되기 때문이다. 조직이 청결하고 정리정돈이 잘 되어 있다는 것은 구성원들이 주인의식을 가지고 있다는 반증이기도 하다.

의사결정권자에게 필요한 정보를 효율적으로 전달하고 의사결정을 빨리 끌어내려면 보고서에서도 일목요연하게 논리를 정리하는 것이 기본임은 물론이다.

정직과 정확이 기본의 출발이다

미국 국민들이 역대 대통령 중 가장 존경하는 인물은 제16대 대통령 에이브러햄 링컨(Abraham Lincoln)이고, 그들이 가장 신뢰하는 집단은 군 장성들이다. 핵심적인 공통 이유는 이들이 정직한 리더라는 것이다. 유일한 초강대국으로서 융성한 미국의 힘의 원천을 엿볼 수 있다.

정직, 정확하지 않은 리더와 조직 구성원은 믿을 수가 없는 법이다. 아무리 유능하고 일을 잘해도 근본적인 신뢰를 얻기 힘들다. 이런 이들은 신출귀몰한 처세로 신뢰를 얻어 승승장구하더라도 언젠가는 개인의 이익을 쫓아 조직과 리더를 배신하게 마련이다.

"숭본식말"(崇本息末)[1]이라는 말이 있듯이 기본은 모든 것의 바탕

---

1 왕필(王弼, 226~249)이 《노자》(老子) 5천 글자를 한마디로 요약한 말로서 근본 (根本)을 높이는 것이 곧 말단(末端)을 살리는 것이며, 말단을 살리는 것이 곧 근

이며 논쟁의 여지가 없는 영역이다. 리더는 기본적으로 정직하고 정확해야 한다. 부하들의 본보기가 되어 업무와 기강과 사기의 중심에 서야 한다. 정직하고 청빈한 처신과 헌신을 최고 미덕으로 삼고 신사도 정신을 앞장서 가져야 함은 물론이다.

기본은 아무리 강조해도 지나침이 없는 덕목이다. 리더로서 마땅히 지켜야 할 가치상에 문제를 안고서도 올바르게 지휘할 수 있다는 것은 어불성설이다. 조직이 잘 돌아갈 리가 만무하다. 각종 사건이나 사고에 얽혀 주도적으로 임무에 전념할 수 없음은 말할 나위도 없다. 그러므로 모든 것에 우선하여 솔선수범을 전제로 기본을 바로 세우는 데 추호의 망설임도 없어야 하는 것이다.

명저 *The Leader*의 저자인 제임스 M. 쿠제스와 베리 Z. 포스너[2]가 1980년대 초반부터 '부하들은 어떤 리더를 존경하는가?'라는 질문을 가지고 72개국 3백만 명 이상의 응답자를 대상으로 조사한 결과, 정직한 리더, 앞일을 생각하는 리더, 용기를 주는 리더, 능력 있는 리더 등 이른바 '원천 신뢰성'이라 불리는 4가지를 갖춘 리더상이 제시되었다. 그중 가장 먼저 꼽힌 특성도 '정직'이었다.

다음은 *The Leader* 중에서 존경받는 리더의 특성 중 정직과 관련해 언급한 내용이다.

본을 높인다는 뜻이다.

[2] 제임스 쿠제스(James M. Kouzes)는 산타클라라대학의 '혁신과 기업가정신 센터' 최고연구위원. 베리 포스너(Barry Z. Posner)는 산타클라라대학의 리비경영대학원 원장이자 조직행동학 교수.

정직. 어떤 상황에서든 누구나 리더를 전적으로 신뢰하고 싶어 하며, 자신의 리더가 강직한 성품과 견실한 청렴성을 지닌 사람이라고 확신하고 싶어 한다.

우리는 정직한 리더를 원한다. 리더의 정직은 우리 자신의 정직을 반영하는 것이기도 하기 때문이다. 사람들이 리더에게 원하고 기대하는 여러 가지 특성 가운데서도 정직은 가장 개인적인 특징이다. 정직이 변함없이 가장 높은 순위인 것도 그런 이유에서일 것이다. 개인적 명성을 가장 잘 강화해 줄 수 있는 것도 정직이고, 가장 큰 해를 입힐 수 있는 것도 정직이다. 흠잡을 데 없는 성품과 강직한 청렴성을 가진 사람을 따를 때, 우리 자신도 그와 같은 사람으로 비춰질 것이다. 그러나 부정직한 사람을 따를 때는 우리 자신의 이미지도 손상을 입게 된다. 그의 진실이 세상에 드러날 때 우리의 명예도 타격을 입게 될 것이다. 또한 시간이 지남에 따라 리더에 대한 존경심뿐만 아니라 자기 존중까지 흔들리게 될 것이다. 리더의 특징 중 정직이 가장 높은 순위인 데는 이렇게 미묘한 이유가 있다.

제 2장

★

저절로 움직이게 한다

솔연率然

부하들로 하여금 스스로 리더가 되게 하라.

자부심의 정점에 서라

잘되는 조직의 공통점은 구성원들이 리더와 소속 조직에 대해 높은 자부심을 가지고 있다는 것이다. 이는 힘의 원천이자 조직 융성의 핵심 요인인데도 자부심을 주는 것과는 거리가 먼 리더의 언행과 처신이 오히려 부하들의 힘을 빼고 사기를 떨어뜨리는 경우가 수두룩한 것이 현실이다.

부하들이 자부심을 가지고 의욕적으로 임무를 다할 수 있도록 하려면 어떻게 해야 할까. 절대적 믿음을 바탕으로 리더를 보거나 생각하는 것만으로도 힘이 나도록 해야 한다. 어떤 사심(私心)도 없이 정직, 공명정대함을 기본으로 삼고 업무에 정통하며 효율과 효과를 중시해 부하들이 임무수행을 통해 보람과 행복을 향유할 수 있게 해야 한다. 열린 마음으로 끊임없이 소통하고 정보를 함께 나눠 부하들이 몰라서 못하는 경우가 없도록 해야 한다. 무엇보다 조직과 구성원들을 향한 사랑을 바탕으로 동고동락하면서 헌신해야 함은 물론이다.

2014년 4월 6일 선임병들에게 폭행당해 숨진 육군 28사단 윤모 일병(23) 사건을 포함하여 끊임없이 발생하는 군대 안의 구타 및 가혹행위 핵심요인도 자부심 실종에서 비롯된 것으로 보인다. 제대로 대우받지도 못하고 지휘관과 소속 부대에 대한 자부심도 없이 소외된 병사들이 최대약자인 후임병을 상대로 악마로 변한 것이다.

천년 제국 로마의 융성 비결은 로마 지도자에 대한 자부심과 로마 시민으로서의 자부심에 있었다.

《로마인 이야기》의 저자 시오노 나나미(塩野七生)가 한 말이다. 모든 리더십의 정곡을 찌르는 경구가 아닐 수 없다.

열정을 다해 무조건 헌신하라

리더의 헌신과 희생은 모든 윗사람의 의무이자 특권과도 같은 것이다. 부하들의 행복과 조직의 유지·발전을 책임지고 임무를 수행하는 데에 헌신하지 않은 채 대우만 받으려는 이기적 성향의 상관을 믿고 최선을 다해 임무를 수행하는 부하가 과연 있을지 자문해 보면 헌신이 너무나 자명한 덕목임이 틀림없을 것이다.

조직을 망치고 결국 구성원들의 행복을 앗아가는 리더 중에는 조직이익보다 개인이익을 먼저 챙기는 이기적 인간이 대부분이다. 겉으로는 부하를 위하는 척하면서도 자기가 직접 애쓰는 일도 없이 부하들만 닦달하거나 유능한 부하들의 비위를 맞추어 인기에 영합하며 보신하는 경우가 다반사이다. 이런 리더는 처신에는 능해 더 높은 직급과 직위로 진출하여 더 큰 악영향을 주게 된다. 그런 조직일수록 결국은 쇠망한다. '썩은 사과' 한 알이 상자 내의 전체 사과를 다 썩게 만드는 것처럼, 헌신하지 않는 이기주의자가 리더로 있는 조직보다 더 불행한 조직은 없을 것이다.

조직의 승패에 대한 무한 책임이 있는 리더는 먼저 욕을 먹더라도 사심 없이 조직의 목표 달성을 위해 열정을 다해 헌신해야 한다. 그러면 고생시켰던 부하들도 언젠가는 결국 진심으로 따라오는 것이 철칙이다.

위국헌신 군인본분(爲國獻身 軍人本分)

안중근 의사가 남긴 이 말은 군인에게만 적용되는 말일 수 없다. 어떤 조직이든 모든 리더들이 금과옥조로 새겨야 할 원칙이 아닐 수 없다.

임무 앞에 저절로 움직이게 만들어라

어떤 조직이든 추구하는 목표에 따라 구성원에게 임무가 주어진다. 군대든 기업이든 정부든, 모든 조직은 각 구성원이 얼마나 자기 임무를 잘 수행해 내느냐에 따라 명운이 갈라지게 마련이다.

이상적인 조직은 임무 앞에 소리 없이 저절로 움직인다. 거창한 구호나 강압에 의해 유지되는 조직은 반드시 쇠퇴하기 마련이나 구성원 각자가 자기 임무를 찾아 스스로 충실히 행하는 조직은 발전할 수밖에 없다.

임무 앞에 저절로 움직이는 조직을 만들기 위해서는 우선 리더가 자기의 임무에 충실하여 부하들의 본보기가 되어야 한다. 업무도 제대로 모르면서 상관으로서의 권위만 내세워 부하들 탓만 하는 상관을 믿고 긍지로 삼아 스스로 열심히 일할 의욕을 가지는 부하가 과연 얼마나 있을까 늘 자문해 봐야 한다.

가장 유능한 리더는 없는 듯이 조직을 장악하나 무능한 리더는 자기가 나서야만 조직이 움직인다. 리더만이 할 수 있는 자기 업무에는 소홀하고 정통하지도 못하면서 부하들의 일거수일투족과 모든 일을 확인·감독하는 것을 주업으로 삼는 리더는 부하들을 헛고생시키는 무능의 표본이다.

반면 업무에 정통한 가운데 사심 없이 솔선수범하는 리더는 보람을 창조하여 부하들을 행복하게 만든다. 부하들은 리더에 대한 긍지와 믿음을 바탕으로 자기 임무에 스스로 충실하여 조직목표 달성에 이바지한다.

조직에서 일어나는 모든 일을 리더가 다 파악하여 통제하기는 결코 쉬운 일이 아니다. 설사 가능하다고 할지라도 오히려 구성원들의 자율적 의욕을 떨어뜨려 윗사람에게 잘 보이기 위한 일에만 열중하고 잘 드러나지 않는 일에는 소홀하게 만들기 쉬운 법이다. 구성원들이 리더의 관심에만 집중하고 조직의 이익보다는 개인의 보신과 이익 추구에만 함몰되면서 결국 조직의 경쟁력을 갉아 먹게 된다.

조직을 강하고 행복하게 하는 데는 리더가 부하들을 믿고 위임하여 '스스로 리더'(self leader)가 되게 하여 자율적으로 소임에 충실하게 하는 것보다 좋은 방법은 없다. 부하들이 자율경영 문화 속에서 각자의 잠재능력을 극대화해 나가면서 임무 앞에 저절로 움직여 줌으로써 조직목표 달성에 기여하고, 모두가 행복하고 생명력 있는 최강의 조직을 만드는 것이 최상이다.

일찍이 손자가 말한 "솔연"(率然)3처럼 가장 이상적인 조직은 구성원 각자가 세세한 지시가 없더라도 자기가 맡은 임무를 스스로 해 나가는 법이다. 그러기 위해서 앞서 갖춰야 할 요건은 무엇보다도 구성원들이 리더를 진심으로 믿고 따를 수 있게 만드는 것이다. 리더를 향한 부하들의 자부심과 신뢰가 자율적 조직문화의 원동력임은 두말할 것 없기 때문이다.

그러나 아무리 훌륭한 리더로 인해 의욕이 생기더라도 구성원들이 임무수행에 필요한 정보를 실시간으로 공유하는 한편 자율적 임무수행에 체계적으로 숙달되어 있지 못하면 자율적 조직문화는 연목구어(緣木求魚), 탁상공론에 불과하다.

　리더의 솔선수범을 통한 동기부여에 더해, 임무만 주어지면 조건반사적 행동이 가능하도록 임무수행체계를 매트릭스(matrix) 화하여 평소부터 숙달토록 해야만 필요할 때에 제대로 힘을 발휘한다. 임무 매트릭스는 구성원들의 능력과 성숙도를 고려하여 임무 분석을 토대로 적재적소 원칙에 따라 작성되어야 조직 전체 임무수행효율에 시너지 효과를 낼 수 있다.

---

3 孫子兵法 九地 第 十一; 故 善用兵者 譬如**率然** 率然者 常山之蛇也 擊其首則尾 至 擊其尾則首至 擊其中則首尾俱至 敢問 兵可使如率然乎
용병을 잘 하는 자는 **솔연**에 비유하니 솔연이란 상산에 사는 뱀이라. 그 머리를 치면 꼬리가 달려들고 꼬리를 치면 머리가 달려들고 그 중간을 치면 꼬리와 머리가 둘 다 달려든다. 군도 솔연과 같이 다룰 수 있는가?

제 3장

★

오늘 일전이 있다

도道, Mastery

항재전장恒在戰場. 미루지 말고 지금 대비하라.

필승의 신념이 기적을 낳는다

어떤 조직이든 전투와 같은 위기는 의외로 가까이에 있다. 리더가 잘만 대처하면 위기가 기회가 될 수 있다. 그러나 잘못하면 그는 씻을 수 없는 불명예를 안고 조직과 더불어 영원히 사라진다. 위기 앞에 온몸으로 맞서 결연히 대처하는 대신 적당히 생각하여 무사안일하게 대처하면 개인은 물론 조직의 생존도 보장할 수 없게 된다.

불행히도 조직과 리더가 위기에 놓이면 이를 자기 일처럼 생각하여 적극적으로 나서 해결책을 제시하는 사람을 찾기 힘든 경우가 다반사다. 조직의 혜택을 많이 입은 고위직일수록 위기 극복에 동참하기보다는 보신에 급급한 나머지 제 살길을 찾아 난파선에서 먼저 빠져 나오는 쥐처럼 조직과 리더를 배반하곤 한다. 이익을 쫓는 인간의 본능적 탐욕이 불러오는 비극적 현실이 아닐 수 없다.

리더에게 불굴의 의지와 희생적인 용기가 없으면 부하들은 미리 체념, 포기하거나 적당히 타협하여 굴복함으로써 어려운 상황을 피

하려 든다. 유능한 리더는 출중한 능력과 투철한 충성심을 가졌음에
도 불구하고 평소 잘 부각되지 않은 극소수의 양심적 핵심 구성원들
을 알아본다. 위기의 본질을 꿰뚫어 보는 통찰력으로 해결책을 제시
하고 불굴의 용기로 온몸을 던져 돌파하여 새로운 기회를 만드는 인
재가 언제나 조직을 구하고 승리를 견인한다.

한비자(韓非子)도 "리더는 암흑 속에서도 길을 잃지 않는다"[4]고 하
였는데 모든 위기의 공통점은 정면으로 맞서면 돌파 가능한 취약점
이 반드시 있어 위기 극복과 승리의 열쇠가 될 수 있다는 것이다.

----

4 한비자의 리더십 요결 7가지

① 리더는 용의 등에 올라탄다. 이 말은 권력의 심장부를 장악하거나 권력의 핵심
을 설득하지 못하고는 근본적인 개혁을 만들어 낼 수 없다는 뜻이다. ② 리더는 상
황을 탓하지 않는다. 설명이 필요치 않다. 좋은 리더는 수많은 변명 뒤에 숨지 않
는다. ③ 리더는 부하의 충성에 의존하지 않는다. 훌륭한 리더는 충성을 요구하는
대신 문제를 풀어 낼 재능을 가진 사람을 등용한다. 재능을 가진 자가 그 재능을
십분 활용할 수 있도록 지원하고 격려하는 리더가 좋은 리더이다. ④ 리더는 자신
과 싸워 이긴다. 리더는 감정에 좌우되지 않는다. 원수와도 웃으며 악수를 나눌
수 있어야 한다. 자기 통제에 능해야 한다. ⑤ 리더는 세상의 모든 지혜를 빌린다.
리더는 자신의 머리와 지혜만 믿어서는 안 된다. 자신의 좁은 한계를 벗어나 열린
마음으로 자신을 확장할 수 있어야 한다. ⑥ 리더는 암흑 속에서도 길을 잃지 않는다.
리더는 앞이 보이지 않는 불확실한 상황 속에서 길을 제시하는 능력을 가지고 있어
야 한다. 길을 개척하는 사람, 그 사람이 바로 리더다. ⑦ 리더는 마지막까지 책임
을 진다. 리더가 되는 길은 점점 더 고독해지는 길이다. 오랜 과정에서 동지도 얻
고, 믿을 수 있는 부하와 추종자도 얻지만, 리더의 책임은 본질적으로 고독한 것
이다. 3류 리더는 자기의 능력을 이용하고, 2류 리더는 타인의 능력을 이용하고,
1류 리더는 타인의 지혜를 이용한다.

손자도 "이정합 이기승"(以正合 以奇勝) 5, 즉 모든 싸움은 정(正)으로써 대치하고 기(奇)로써 이긴다고 하였는데 위기 상황에서도 정공법(正攻法)으로 대처하면서 기책(奇策)으로 취약점을 공략, 이길 수 있는 것이다. 정과 기는 각각 구분된 별도의 개념이 아니라 상호 융합하여 시너지 효과를 얻는 하나의 결합체로 볼 수 있다.

위기 극복을 위한 정공법에서 필수불가결한 핵심 요소는 상대와 상황을 압도할 수 있는 의지다. 불굴의 의지와 용기를 바탕으로 집단적 기세(氣勢)를 투사할 수 있어야만 상황을 주도적으로 관리하여 위기를 기회로 만들 수 있다. 결국 어떠한 위기에도 정면으로 맞설 수 있는 리더의 용단에 조직의 명운이 걸려 있는 셈이다.

위기가 다가올 때 도망치는 경우 위험은 배가 되지만 결연히 맞서면 위험은 반으로 줄어든다.

윈스턴 처칠(Winston Leonard Spencer-Churchill, 1874~1965) 전 영국수상이 한 말인데 리더가 지녀야 할 덕목으로 되새겨 볼 만한 격언이다.

---

5 이 표현은 《손자병법》(孫子兵法) 병세편(兵勢編)에 나온다.
凡戰者 以正合 以奇勝 故善出奇者 無窮如天地 不竭如江河
무릇 싸움은 정(正)으로써 합하고, 기(奇)로써 이긴다. 그러므로 기를 잘 쓰는 자는 무궁하기가 천지와 같고, 마르지 않음이 강하와 같다.

더 나아가, 유능한 리더는 언제나 현장을 떠남과 동시에 다음 전투를 준비해야 한다. 이미 지난 일이 다음에 닥쳐올 일의 족쇄가 되어서는 안 되기 때문에, 치밀한 계획에 따라 현장에서 일을 마무리 짓도록 습관화하여야 한다. 현장에서 모든 것을 깨끗이 끝내야만 다음 일에도 집중할 수 있다. 따라서 리더는 어떤 상황에서든 그때그때 현장을 완전히 종결하여 매듭짓도록 그 의지를 굳게 다져야 한다.

자신감으로 상황을 장악하라

부하들의 눈치를 보는 리더는 주도적으로 조직과 상황을 장악할 수도, 부하들이 믿고 따를 수도 없다. 부하들은 어떠한 경우에도 흔들리지 않고 자기들을 이끌어 줄 수 있는 리더를 기대하고 그러한 리더십에 의지하기 때문이다.

특히 조직이 어려움이나 위기에 놓이면 이들이 가장 먼저 쳐다보는 것은 자기들을 이끄는 리더의 표정과 태도다. 리더의 표정이 밝고 확신에 차 있으면 부하들은 걱정을 접고 소임에 충실하나 리더가 표정이 어둡고 안절부절해 중심을 잡지 못하면 부하들은 스스로 몰입하여 임무를 제대로 수행할 수 없다.

아무리 능력이 뛰어난 리더라도 사람인 이상 큰 위기에 부딪히면 흔들리고 움츠러들어 판단을 그르칠 가능성이 높다. 그러나 조직의 생사와 명운을 책임진 리더는 의식적으로라도 부하들 앞에서 무기력한 모습을 보이지 않아야 한다. 리더가 자신감을 잃는 순간 부하들은 본능적으로 자기가 속한 조직의 운명을 직감하고 자포자기할 가능성이 높아진다.

그래서 리더는 평소부터 자기 수양을 해야 한다. 어떠한 경우에도 긍정적인 사고와 쾌족(快足)6한 생활을 습관화해야 위기에도 흔들리지 않고 자신감 있게 조직을 지켜낼 수 있는 법이다.

---

6 이는 《대학장구》(大學章句) 성의편(誠意篇)에 나오는 말로 상쾌하고 만족스러운 마음 상태를 의미한다.

최대의 복지는
승리를 선물로 주는 것이다

어떤 조직이든 추구하는 목표가 있다. 가정은 가족의 행복을 보장해야 하고, 군대는 적과 싸워서 이겨야 한다. 기업은 이윤을 창출해야 하며, 국가는 국민의 생명과 재산을 지켜야 한다. 따라서 조직목표 달성의 최종 책임자인 리더는 과정에 안주하여 결과에 대한 무한책임을 등한시하는 우를 범하지 말아야 한다.

목표를 합리적으로 달성하는 과정도 중요하지만 결과가 나쁘면 과정은 그 의미를 잃게 된다. 이는 종국적으로 결과에 대한 무한책임감을 가진 리더가 부하들을 가장 위하는 리더인 이유이기도 하다. '좋은 게 좋다'는 식으로 평소 부하들의 비위를 잘 맞춰 인기가 좋은 리더라도 결과가 나쁘면 만사가 도루묵이다. 과정상의 합법성과 합리성을 최고도로 보장하더라도 조직이 존재하는 이유를 망각하고 인기관리와 보신에만 급급하다가 조직이 초라한 성과만을 거두게 된다면 부하들은 리더를 원망할 것이다.

진정한 리더는 솔선수범으로 과정상의 난관을 이겨내고 반드시
좋은 결과로써 조직의 존재가치를 구현한다. 부하들을 위한 최대의
복지는 과정상의 편안함이 아니라 조직목표를 이뤄 낸 결과를 선물
로 주는 것이다. 가정의 행복, 군대의 승리, 기업의 이윤, 국가의
안보 등, 조직의 크기나 유형과 상관없이 리더가 달성하여 구성원
들에게 보내는 최대의 복지란 바로 이러한 것이다.

진정한 리더는 부하들의 자발적 임무수행 결과가 반드시 조직목표
달성으로 이르게 한다. 결과에 대한 무한책임감을 가진 리더가 이끌
때에 조직은 번영하고 구성원들은 행복하다.

★

제 4장

헛고생을 시키지 않는다

전략적 사고

항상 효율과 효과를 극대화하라.

전략적 사고로
효율과 효과를 극대화하라

어떤 조직에서든 고생스럽게 불필요한 일을 하지 않았음에도 높은 업무성취를 달성하도록 이끄는 유능한 상관과 함께 근무하는 부하들보다 행운아는 없을 것이다. 전략적 사고로 적은 시간과 자원을 투입하고도 높은 성과를 내는 조직은 높은 사기를 바탕으로 발전할 수밖에 없다.

　전략은 일의 우선순위를 정하는 것이라 해도 과언이 아니다. 처리해야 할 업무의 우선순위를 정하지 못하고 닥치는 대로 일하는 사람치고 유능한 사람은 없다. 유능한 리더일수록 언제 어디서든 자기가 처리할 일의 우선순위를 정하고 선택과 집중을 잘하는 법이다. 우선순위에 따라 임무와 관련된 정보, 지식, 가치를 공유하고 효율과 효과를 체계적으로 극대화한 조직(*most effective & efficient organization*) 속에서 모든 구성원들이 신바람 나게 근무할 수 없으면 전략적 사고가 부족한 무능한 리더 밑에서 불필요한 헛고생을 하고 있다고 봐야 한다.

　가령 같은 목적을 가진, 같은 유형과 규모의 조직 A와 B가 있다고 해보자. A조직은 야근과 특근이 잦은 반면 B조직은 그렇지 않으면서도 A조직보다 월등히 앞선 성과를 내어 좋은 평가를 받는다면 A조직은 B조직에 비해 불필요한 일에 매달려 쓸데없는 시간과 노력을 낭비한 게 분명하다. 따져 보지 않아도 구성원들이 가지는 리더와 조직을 향한 자부심, 사기 수준, 주인의식, 자발성, 창의성, 충성도, 업무 몰입도, 업무체계, 정보공유 등 모든 생산성 구성요소는 B조직이 월등할 것이다.

　따라서 리더는 화두를 항상 우선순위에 따른 업무의 효율과 효과에 두고 전략적 사고와 창의력으로 구성원들의 보람과 행복을 전제하여 조직의 임무목표를 달성하기 위해 나아가야 하는 것이다.

조직의 효율과 효과는 쓸데없는 것을 버리는 데서부터 출발한다. 유능한 리더는 대부분 주변을 깨끗이 정리 정돈한다. 집무실 책상에는 언제나 즉시 처리해야 하는 서류만 놓아두고 우선순위가 떨어지는 문서를 잡동사니처럼 쌓아 두지 않는다. 산더미처럼 쌓아 둔 서류 속에서 열심히 일하는 리더는 실제로는 아무것도 제대로 못하면서 자기 과시를 하는 사람이라 봐도 무방하다. 서류 하나 제대로 정리하지 못하는 사람이 일의 우선순위를 정하여 효율적으로 업무를 처리한다는 것은 허세에 가깝기 때문이다.

　조직에서 버려야 할 것은 불필요한 행정 서류뿐만이 아니다. 중지를 모아 중요한 의사결정을 내리거나 오프라인으로 정보를 공유하기 위해서 꼭 필요한 회의가 아닌, 그저 관행에 의해 열리는 회의를 위한 회의도 정리해야 한다. 불필요한 회의에 들어가는 비용과 그 효과를 따져 보면 쓸데없는 회의만 줄여도 추가근무를 대폭 없앨 수 있고, 구성원들의 사기도 드높일 수 있음을 알 수 있다.

　더불어 업무 동선을 간소화하여 신속하고 원활한 협업 및 소통을 위한 환경을 만드는 것도 매우 중요하다. 업무 공간이 이격되고 폐쇄적이어서 언제라도 리더를 만나서 보고할 수 없을 정도라면 이는 권위주의적인 조직문화 못잖은 업무의 장벽이 된다.

부하들을 배려하되 눈치 보지 말라

부하들의 눈치를 보는 것과 배려하는 것은 구분되어야 한다. 부하들은 힘들더라도 공명정대한 리더를 따른다. 자기들의 비위나 맞춰 주면서 조직이익보다 개인의 인기관리와 보신이 우선인 이기주의자를 겉으로는 좋아할지도 모르지만 속으로는 반드시 경멸한다.

못난 리더의 공통점은 부하들의 눈치를 보고 비위를 맞춘다는 것이다. 부하들의 인기에 영합하여 적당히 좋은 게 좋다는 식으로 소신 없이 처신하는 리더는 대부분 칭찬할 때와 질책할 때를 구분하지 못한다. 잘못을 꾸짖지도 않으면서 문제가 생기면 부하들에게 책임을 떠넘기고, 아무 때에나 좋은 말을 하다가 어쩌다 좋은 결과가 나오면 그 공적을 가로채는 경우가 흔하다.

반면 진정으로 부하들을 배려해 보람과 공적을 챙겨 주는 리더는 스스로 부하들 대신 불이익과 위험을 감내하는 경우가 많다. 이런 리더는 조직의 발전과 구성원들의 행복을 보장한다. 일본의 이와자

와(いわざわ) 동양공업 회장이 쓴 "위에 서는 자의 길"[7]에도 이런 말이 나온다.

사원의 비위를 맞추지 말고 정정당당하게.

조직을 개인의 입신영달을 위한 수단으로 생각하느냐, 아니면 개

---

7 위에 서는 자의 길

① 다른 이의 마음에 신용을 심어라. ② 방향성을 명료하게 제시하라. ③ 시시비비를 분명히 하라. ④ 칭찬할 때는 칭찬하고, 나무랄 때는 나무라라. 잊거나 사양하지 말라. ⑤ 권모술수는 무책만 못하다. ⑥ 공(功)은 부하에게, 책임은 나에게 돌리라. ⑦ 금전을 탐하지 마라. ⑧ 자연스럽게 인도할 수 있으면 최상이다. ⑨ 자신에게는 박하게, 타인에게는 후하게. 스스로에게는 엄하게, 다른 이에게는 너그럽게. ⑩ 장점을 보고 사람을 써라. 누구나 사람에게는 단점이 있다. ⑪ 쓸데없는 한탄, 화내는 것과 불쾌한 태도는 위에 서는 자로서는 절대 금물. ⑫ 할 일을 하기 위해서는 어떠한 구실이나 곤란도 배제하고 단호할 것. ⑬ 함부로 어려움을 탓하지 말라. ⑭ 자신이 먼저 연구하여 확신을 얻어라. ⑮ 널리 의견을 들을 것. 부하의 이야기는 열심히 들어라. ⑯ 사원의 인사(人事)에 열성을 기울여라. ⑰ 수고하는 것을 알고 자주 위로해 주어라. ⑱ 과묵중후(말이 없고 침착함), 종용자약(자연스럽고 태연한 태도), 안모엄정(눈동자를 엄정하게), 거지단정(모든 언행은 단정하게). ⑲ 잘 노는 자가 일도 잘한다. ⑳ 남의 일을 내 일처럼 생각하라. ㉑ 힘써서 실의와 역경에 있는 사람을 등용하라. ㉒ 자신과 타인의 직분의 한계를 잘 지키고 이를 존중하라. ㉓ 모르는 것은 끝까지 모른다고 하라. ㉔ 적게 말하고 많이 행하라. ㉕ 끊임없이 연구하고 한발 앞서라. ㉖ 작은 실패를 갖고 큰 공을 몰수하지 마라. ㉗ 외유내강(너그러이 대하되 절도를 가져라). **㉘ 사원의 비위를 맞추지 말고 정정당당하게.** ㉙ 일은 뱃심으로 시작하라. ㉚ 부하로 하여금 내가 최대의 보호자임을 느끼게 하라. ㉛ 자기 혼자서 일하지 말고 맡겨서 사람을 써라(다만 감독을 게을리 하면 일하는 사람은 맥이 풀린다). ㉜ 상징을 높이 쳐들고 중심일치, 정신통일을 꾀하라. 핵심인력은 모든 수단을 동원해서 내 사람으로 만들어라.

인이 헌신할 대상으로 생각하느냐에 따라 부하들에 대한 태도는 확연히 다르게 나타난다. 부하들을 출세의 도구로 생각하는 리더는 눈치를 볼 것이고, 지도하고 보살피고 헌신할 대상으로 여기는 리더는 배려한다. 비굴한 리더와 공명정대한 리더의 차이다.

믿고 위임하였으면 간섭하지 말라

인간은 존엄하다. 사회적 계약에 따라 명령과 복종의 상하 관계의 틀 속에서 생활하는 것은 불가피하더라도 스스로의 자존심을 지키면서 남에게 구속받지 않고 자유롭게 근무하기를 바라는 것은 누구에게나 인지상정일 것이다.

이 세상에 100% 마음에 드는 부하도 없지만 자기를 믿지 않는 상관을 위해 성심을 다해 일하는 부하도 없다. 믿어 주지 않으면 그 간극은 더 벌어질 뿐이다. 믿음 외엔 대안이 없는 것이다. 부하들을 믿고, 믿는 만큼 위임하고, 미흡한 것은 가르치고, 잘한 것은 칭찬하고 격려하여 신바람을 일으키면 부하들도 더욱 열심히 일할 의욕을 갖고 믿어준 상관의 기대에 다가서기 위해 최선의 노력을 하는게 기본 이치다. 뒤따라서 상호 믿음의 상승작용이 이어지게 되면 시너지 효과가 생겨 조직이 디딤돌 위에 올라선다는 것은 더 말할나위 없다.

부하들은 상관이 자신을 믿는지, 믿지 않지만 어쩔 수 없이 믿는 척하는 것인지 본능적으로 안다. 상관으로부터 신뢰를 받지 못한다고 생각하는 부하는 성심성의껏 일하지 않는다. 열심히 하는 시늉만 내어 자기 몸 사리기에만 열중할 뿐 조직발전에 기여하지는 않는다. 상관의 신임을 받지 못하는 본인에게는 노력과 조직발전이 어떤 이득도 되지 않는다고 생각하기 때문이다.

따라서 부하들의 업무의욕을 높여 조직발전으로 이끌기 위해서는 진심을 다해 부하들을 믿어야 한다. 설사 믿지 못할 경우가 있을지라도 가능한 긍정적으로 해석하고 격려하여 새로운 기운을 불어 넣을 줄 알아야 한다. 부족한 부하들을 이해하고 믿고 감싸는 것은 리더의 숙명과 같은 것이다.

조직 내에서 다양한 임무를 수행하는 개인의 자유의지가 조직목표에 부합하지 않으면 조직의 생존과 발전을 보장할 수 없다. 반대로 최대한 보장된 개인의 자유가 조직이 추구하는 가치와 일치하여 목표 지향적이라면 그런 조직은 융성할 수밖에 없다.

자율적인 구성원을 기대한다면 구성원 각자의 임무 수행을 일일이 감독하고 간섭하여서는 아니 된다. 부지런히 부하들의 일거수일투족을 들여다보고 시도 때도 없이 간섭하거나 지시하는 사람이야말로 가장 무능한 리더이다. 유능한 리더일수록 핵심적인 지침을 명확하게 내릴지언정 다소 답답하더라도 임무 수행 과정에는 잘 관여하지 않는다. 묵묵히 믿고 부하 각자가 스스로 창의적으로 임무를 수행할 수 있게 지켜보고 결정적인 단계에서 최소한 확인하고 독려하는 정도여야 한다. 불필요한 부지런함으로 오히려 부하들의 의욕을 빼앗은 적은 없는지 자문해 봐야 한다.

개인의 자유 보장을 핵심가치로 삼는 자유민주주의 시장경제체제와 생산수단의 개인 소유와 자유가 철저히 박탈된 공산전체주의체제하의 국가 경쟁력을 비교하더라도 구성원에게 자유를 보장하는 것이 조직의 성패에 얼마나 결정적인 요소인지 알 수 있다.

일찍이 공자도 군자, 즉 리더는 "먼저 자신의 말을 스스로 실행하고 그 다음에 다른 사람으로 하여금 자기를 따르게 하는 것이다"[8]라고 하였고, 《손자병법》에서도 "장수가 유능하여 군주가 간섭하지 않으면 승리한다"[9]고 하였다. 조직은 리더의 지시와 간섭이 아니라 리더의 지도에 공감한 구성원의 자유의지에 의해 움직임을 간파하고 또 강조했던 것이라 풀이된다.

한편 누구에게나 인정받는 유능한 부하들만 있으면 모든 일이 순탄하리라고 생각하는 것은 위험한 일이다. 어느 조직에나 일당백의 탁월한 부하는 극소수에 불과하다. 하지만 리더가 구성원들을 단결케하고 각자의 다양한 능력이 조화를 이루게 한다면 구성원들은 기대 이상의 성과를 만들어 낸다.

---

8 先行其言 而後從之, 《논어》(論語) 위정편(爲政篇).
9 將能而君不御者勝, 《손자병법》 모공편(謨攻篇).

리더는 어떤 부하들이든 가리지 않고 다양성을 있는 그대로 받아들여야 한다. 리더의 포용력은 조직 경쟁력의 원천이다. 리더는 편견 없이 모든 부하들을 대하고 적재적소(適材適所)에 배치, 임무를 분담해 조직을 운영해야 한다. 부하의 업무 처리를 믿을 수 없는 경우가 생긴다면, 사전 교육의 부실함 탓이든 적재적소를 파악하는 리더 역량의 부족함 때문이든, 이는 리더의 책임이다.

"인무기인 물무기물"(人無棄人 物無棄物)이란 말이 있듯이 이 세상에는 버릴 사람도, 버릴 물건도 없다. 사람이든 물건이든 주인을 잘 만나면 훌륭하게 쓰임을 받지만 잘못 만나면 제대로 쓰이지도 못하고 퇴물이 된다.

따라서 리더의 덕목 중에 으뜸은 결국 사람을 제대로 쓰는 것이다. 어떤 사람이든, 능력이 있든 없든, 잘났든 못났든, 어디서 태어나 자랐든, 어떤 교육을 받았든, 집안이 부유하든 가난하든 모두가 존엄한 존재임을 잊지 말아야 한다. 현명한 리더는 부하들의 다양성을 있는 그대로 인정하면서 그들에게 리더 본인이 가진 강력한 믿음을 불어 넣을 줄 안다. 어떤 부하든 그러한 리더에게 자부심을 갖지 않을 수 없다. 그러한 리더의 부하들은 모든 힘을 다해 스스로 임무를 찾아 매진할 것이다. 그렇게 믿음 속에 뭉쳐진 조직은 어떤 상황에서도 승리할 것이다.

제 5장

★

자존감을 높여 준다
행복한 조직

자부심이 행복하고 강한 조직의 원천이다.

최상의 대우가 최고를 만든다

조직 구성원들은 누구나 대우를 받고 싶어 한다. 그러나 대우의 내용을 착각하면 안 된다. 리더가 인기에 연연하여 부하들의 비위를 맞추어 편안하게 해주면 잘될 것이라고 생각한다면 그 조직은 제대로 경쟁력을 갖출 수 없다.

특히 돈으로 부하들의 마음을 살 수 있다고 믿는 리더는 어리석다. 부하들은 결코 돈의 노예가 아니기 때문이다. 돈이 유용할 때가 많지만 돈으로 부하들의 충성을 보장할 수는 없다. 일시적인 효과가 있을지는 모르지만 돈으로 움직인 부하들은 결국 돈이 없으면 적극적으로 움직이지 않는다.

그러므로 중요한 것은 바로 사랑이다. 부하들이 사랑이 빠진 물질적 대우를 받으면서 진심으로 리더를 따른다는 생각은 착각임을 알아야 한다. 모든 사람은 남이 자기를 알아주면 행복감을 느낀다. 인정과 대우를 받고 싶은 욕구는 인간의 본능이기 때문이다. "자기가 사랑해 줬으면 하는 사람이 자기를 사랑해 주면, 그것이 성공"[10]
이라는 말이 있다. 이렇듯 인간이 추구하는 행복의 샘터가 바로 남
으로부터 받는 배려, 인정, 존중, 사랑에 있음을 알고 실천하는 데
에 경쟁력 있는 리더십의 원천이 있다.

조직 내에서 중요한 역할을 하는 부하일수록 특별히 관심을 기울
이고 대우하는 것은 당연하다. 그렇다고 직위가 높고 중요한 직책에
있는 구성원들이 반드시 더 좋은 대우를 받아야 한다는 것은 아니
다. 오히려 상대적으로 낮은 위치에서 소외된 역할을 하는 구성원들
일수록 리더의 관심과 배려가 더 필요하다. 눈에 잘 띄지 않는 구성
원들을 찾아내어 인정하고 격려함으로써 모든 구성원들의 의욕을
자극하여 시너지 효과를 창출할 수 있다. 《춘추좌씨전》(春秋左氏
傳)에도 자기 마부를 제대로 대우하지 않은 장수가 그 마부로 인해

---

10 워렌 버핏(Warren Edward Buffett)이 2013년 〈포춘〉이 주최한 강연회에서 여
대생으로부터 받은 질문에 대한 답변 중.
질문: 지금 위치에서 과거에 배운 교훈들을 돌아볼 때 성공을 어떻게 정의하겠습
니까?
답변: 어떤 사람들은 성공이란 원하는 것을 많이 얻는 것, 행복이란 많이 얻기를
바랄 수 있는 것이라고 생각합니다. 그리고 하나는 다른 하나를 반드시 포함한다
고 느끼죠(성공해야 행복하다고 느낀다는 의미). 하지만 내 나이(82세)가 되면
말입니다, 당신이 사랑해 줬으면 하는 사람이 당신을 사랑해 주면, 그게 성공입니다.
당신은 세상의 모든 부를 다 얻을 수도 있고 당신 이름을 딴 빌딩들을 가질 수도
있겠죠. 그러나 사람들이 당신을 생각해 주지 않으면 그건 성공이 아닙니다. 모든
사람들이 다 막대한 부를 얻을 수 있는 것은 아닙니다. 그래도 자녀들이, 함께 일
하는 사람들이, 그런 (주위) 사람들이 당신을 사랑한다면 나이가 든 후 오랫동안
당신은 성공한 겁니다.

적국의 포로가 되는 이야기가 나온다.

각자위정(各自爲政)

정(鄭) 나라와 결전을 하루 앞둔 송나라의 대장 화원은 군사들에게 푸짐한 양고기 요리를 나누어 줄 것을 명령했다. 군사들은 기쁘게 양고기를 먹었다. 하지만 화원의 마차를 몰던 '양짐'(羊斟) 만은 양고기를 먹지 못했다. 이 광경을 본 어느 부하가 이를 알리자 화원은 대수롭지 않게 이렇게 답했다. "마부는 전쟁과 연관이 없지 않은가. 군이 그에게까지 양고기를 줄 필요는 없네." 다음 날 정나라와 전쟁이 시작됐다. 양짐이 모는 마차에 오른 화원은 마차를 적의 병력이 허술한 오른쪽으로 돌리라고 명령했다. 그러나 양짐은 명령과 반대로 정나라의 병력이 밀집한 왼쪽으로 마차를 모는 것이 아닌가. 화원이 화를 내며 얼른 마차를 돌리라고 말하자 양짐은 이렇게 말했다. "어제 양고기를 군사들에게 먹인 것은 장군님의 판단이었지만, 오늘의 이 일은 제 생각대로 하는 것입니다!" 결국 화원은 적국의 포로 신세가 되었고, 송나라는 대패했다.

— 《춘추좌씨전》 선공(宣公) 2년조(二年條)

남이 나를 좋아하게 만들려면 내가 먼저 남을 좋아하면 된다. 리더가 부하들을 먼저 생각하고 배려하고 인정해 주면 부하들은 반드시 그러한 리더를 존경하고 진심으로 따르기 마련이다. 리더의 세세한 지시가 없더라도 부하들은 스스로 자기가 할 일을 찾아서 최선을 다할 것이다. 부하들에 대한 리더의 사랑과 인정보다 더 크고 효과적인 대우는 없다. 그러한 리더가 지휘·관리하는 조직은 항상 밝은 기운 속에서 행복하고 경쟁력 또한 강한 법이다.

리더는 철저히 사심을 비우고 자신의 개인적인 이익을 뛰어넘어야 한다. 대신 어떤 부하들에게든 가리지 않고 최상의 대우를 해줘야 한다. 내가 받을 대우를 부하들에게 되돌려 줘야 한다. 부하들에 대한 진정한 대우가 조직의 성장으로 이어지기 때문이다.

"상하동욕"의 운명 공동체를 형성하라

잘되는 조직은 높은 사람이나 낮은 사람이나 추구하는 욕심이 같은 법이다. 조직목표와 개인의 목표가 맞아떨어지는 조직일수록 경쟁력이 있는 반면 따로 노는 조직일수록 쇠퇴할 수밖에 없다. 조직의 위나 아래나 욕심이 같게 하려면 리더는 사심이 없어야 한다. 리더가 개인 욕심을 채우기 위해 부하들을 수단화할 경우에 그 조직은 퇴보한다.

부하들은 신기하게도 자기들을 지휘하는 리더가 어떤 사람인지 정확하게 알고 있다. 리더가 개인의 출세를 위해 자기들을 이용하는지, 겉으로는 부하들을 위하는 척하면서 실제로는 개인 욕심만 채우는지, 리더의 부하들에 대한 애정이 위선인지 진심인지, 리더를 믿고 따르면 조직목표를 달성하여 보람을 함께 나누고 자신들에게도 이익이 될 것인지 등을 모두 알아차린다.

따라서 어설프게 부하들을 속여 사익을 챙길 수 있다는 착각 속에 빠진 리더만큼 우둔한 사람은 없다. 부하들을 일시적으로 속여 이기적 욕심을 채울 수 있을지는 몰라도 언젠가는 거짓이 밝혀져 부하들을 실망시키고 리더 개인에게 불행을 안겨 줄 것이다.

그러므로 리더는 부하들과 끊임없이 정직한 진심을 교감하고 비전과 목표는 물론 필요한 정보를 함께 주고받아야 한다. 자기가 속고 있다는 생각을 가진 부하가 어떻게 리더를 믿고 따를 것인지 자문해 보면 그렇게 해야 할 이유가 뚜렷해질 것이다.

동서고금을 통틀어 리더가 아무리 유능해도 진심이 결여된 상태에서 이중인격자적 위선으로 부하들의 진정한 마음을 사서 스스로 임무에 충실하게 함으로써 승리한 경우는 없다. 그러한 리더가 혹 거두게 되는 성과는 리더의 꾸준한 감시·감독에 의존한 일시적 현상에 그칠 수밖에 없다.

리더는 부하들을 향한 사랑과 진심을 바탕에 깔고 격의 없이 소통하여 가치를 공유해야 한다. 이를 통해 부하들 스스로 의욕을 가지고 임무에 충실하도록 해야 한다. 어떤 경우라도 부하들과 맺은 약속과 신의를 지켜 부하들이 자신을 믿고 진심을 다해 따르게 하는 것은 리더의 기본덕목이다. 정직하게 함께 동고동락하는 리더의 지휘 아래 있는 부하들은 공동운명을 짊어진 연대감으로 리더의 기대에 부응하여 충직하게 임무에 온 힘을 쏟고 유사시엔 리더의 많은 말이 없더라도 몸을 던져 리더와 조직을 지켜 낸다.

시진핑(習近平) 중국 주석도 2017년 신년사에서 《손자병법》의 경구인 "상하동욕자승"(上下同欲者勝)[11]을 인용한 뒤 "우리 당이 영원히 인민과 함께하고 모두가 소매를 걷어붙이고 힘을 내어 일한다면 우리는 반드시 우리 세대의 '장정'(대장정)의 길을 잘 걸어 나갈 수 있을 것"이라고 강조했다. 가정이든, 군이든, 기업이든, 국가든 어떤 조직도 위아래가 같은 열정으로 공동의 목표를 꾀하지 않으면 구성원의 행복과 조직의 경쟁력을 보장하기 힘들 것이다.

---

11 "승리를 얻는 다섯 가지의 길", 《손자병법》 모공편(謨攻篇).
　① 싸울 때와 싸울 수 없을 때를 아는 자는 이긴다(故知勝有五 知可以戰與不可以戰者勝). ② 군사를 잘 활용할 줄 아는 자는 이긴다(識衆寡之用者勝). ③ 상하가 한 마음으로 싸우면 승리한다(上下同欲者勝). ④ 빈틈없는 준비를 하며 준비 없는 적을 기다리는 자는 승리한다(以虞待 不虞者勝). ⑤ 장수가 능력을 다하고 군주가 간섭하지 않으면 승리한다(將能而君不御者勝).

꿈과 감동을 창출하라

사람은 꿈과 희망이 없으면 하루도 제대로 살 수 없다. 감동이 더해지지 않으면 살아가는 맛이 없다. 꿈은 인생의 나침반과 같다. 망망대해를 항해하는 배의 침로는 나침반이 있어야 잡을 수 있다. 꿈은 비전이다. 미래에 대한 청사진이다. 생존의 원동력이 되어 희망을 만들어 낸다. 꿈을 꾸지 않으면 희망은 생기지 않는다.

모든 사람은 각자의 꿈과 희망을 갖고 있다. 조직에 몸을 담아 생활하면서 자기의 꿈과 조직이 지향하는 비전이 같을수록 일할 의욕이 난다. 리더는 조직 구성원들이 꿈을 키우고 펼칠 수 있게 해주어야 한다. 나아갈 방향을 제시하며 이끌어야 한다. 암흑 속의 밝은 빛과 같은 존재가 되어서 어떠한 경우에라도 부하들의 희망이 되어야 한다.

아무리 조직과 구성원들의 바람이 절실하고 구체적이라도 부하들의 감성을 긍정적인 방향으로 유도하여 서로 공감할 수 있는 관계를 만들지 않고서는 임무수행 효율을 높이기는 어렵다. 리더만의 독특한 방식으로 부하들을 향한 사랑과 열정이 그들의 피부에 와닿도록 앞서 다가가야 감동이 생길 수 있다.

감동은 행복의 전제다. 감동이 습관이 되면 항상 행복하다는 이야기이다. 서로에 대한 사랑이 없으면 감동도 생길 수 없고 당연히 행복해지지도 않는다. 리더는 부하들의 행복을 언제라도 잊어선 안 된다. 부하들의 행복도 보장하면서 조직목표를 이루는 비결은 꿈과 희망과 감동을 만들어 함께 나누는 데 있다.

1963년 마틴 루터 킹(Martin Luther King, Jr.) 목사의 감동적인 연설의 주제도 바로 꿈이었다. 꿈과 감동을 만들어 불후의 리더십 교훈으로 남아 있는 그의 연설문은 불멸의 교훈이 아닐 수 없다.

I have a dream

I am happy to join with you today in what will go down in history as the greatest demonstration for freedom in the history of our nation. Nineteen sixty-three is not an end, but a beginning. In the process of gaining our rightful place, we must not be guilty of wrongful deeds. Let us not wallow in the valley of despair, I say to you today, my friends. And so even though we face the difficulties of today and tomorrow, I still have a dream. It is a dream deeply rooted in the American dream. With this faith, we will be able to transform the jangling discords of our nation into a beautiful symphony of brotherhood. Free at last, Free at last. Thank God Almighty, we are free at last.

우리 역사에서 자유를 위한 가장 훌륭한 시위가 있던 날로 기록될 오늘 이 자리에 여러분과 함께하게 된 것을 기쁘게 생각합니다. (지금의) 1963년은 끝이 아니라 시작입니다. 우리의 정당한 지위를 얻는 과정에서 우리는 불법행위에 따른 범법자가 되어서는 안 됩니다. 절망의 계곡에서 몸부림치지 말자고, 나의 친구들이여, 나는 오늘 여러분께 말합니다. 그래서 우리가 오늘과 내일의 역경을 만나게 된다고 할지라도, 나는 아직도 꿈이 있습니다. 그 꿈은 아메리칸 드림에 깊이 뿌리를 둔 꿈입니다. 이 신념으로써, 우리는 우리나라의 소란한 불협화음을 아름다운 형제애의 교향곡으로 변화시킬 수 있을 것입니다. 마침내 자유, 마침내 자유. 전능하신 하느님, 감사합니다. 저희는 마침내 자유가 되었습니다.

★

제6장

항상 새롭게 한다
창조적 파괴

새로운 시각으로 미래를 개척하라.

배우고 먼저 변화하라

아름답게 사는 모습 중엔 자신의 부족을 스스로 인정하고 겸손하게 배우는 자세를 가진 진지한 사람의 태도가 있다. 겸손하게 배울 줄 알아야 의미 있는 변화의 주체가 될 수 있다. 조직의 흥망성쇠에 책임이 있는 리더로서 갖추어야 할 덕목임이 분명하다.

배우는 자세를 갖지 못하면 개인의 경험과 선입관에 사로잡혀 합리적으로 사리분별을 할 수가 없다. 발전을 이끌기는커녕 변화에 적응도 제대로 하지 못해 뒷북이나 치는 퇴물이 되기 십상이다. 나날이 커 나가는 부하들과 유리된 채 몸담고 있는 조직에 의미 있는 기여를 할 수 없음도 두말할 나위 없다.

"뜻이 있는 곳에 길이 있다"(志在有逕)는 말이 있으나 아무리 꿈과 의지를 가지고 있어도 배우는 자세와 노력이 없으면 뜻을 이룰 수 있는 방법을 알 수 없다. 꿈과 희망을 가지고 이룰 수 있는 방법을 모색하는 과정에서 비로소 길이 열리는 것이다. 희망의 끈을 놓지 않고 끝없이 새로운 길을 탐구하는 과정이 바로 배움이요 변화의 원천인 것이다.

옛것으로부터 지혜를 배우고 새로운 것을 받아들여 내 것으로 만들어 활용하면 미래에 적응하고 조직변화를 이끌기 위한 안목과 도구를 얻을 수 있다. 가르치기보다 우선 배우는 자세를 갖춘 리더가 구성원들의 자유의지를 더욱 효과적으로 발현하도록 이끌 수 있다. 미래지향적 변화를 선도하여 조직을 발전시켜 행복한 공동체를 만들 수 있는 것이다.

보고서 제목부터 차별화하라

유능한 리더는 남이 하는 대로 무조건 따라 가지 않는다. 남과 구분되는 뚜렷한 자기의 정체성(identity)을 가진다. 보편화된 관행을 무의식적으로 따라서 하지 않는다. 그만의 독특한 스타일과 행동양식이 있다. 모든 언행에서부터 그가 작성하는 보고서에 이르기까지 자신만의 특징이 녹아 있는 법이다.

물론 남이 한 것을 타산지석(他山之石)과 반면교사(反面教師)로 삼음으로써 불필요한 시행착오를 줄여 효율을 높일 수 있다. 전제는 확고한 자기의 입장이다. 좋은 게 좋다는 식으로 남이 하는 대로 편하게 따라하는 것은 결코 좋지 않다. 남이 한 것을 그대로 베껴서 자기의 입지(立地)로 삼는다면 자기를 속이고 주변과 조직을 속이는 것이다.

개인이든 리더든 남과 차별화하지 않고는 경쟁에서 이길 수 없다.

전투에서는 백전백패이다. 그동안 해왔던 대로만 싸우는 상대방을 이기지 못하는 경우는 없다. 남보다, 그동안의 방식보다, 심지어 리더 자신의 평소 생각보다도 뭔가 다를 때에만 경쟁우위를 확보할 수 있다. 항상 이기는 리더는 차별화하는 습관이 생활의 일부가 되어 있다.

경쟁자보다 앞서려면 모든 것을 다르게 해야 한다. 용의, 태도, 언행, 표정에서부터 보고서 제목에 이르기까지 독창적인 나만의 영역이 있어야 한다. 남을 따라만 하는 리더는 결코 남을 지휘할 수 없는 법이다. 남과 다른 것은 리더의 전제조건이자 진정한 카리스마의 원천이다.

새로운 시각으로 미래를 개척하라

어떤 조직이든 정체되면 망하고 움직이면 성한다. 만고의 진리인데도 사람들은 잘 움직이려 하지 않는다. 번거롭고 힘들기 때문이다. 주어진 그대로의 현실에 머물러 편하게 사는 데 익숙해지다 보면 지난날의 교훈도, 앞날을 위한 대비도 잊고 지내기 쉽다. 그러나 세상은 잠시도 그대로 있지 않는다. 끊임없이 변화하여 생존의 조건을 바꿔 간다. 방심하고 안주하다가는 개인은 물론이거니와 조직의 생존마저 보장하지 못하는 상황을 맞을 수 있다.

어떤 조직에서든 리더의 고뇌는 깊을 수밖에 없다. 조직 구성원들의 행복과 생존을 지키고 변화하는 환경 속에서도 조직을 지켜 융성하게 할 책임을 지고 있기 때문이다. 끊임없이 공부하고 생각해 새로운 길을 만들어 가는 것은 리더의 숙명과도 같다.

　새 길을 열어 조직의 생존과 번영을 보장하려면 기존의 방식에 안주해서는 안 된다. 고착화된 사고와 지식과 습관을 유지하는 것만으로 살아남을 수 있다고 생각하는 리더는 태만을 부리는 정도가 아니라 직무유기를 하는 셈이다. 끊임없이 새로운 시각으로 도전하고 새롭게 시작하려 애쓰는 리더만이 미래를 열어 조직번영을 보장할 수 있다.

새로운 시각으로 새로운 길을 여는 과정에는 위험과 방해가 없을 수 없다. 그 정도가 심할수록 추구하는 방향에 조직의 더 큰 이익이 있다고 보면 된다. 피할 수 없으면 감수하거나 혁파해야 한다. 조직 구성원들의 단합된 힘을 끌어내 합심하여 극복해야 한다. 위기 때 빛나는 리더십만이 밝은 미래를 열 수 있다.

새로운 시각으로 시대적 변화를 앞서 이끈 미국의 스티브 잡스 (Steve Jobs)도 스스로와 후학들에게 "늘 배고프고, 늘 어리석어라"는 유명한 말을 남겼다. 교훈이 아닐 수 없다.

Your time is limited, so don't waste it living someone else's life. Don't be trapped by dogma — which is living with the results of other people's thinking. Don't let the noise of others' opinions drown out your own inner voice. And most important, have the courage to follow your heart and intuition. They somehow already know what you truly want to become. Everything else is secondary. Stay Foolish. And I have always wished that for myself. And now, as you graduate to begin anew, I wish that for you. Stay Hungry. Stay Foolish.

여러분들의 시간은 한정되어 있습니다. 그러므로 다른 사람의 삶을 사느라고 시간을 허비하지 마십시오. 과거의 통념, 즉 다른 사람들이 생각한 결과에 맞춰 사는 함정에 빠지지 마십시오. 다른 사람들의 견해가 여러분 자신의 내면의 목소리를 가리는 소음이 되게 하지 마십시오. 그리고 가장 중요한 것은, 당신의 마음과 직관을 따라가는 용기를 가지라는 것입니다. 당신은 진정으로 되고자 하는 것이 무엇인지 이미 알고 있을 것입니다. 다른 모든 것들은 부차적인 것들입니다. "늘 배고프고, 늘 어리석어라." 나는 나 자신에게 늘 이러기를 바랐습니다. 그리고 지금, 여러분이 새로운 출발을 위해 졸업하는 이 시점에서, 여러분들이 그러하기를 바랍니다.

— 스티브 잡스의 스탠퍼드대학교 졸업식 연설문 중(2005년 12월)

먼저 깃발을 들어라

리더는 앞장서 이끄는 사람이다. 앞장선다는 것은 쉽게 상상할 수 있는 물리적 공간에서뿐만 아니라 의식과 지식과 습관에 이르기까지 보이지 않는 영역에서도 부하들 앞에 서서 먼저 깃발을 드는 것을 말한다.

깃발은 모든 구성원들이 쉽게 볼 수 있어야 한다. 깃발을 보는 것만으로도 힘이 솟아날 수 있어야 한다. 멋지고 아름다운 깃발은 신뢰받는 리더십과 자부심의 상징이다. 힘차게 나부끼는 깃발은 구성원들을 뭉치게 하고 새로운 힘을 북돋운다. 신념, 용기, 도전, 영광의 바람으로 휘날리는 깃발은 영원불멸하는 리더십으로 부하들의 자유와 행복을 지키고 조직의 생존과 번영을 이끈다.

깃발은 가장 튼튼하고 높은 곳에 높이 게양된다. 움직일 경우엔 선두에서 이끈다. 군함의 마스트에, 기동부대의 선도함이나 차량에, 기병부대의 말머리에서 나부끼는 깃발은 부대의 생존과 전진을 상징한다.

리더는 깃발이다. 리더가 움직이는 동선을 따라 깃발도 함께 움직인다. 리더가 생각하는 방향으로 깃발은 앞서 나간다. 그 깃발을 따라 부하들은 거침없이 나아간다. 리더를 향한 무조건적인 신뢰와 절대적 충성심으로 깃발을 지키고 따른다. 먼저 깃발을 드는 자가 리더요, 리더는 먼저 깃발을 들어야 한다. 조직에 대한 충정과 부하들을 향한 사랑, 그리고 희생을 감내하고 불의의 어둠을 걷어 내는 진정한 용기가 없으면 깃발을 들 수 없다.

유치환의 시에서 미지와 동경의 먼 바다를 향해 처절하도록 줄기차게 나부끼는 깃발이 아름답듯이, 또 "견의불위 무용야"(見義不爲 無勇也) 란 공자(孔子)의 말이 있듯이 리더는 맨 처음으로 깃발을 들어 무한한 책임감과 의지를 구성원들에게 보여 줘야 한다.

子曰 非其鬼而祭之 諂也 **見義不爲 無勇也**

공자께서 말씀하셨다. "제 조상의 영이 아닌 것을 제사 지내는 것은 아첨하는 것이고, 의를 보고도 행하지 않는 것은 용기가 없는 것이다."

― 공자, 《논어》, 위정편(爲政篇)

제2부

실전 리더십 이야기

일전

오늘 일전이 있다.

★

제1장

믿음과 자유

청빈

자연 속에 자유가 있다.

자연과 '우리 별자리'

나에게 있어 자연은 최고의 스승이었다. 어린 시절을 산하와 강변의 벌에서 자랐다. 경남 함안군 여항면의 여항산 자락에 위치한 외암초등학교 교장 관사에서 태어나 같은 군의 가야면 가야초등학교, 대산면 서촌초등학교, 칠원면 유원초등학교를 거쳐 대산면 구혜초등학교를 다니면서 자연 속에서 자유를 즐기고 배웠다.

어머님께서 설이나 추석에 사 주신 옷과 양말이 의복의 전부였지만 당시는 너나 할 것 없이 어렵게 살았다. 소 먹이러 산에 가서 애호박도 따서 익혀 먹고, 겨울에 나무하러 가서는 양지바른 잔디에서 화투놀이도 배웠다. 밀낫으로 잔디를 밀어 6·25전쟁 때의 총알을 뽑아내고, 탄피에 치약 껍질을 녹여 뽑아낸 납을 채운 후 우산대로 만든 총신에 총 모양의 소나무 가지를 잘라 가공하여 붙여 만든 장난감 총으로 병정놀이를 하기도 했다. 여름에는 냇가나 웅덩이에서 고기를 잡고 멱도 감았다. 해질녘 논두렁에서 개구리를 잡아 다리를

1967년 2월 18일 경남 함안군 구혜초등학교 졸업사진인데 1등으로 졸업하여
교육감 상과 부상인 사전을 받았다. 앞에서 네 번째 열, 왼쪽에서 네 번째가 필자다.

구워 먹었다. 겨울에는 논이나 못에서 직접 만든 스케이트를 타고
놀았다. 한번은 스케이트를 타다 얼음 밑에 빠져 죽다가 살아나고도
뻘 묻은 옷을 얼음물에 빨아 햇볕에 말려 입고 아무런 일도 없었던
것처럼 집에 들어갔다.

호롱불 아래에서 화롯불로 할머니가 구워 준 밤이나 고구마를 먹
으면서 옛날이야기를 들었다. 6·25전쟁 때 삼촌을 여의고 청상과
부가 된 작은 어머님을 따라 논밭을 다니면서는 무한한 사랑과 근면
을 배웠다. 숙모님은 내가 어릴 때부터 돌아가실 때까지 나를 "우리
별자리"로 부르셨다. 학교에서 돌아와도, 중·고등학교 방학 때 들
러도, 사관생도로서 찾아 뵐 때도, 장교 생활을 할 때도 언제나 나
를 맞는 반가운 첫마디는 변함이 없었다. 훗날 준장으로 진급해 고

향을 찾았을 때도 마찬가지였는데, 그때에는 눈물을 보이셨다.

　숙모님과 마찬가지로 집안이든 밖이든 내가 무슨 일을 하든지 간에 일체의 간섭이 없었던 부모님으로부터 믿음과 책임과 자립을 배울 수 있었다. 친구들과 학교 운동장에서 검정색 튜브 공으로 축구 시합을 하다 내가 찬 공이 골대에 걸려 있어 가 보니 골대에서 튀어나온 못에 박혀 구멍이 나 있었다. 내가 공을 차 구멍이 났으니 책임을 지는 것은 당연했다. 20리 길을 걸어 면소재지에 있는 자전거 수리점에서 구멍을 막고 돌아와 학교에 공을 반납했다. 수리비 5원은 아버님이 말없이 주셨다. 어머님께서 친정 나들이를 위해 집을 비운 일주일 동안 가족들 식사와 청소 등 집안일을 초등학교 5학년이던 내가 다 할 수 있었던 것도 은연중 몸에 밴 책임감이 작동했던 것으로 보인다.

　공부하기보다는 자연 속에서 마음껏 놀고 지내면서 선생님께서 빌려 주신 《보물섬》 등의 동화책을 밤을 새워 가며 재미나게 읽었지만 학교에서만은 수업에 집중했다. 마지막 초등학교를 수석으로 졸업하고 마산중학교에 합격하여 처음으로 시골 생활을 벗어날 무렵 친구들이 사는 집을 돌아가며 외유하고 일주일 만에 귀가하니 내 앉은뱅이책상 위에 모나미 만년필과 운동화가 놓여 있었다. 태어나 처음으로 받은 선물인 만년필은 아버님이, 처음 신는 운동화는 어머님이 선물한 것이었다. 그러나 무엇보다 내가 받은 가장 큰 선물은 나를 자유롭게 커 가도록 전적으로 믿어 준 부모님의 무한한 사랑과 무언의 가르침이었다.

"스스로 나아가라"
아버지의 편지

나의 부모님은 대조적인 분들이었다. 지금은 모두 타계하셨지만, 아버님은 철저히 유교적이고 보수적이었던 반면 어머님은 자유분방하고 진보적인 성향의 신여성이었다.

아버님은 보통학교와 일본의 중학교 3개월이 학력의 전부였지만 면서기와 보통학교 교사를 거쳐 초등학교 교장을 마지막으로 퇴임한 후 경상남도 남해도의 사립 고등학교에서 평교사 생활을 하시다 증조부 산소에서 성묘 중 돌아가셨다. 나는 임종은커녕 장례식에도 참석하지 못했다. 1983년 9월 1일 발생한 대한항공 007기 격추사건[1] 수습을 위해 일본 왓카나이의 현장 수습본부와 사할린 근해의

---

[1] 대한항공 007편 격추사건(Korean Air Lines 007 Shootdown)
1983년 9월 1일 미국 뉴욕 존 F. 케네디 국제공항을 출발, 앵커리지를 경유해서 김포국제공항으로 오던 대한항공 소속 007편 여객기(기종: 보잉 747-230B, 기체번호: HL7442)가 비행 중 소련 상공에서 소련 공군 소속의 수호이 15의 공격을 받

블랙박스 수색 미국 군함에 대한민국 연락장교로 파견되어 임무수행 중이었기 때문이다.

어머님은 전혀 학교를 다니지 않은 낭만적인 미녀였는데 아버님과의 금실이 좋았던지 슬하에 7형제를 낳고 기르셨다. 일찍이 자식 둘을 잃었음에도 언제나 낙천적이고 변화를 선도하였던 여걸이었다. 함안군 내에서 제일 먼저 바지를 입고 머리를 단발하셨을 정도로 구태의연한 관습에 얽매이지 않았을 뿐만 아니라 노래와 춤은 물론 유머감각도 탁월하여 주변을 항상 즐겁게 하였다.

아버님은 초등학교 교장 재임 중 중등학교 교사 자격시험에 응시하여 3과목(국어, 한문, 일어)에서 합격할 정도로 학구적이고 자기관리가 철저한 분이었다. 어머니는 오로지 집안 살림을 위해 100여 마리의 닭을 사택 내에 있던 양계장에서 키워 계란 꾸러미를 머리에 이고 다니며 팔아 살림을 꾸려 가신 억척 여성이었다. 아버님과 어머님의 공통점은 집안뿐만 아니라 주위의 불쌍한 사람들을 도와주는 등 남에 대한 배려가 특별하여 어디든 두 분을 따라 가면 반갑게 인사하는 이들이 많았다는 것이다.

나는 보수와 진보 성향의 두 분 영향이 내 기질 속에 남아 있음을 종

아 사할린 서쪽에 추락, 탑승자 전원이 숨진 사건이다. 이 사건으로 16개국 269명에 달하는 탑승자 전원이 사망하였다. 김현희의 대한항공 858편 폭파사건과 함께 양대 KAL기 사건으로 회자되곤 한다.

1954년 경상남도 함안군 여항면 외암초등학교 교장 관사에서
7형제 중 다섯째로 필자가 태어날 당시의 부모님 모습.
부친이 37세에 처음 초등학교 교장으로 부임했을 때
필자가 태어났다. 모친은 부친보다 8살 아래였다.

종 느끼곤 한다. 내 생각에도 그렇지만 나를 겪어 본 많은 사람들도 나의 양면성을 느낀다고 했다. 얼핏 보기엔 유교적 전통 가치에 충실한 보수적 성향이 강해 보이면서도 관행으로 굳어진 것도 연유를 파고들어 잘못된 것은 반드시 고쳐야 직성이 풀리는 진보적 성향을 함께 가지고 있다는 것이다. 엄할 때는 추상같이 엄하고 관대할 땐 한없이 관대한 것도 부모님으로부터 물려받은 성향이 아닌가 한다.

내가 대위였던 1983년에 67세로 영면하셨지만 아버님은 내가 가장 존경하는, 영원한 스승과 같은 분이시다. 지나칠 정도로 청빈하고 근검절약하면서 자기관리가 철저하여 외경심을 살 정도였는데, 아버지의 나를 향한 사랑과 믿음은 남달랐다. 못난 아들에게 자부심을 잃지 않고 끊임없는 가르침과 용기를 주셨다. 내가 사관학교에 들어간 이후부터 1983년 돌아가실 때까지 열흘이 멀다하고 편지를 보내셔서 '인종'(忍從)과 '위국헌신'(爲國獻身)의 교훈과 함께 무한한 격려를 전해 주셨는데 지금도 당시의 편지를 보면 숙연해진다.

아버지의 편지 中

입교식 날의 가지가지는 정말 감사와 감격의 장면뿐이었다. 정복을 갖춘 늠름한 너의 모습을 보았을 땐 정말 기쁘기만 했구나. 忍從을 아비의 교훈으로 삼아, 하라니까 하는 것보다 스스로 나아가서 상관의 명령에 복종해서 유수한 군인이 되기를 빌고 또 빈다. 그날은 아버지의 영광된 날이요… (1977. 3. 3.)

서울 강습에서 돌아오니 반가운 너의 편지가 기다리고 있었다. 초지일관 이 나라의 투지 있고 훌륭한 군인이 되기만을 빌고 바란다. … 서울 독립문 북쪽을 가 본 적이 없는 내가 통일로를 지나 자유의 다리에 닿았다. 자유의 물결이 저 이북 하늘 아래에 하루빨리 흘러가기만을 빌고 바랐다. 그래서 태극기가 펄럭이는 평양에 가 보는 날을 기다리기 위해 나도 너도 우리 모두 지금의 일을 더욱 착실히 해나가야 한다고 더 느꼈다. 동보야! 더욱 훌륭한, 씩씩한, 투지에 찬, 상사의 말씀에 자진 순종하는 사관생도, 해군이 되어 다오. 우리 모두 열심히 하자구나. 나를 위하고, 우리 가정을 위하고, 그보다도 나라와 겨레를 위해서 보람 있는 일 많이 하자구나. 몸 건강히 착실히 공부해라. 또 편지하마. (1973. 5. 1.)

"나를 키웠듯이 아들도"
딸의 편지

사랑하는 엄마 아빠! 큰딸입니다. 어버이날에 편지 써 보는 게 얼마
만인지 모르겠다. 초등학교 때나 카네이션도 달아 드리고 했지. 다
커서는 어버이날을 그냥 쓱 넘겼던 적이 많은 거 같아. 이번 어버이
날은 오랜만에 편지 한번 써 봅니다. 나도 엄마가 돼서 처음 맞이하
는 어버이날이라 더 뜻깊은 거 같아. 그래도 갑자기 어색하게 어머
니, 아버지하고 호칭을 바꾸거나 안 하던 높임말은 하지 않으려구.
엄마, 아빠를 계속 가까이 두고 싶은 어리광이라고 생각해 줘.

아무 마음의 준비도 없이 결혼하자마자 승호가 생겨 버려서 육아에
대한 책도 많이 읽고 생전 안 보던 EBS 다큐도 찾아보고 인터넷 검색
도 참 많이 했는데 결론은 엄마, 아빠처럼 키우면 되겠다는 거였어.
아낌없이 사랑해 주면서도 잘못했을 때는 눈물이 쏙 빠지게 혼내 주
기도 하고, 엄마, 아빠로서 해줄 수 있다면 두 손 두 발 벗고 도와주

지만 우선은 스스로 생각하고 선택하도록 뒤에서 응원해 주는 그런 엄마, 아빠가 있어서 나는 좋은 학교, 좋은 직장에 정말 좋은 남편과 아들까지, 아직 30살 밖에 안 된 인생이지만 인생의 중요한 전환기들을 굴곡 없이 참 잘 지내 온 것 같아. 딸이지만 아들 역할을 맡고 있어서 그런가 부끄러워서 한 번도 말은 못 했는데 오늘을 해 봐야지. 이렇게 똑소리 나게 야무진 딸로 키워 주신 거 너무 너무 감사합니다.

아직 먹고 자는 것밖에 모르는 아들이지만 두 달 정도 키우면서 부모 마음을 아주 조금은 이해할 수 있게 된 것 같아. 급하게 먹는 승호가 공기를 많이 삼켜서 괴로워할 때 잠시 우유병을 빼고 등을 토닥거리고 있으면 빨리 우유병 달라고 발을 동동거리며 세상이 떠나간 듯 울지만 시원하게 트림을 하고 나면 표정이 평온해지면서 결국 편하게 잘 먹을 수 있게 되는데, 나도 모르게 엄마가 늘 하던 말이 툭 튀어나왔어. "엄마가 너한테 해(害) 되는 거 하라고 하겠니?" 진짜 그런 거 같아. 어릴 때는 엄마, 아빠가 날 괴롭게 만들려고 일부러 저러는 거 아닌가 할 정도로 하기 싫어서 떼쓰고 울면서 억지로 했던 것들이 있었는데 모두 다 내가 잘되라고 한 것들이더라고. 부모 말을 들으면 자다가도 떡이 생긴다는데. 편식하지 말고 밤에 일찍 자라는 말만 조금만 일찍부터 잘 들었어도 키가 10센티는 더 자랐을 텐데 아쉽다. 엄마, 아빠 마음 잘 모르고 내 맘대로 했던 것들이 후회되는 지금. 늦었다고 생각할 때가 제일 빠르다고 했지. 지금부터 엄마, 아빠 말은 금이라고 생각하고 잘 들을게.

누군가의 부모가 된다는 것은 정말 많은 희생을 감수해야 되는 것이더라고. 벌써부터 내 옷 한 벌 사는 걸 참아서 우리 아들 장난감 하나 더 사 주고 싶고. 나는 못 쉬더라도 아들이 자는 동안 얼른 집안일부터 해놔야 마음이 놓이고. 앞으로 아들이 커 가는 동안 아들을 위해서 점점 더 많은 것들을 참아 갈 텐데 그럼에도 뭔가 하나 제 맘에 안 들면 쾅 문 닫고 들어가는 시기가 오겠지? "엄마, 오늘 반찬에 왜 이렇게 맛있는 게 없어? 아, 빨래 좀 옷장 안에 넣어 주지 왜 여기다 올려놔. (다 차려진 아침상을 놔두고) 나 늦었어, 안 먹어." 나도 이럴 때가 다 있었는데 엄마한테 특히 미안해. 사춘기 훨씬 지나서 다 크고 나서도 엄마가 제일 편하다는 이유로 밖에서 화나는 일 있던 것도 다 엄마한테 짜증냈었는데 그런 것도 다 받아 줘서 고마워. 엄마가 맨날 너도 너 같은 딸 한번 낳아 봐라, 했는데 그런 딸 낳았으면 나 맨날 울고 살았을 듯. 다행히 남편 같은 아들을 낳아서 엄청 힘들진 않을 것 같아.

어릴 땐 친구가 제일인 줄 알고 밖으로만 놀러 다니려고 했는데 지나고 보니 가족이 가장 소중하더라. 아빠가 미국에서 자연이며 건물이며 좋은 것들을 많이 보여 주려고 우리 엄청 데리고 다녔었는데 귀찮아하고 힘들다고 징징거렸던 것도 참 후회가 돼. 그런데 우리들 철들고 나서 가족 티 맞춰 입고 떠났던 국내 한 바퀴 여행은 정말 좋았어. 수영장에서 팥빙수 내기 배구했던 것도, 땅끝마을 꼭대기에서 아빠가 엄마 업고 내려오게 한 것도, 아빠 친구 집 야외 수영장에서 튜브 타고 놀았던 것도. 다 같이 촛불안경 쓰고 아빠 생일 축하하며 와인 마신 것도 아직까지 다 생생하게 기억날 만큼 즐거운 시간이었어. 매년 이렇게 여행 다니자고 해놓고 다음 해에는 여행 떠나는 날에 홍수가 나서 갈 수가 없었고, 그 다음 해에는 내가 여행가는 전날에 늦게 들어오는 바람에 아빠가 엄청 화나서 여자 셋만 여행길에 올랐었네. 넷이서 가까운 해외로 여행 한번 했으면 했는데 벌써 승호가 태어나서 올해도 안 되겠네. 내년에 승호가 아장아장 걸어 다닐 때 되면 가까운 곳이라도 한번 놀러 갑시다.

최근에 아빠 아픈 거 보니까 더더욱 느끼게 되는 건데 시간이 허락한다면 엄마, 아빠랑 더 자주 같이 시간 보내서 외롭지 않게 행복하게 해드려야겠다는 거. 나중에 조금 덜 바쁠 때 해야지, 조금 더 많이 벌면 해야지 하다가 할아버지, 할머니한테 감사하다는 거 한 번도 표현 못 하고 시간이 다 가 버렸거든. 엄마, 아빠 해외여행도 모시고 가고, 캠핑도 한번 하러 가고, 아빠랑 골프도 치러 다니고, 엄마 비싼 옷도 사 주고 그럴 수 있도록 건강하게 진짜 오래 오래 우리랑 같이 있어줘용~.

요즘 아무리 리턴 캥거루족이 유행이라고는 하지만 이렇게 다 키워놓고서도 내 일이나 승호 일이라면 모든 걸 제쳐 두고 제일 먼저 챙겨주는 것도 진짜 고맙고. 그러면서도 너무 무리가 가서 엄마 나중에 팔다리 어깨 더 병들까 봐 걱정이 돼요. 우리들의 슈퍼 히어로 엄마, 아빠가 나중에 늙고 힘없어 하는 건 아직 상상이 안 되는데 그때가 되

2015년 5월 16일 결혼한 2년 후 손자 돌잔치를 하는 큰 딸과 사위의 모습.
잦은 이사로 학교를 많이 옮겨 다녔으나 반듯하게 자라 행복한 가정을 꾸려 준
딸에게 고마운 마음이 든다.

면 나랑 사위가 엄마, 아빠를 확실히 책임질 테니 걱정 마시고. 승호

가 한 살 두 살 나이 먹으면서 이쁘게 커 가는 것 지켜보면서 즐겁게

행복하게 함께 나이 듭시당. 우리 가족은 엄마, 아빠부터 우리까지

모두 부끄럼 유전자가 있어서 오글오글한 말들은 잘 못하지만 편지에

서라도 마음껏 해 볼게요. 엄마, 아빠 진짜 많이 사랑해요.

2016년 5월 8일 예쁜 큰딸 드림.

뜻이 있는 곳에 길이 있다

1967년 3월 마산중학교에 입학하여 교문에서 처음 본 글귀가 지금도 눈앞에 선명하다.

뜻이 있는 곳에 길이 있다.

정문을 들어가면 바로 정면 화단에 놓인 큰 돌에 새겨진 경구인데 내 인생의 나침판이 되었다.

마산중학교는 입학시험을 치고 들어갔다. 마산 소재의 초등학교를 제외하고는 시골 초등학교에서 1명도 들어가기가 힘든 경남 최고 명문중학이었다. 내가 졸업한 초등학교에서도 18명이 응시하였으나 합격자는 나 혼자였다.

둘째, 셋째 두 형과 같이 자취를 하면서 학교를 다녔는데 고등학

'뜻이 있는 곳에 길이 있다'고 새겨진 마산중학교 정문의 석비.
등교하며 늘 이를 보았던 필자가 꿈을 그렸던 계기이다.

생인 둘째 형은 나에게 당시로서는 유일하게 자유열람식이었던 마
산중학교 도서관에서 수시로 책을 빌려 오게 했다. 적어 준 대여목
록엔 내가 읽을 책도 있었다. 형들 덕분에 《플루타크 영웅전》, 《나
폴레옹》을 비롯한 위인전을 많이 읽을 수 있었다.

입학 전에 영어 알파벳을 아버님께서 가르쳐 주셔서 익혀 두었지만,
처음 학교에서 배우는 영어는 의외로 재미있었다. 영어 교사였던 배
영동 선생님은 교과서 없이 수업을 진행했다. 아예 1학기 동안은 영
어 교과서 *Tom & Judy* 지참을 금지하였는데 당연히 수업시간이 전
혀 부담스럽지 않았다. 말하기 놀이식 수업이었다. 배 선생님은 기
초 회화 위주의 수업을 평화봉사단원으로 나와 있던 미국인 강사 코
클린 선생님과 같이 진행하였다. 지금 생각해도 최첨단 수준의 실용

적 영어 수업이었다.

　친구들도 다들 수재라 그런지 공부를 잘 했다. 동기들은 졸업 후 내가 진학한 마산고등학교는 물론이고 타 지방의 명문 고등학교로도 많이 진학했다. 그중에는 먼 훗날에 장관, 국회의원, 대통령 수석비서관, 대기업 최고경영자, 대학교수, 의사, 언론인 등 각 전문 분야에서 성공한 인재들이 나왔다.

어떻게 살든 결국은 미완성 상태에서 빈손으로 자연으로 돌아가는 것이 인생이지만 꿈이 없는 삶은 바로 그 순간이 끝이다. 말이 씨가 된다고 했던가. 어릴 때부터 작은 어머님이 별명처럼 언제나 나를 반겨 부르면서 한 말과 중학교 정문에 서 있던 격언이 무심결에 나의 꿈과 길이 되었는지도 모른다. '우리 별자리', '뜻이 있는 곳에 길이 있다'. 나의 운명을 점지해 준 암시와도 같은 그 말 속에서 나를 향한 사랑과 믿음과 기대를 함께 느낄 수 있었고 끝내는 길을 찾아 바다로 나갔나 보다.

제 2장

★

열정과 헌신
자존

열정의 수평선 너머, 진력盡力.

옥포훈
"생사 간에 부하를 지휘할 수 있는가?"

해군사관학교는 엄혹한 곳이었다. 지금과는 다르지만 당시 생각으로는 '청운'(靑雲)의 꿈을 안고 찾아갈 곳이 아니었다. 멋진 제복 속에 감추어진 잔혹함이 6주간의 신입생 '가입교(假入校) 훈련' 첫날부터 드러났다. 이전엔 전혀 경험해 보지 못한 상상 이상의 무시무시한 집단적 공포가 나를 삼켜 갔다.

합격자 발표가 언론에 보도되고 합격 통지서, 입교 안내서 및 해사 교장 서신 등을 받고 1973년 1월 24일, 을씨년스럽게 내리는 차가운 겨울비를 맞으며 찾아간 해군사관학교는 스스로의 판단을 의심하기에 충분했다. 경남 진해시의 외진 바닷가에 위치한 해군사관학교는 초라할 정도로 낙후된 시설에 원시적일 정도로 비합리적 훈련의 연속이었다. 정식으로 사관생도가 되기 전의 가입교 훈련은 오로지 무자비한 구타와 기합을 주기 위한 과정일 뿐이었다. 애매한 변

신입생 제군 에게
--*-*-*-*-*-*-*-*

수많은 경쟁자를 물리치고 합격의 영광을 차지한 제군을 충심으로 축하하고 환영하는 바이다.

오늘의 영광이야말로 수년간에 걸친 제군의 끊임없는 노력의 결과이며, 또 이순간이야말로 제군이 장차 군의 중견장교로서 나아가서는 국가의 지도자가 될 출발점이라고 생각한다.

그러므로 본인은 제군이 제은바 첨은의 뜻을 초지일관 달성하여 해군이 요구하는 훌륭한 인재가 되어 줄것을 기대하며 입교에 앞서 몇가지 유의사항을 통보하는 바이다.

제군은 1973년 1월 24일 10.00시까지 해군사관학교에 집합(가입교) 하여 재 신체검사를 실시하니 입교토록 학교 응시 당시 군의관으로 부터 지적된 경미한 결함사항이라도 있으면 입교시 까지 완전 치료하여 교육 훈련에 지장이 없겠금 할것이며 그동안 건강에 유의하기 바란다.

특히 입교시에는 대학 입학 자격 예비고사 합격증 정본 및 주민등록증을 지참할것이며 (년령 만18세 미만자는 제외) 주민등록증 분실자 및 기타 부득이한 사정으로 주민등록증을 지참하지 못한사는 해당 시,군,구의 장이 발행한 주민등록증 미 지참 입영장정 확인서를 발부 받아 본교에 제출토록 하라.

또한 동봉한 승차권은 승차역 군 티,에,오 나 역에제출 하면 일반여객의 승차권과 교환하여 승차토록 할것이며 승차권 이면의 유의사항을 숙독하고 사용에 차질이 없기를 당부한다.

끝으로 제군과 제군의 가정에 새해와 더불어 행운과 만복이 같이 하기를 기원하는 바이다.

1973년 1월 일

해군사관학교 인사행정과장

해군 중령 라 상 훈

해군사관학교에 합격한 이후 나의 인생은 완전히 바뀌었다.
인사행정과장이 '신입생 제군에게' 보낸 위압적인 입교 안내문은
가혹하리만큼 엄격한 생도 생활을 미리 예고하는 듯했다.

명은 일체 통하지 않았다.

06:00시 총 기상부터 22:00시 순검과 취침 중 비상훈련을 거쳐 완전히 잠자리에 들 때까지 온종일 M1 소총을 들고 뛰고, 맞고, 고함지르다 '꽝꽝' 울리는 합동내무실의 스팀 해머 소리를 자장가 삼아 자야 했다. 종일 흘린 땀에 젖은 군복은 마를 새가 없었다. 조정용노, 야구 방망이, 개머리판 등으로 수시로 매를 맞아 뭉그러진 엉덩이 살에서 배어 나온 피가 땀과 섞여 살에 엉켜 붙었다. 심할 때는 똑바로 눕지도 못해 엎드려 자는 수밖에 없었던 경우도 있었다.

1명의 4학년 생도(특별중대장) 지휘하에 4명의 3학년 생도들이 '특별중대 소대장'이 되어 6주간의 신입생 가입교 훈련을 집행했다. 훈련과 정신교육 내용도 이해가 되지 않았다. 무조건 인간의 극한상황을 단기간 내에 체험시키는 게 전부처럼 보였다. "이유를 모르는 군인", "타협을 모르는 군인", "인내, 극기, 단결, 명예, 충성!" 등을 줄기차게 복창해야 했다. 〈군인의 길〉, 2 〈해군의 다짐〉, 3 〈해

---

2 **군인의 길**: ① 우리는 국토를 지키고 조국의 자유와 독립을 위하여 값있고 영광되게 몸과 마음을 바친다. ② 우리는 필승의 신념으로써 싸움터에 나서며 왕성한 공격 정신으로써 최후의 승리를 차지한다. ③ 우리는 솔선수범하여 맡은바 책임을 완수하고 명령에 복종하며 엄정한 군기를 확립한다. ④ 우리는 실전과 같은 훈련을 즐거이 받으며 새로운 전기를 끊임없이 연마하여 강한 전투력을 갖춘다. ⑤ 우리는 존경과 신뢰로써 예절을 지키며 공과 사를 가리어 단결을 굳게 하고 생사고락을 같이한다. ⑥ 우리는 청백한 성품과 검소한 기풍을 가지며 군용시설을 애호하고 군수물자를 선용한다. ⑦ 우리는 국민의 자제로서 국민을 위하며 자유민의 전우로서 자유민을 위하는 참된 역군이 된다.

3 **해군의 다짐**: 충무공 이순신 제독은 자기 한 몸의 영화와 안락과 생명을 던져 나라

군사관학교 사명〉, 4 〈교훈〉, 〈충무공 정신〉, 5 〈옥포훈〉, 6 〈사관
생도 신조〉, 7 〈사관생도 도덕률〉, 8 직속상관 관직성명 등을 외우
고 피 끓는 목소리로 복창하는 것은 일상사였다.

자다가 비상훈련이 소집되어 비몽사몽간 훈련 중 규정을 위반한
동료 생도가 불려 나가 다른 생도가 양팔을 붙잡은 상태에서 또 다
른 생도가 날라 준 물통 채로 물을 뒤집어 쓴 후 100대의 배트를 맞
는 걸 큰 소리로 횟수를 세면서 지켜봐야 했다. 잔반통을 뒤져서 음
식 찌꺼기를 몰래 먹다 들킨 생도, 야간도주 중 체포된 생도, 화장

와 겨레와 전통을 죽음 속에서 건져 낸 우리 민족의 은인이다. 일생을 정의에 살아
굽힘이 없이 오직 국토와 동포를 사랑하여 지혜와 용기와 신념으로써 자기 사명을
다한 거룩한 영웅이다. 우리는 충무공의 후예로서 이 나라 해군이 된 젊은이들이
다. 조국에 몸 바쳐 빛나는 역사와 함께 값있게 살 것을 굳게 다짐한다.

4 **해군사관학교 사명**: 생도로 하여금 지, 덕, 체를 향상시키고 책임감과 명예심과 충
성심을 최고도로 함양시킴에 교훈과 시범으로 교육시켜 유능한 초급장교를 양성
함에 있다.

5 **충무공 정신**: ① 공의를 따르고 사정을 물리친 굳건한 신념. ② 나라의 위기를 건지
고 겨레를 살린 드높은 지성. ③ 직책의 고하를 가리지 않고 어떠한 지위에도 만족
한 거룩한 희생정신. ④ 필승의 신념으로 침략자를 물리친 씩씩한 기백. ⑤ 문무를
끊임없이 연마한 끝없는 인격. ⑥ 모든 일을 새롭게 관찰한 창의력.

6 **옥포훈**: ◦귀관은 사관생도로서 최고도의 품위를 유지하고 있는가? ◦장차 포연탄
우 생사 간에 부하를 지휘할 수 있는가? ◦정의를 행함으로써 오는 고난을 감수할
수 있는가? ◦충무공 이순신의 후예임을 자부할 수 있는가?

7 **사관생도 신조**: ◦우리는 국가와 민족을 위하여 생명을 바친다. ◦우리는 언제나 명
예와 신의 속에 산다. ◦우리는 안일한 불의의 길보다 험난한 정의의 길을 택한다.

8 **사관생도 도덕률**: ◦사관생도는 정직하다. ◦사관생도는 공명정대하다. ◦사관생도
는 언행이 일치한다.

가입교 훈련이 끝나갈 무렵 충렬사에서 이순신 제독에게 신고를 하였다.
왼쪽에 무릎앉아 자세를 한 생도 중 두 번째가 필자이다.

실 뒤처리를 제대로 하지 않은 생도 등등이었다. 공포에 질려 악으
로 버티면서도 '전생에 무슨 죄를 지어 이런 인간 이하의 취급을 받
아야 하나?' 하고 나 자신을 원망했지만 깊이 생각할 겨를도 없이 이
른바 '인간 개조'를 위한 담금질은 쉼 없이 계속되었다.

　훈련 마지막 주엔 충무공의 후예가 될 신입 사관생도로서 충무시
(지금의 통영시)에 있는 '충렬사'로 대선배인 충무공 이순신 제독에
게 신고하러 갔다. 진해군항에서 호위구축함인 경남함(APD-81)을

타고 항만 입구까지 가서 보조정으로 갈아타고 충무항에 계류하여 상륙하였다. 단체로 제승당 참배를 마치고 나니 처음으로 '상륙'이라는 외출이 허가되었다. 동기생 5명과 함께 시내 음식점에서 점심을 사 먹었는데 주문한 음식이 나오기도 전에 빵을 사서 각자 두서너 개씩 먹었다. 이어서 밥과 매운탕을 배가 충분히 부를 때까지 먹었다. 어떤 동기생은 토할 정도로 많이 먹었는데 화장실을 다녀와서는 라면 한 그릇을 또 먹었다. 배가 고픈 건지 마음이 고픈 건지, 지금 생각하면 끔찍할 정도다. 다시 돌아오는 배를 타고 진해항으로 이동하던 중에 저녁식사가 나왔다. 신입 사관생도들이 왔다고 특식을 준비한 모양이었다. 그 당시로는 귀한 음식인 삼계탕을 아직 적응도 덜 된 흔들리는 군함 식당에서 먹다 보니 뱃속이 편치 않았다. 멀미에 취해 비몽사몽간에 식당에서 침실로 이동 중 계단을 내려오다 "귀관! 지금 뭣 하고 있나? 자세 취해!"라는 소리를 듣고는 조교인 소대장 생도 앞에서 이른바 후크를 세게 맞았다. 겨우 먹었던 삼계탕이 폭포수처럼 조교생도의 안면과 정복에 쏟아졌다. 훈련 중 그렇게나 교육 받았던 사관생도의 품위는 배고픔과 뱃멀미와 배부름 사이에서 실종되었다.

신입생 가입교 훈련을 마치는 날 아버님과 큰형, 그리고 진해 이모 내외분께서 오셨다. 정식으로 '해군사관학교 제31기 신입생 입교식'이 연병장에서 열렸다.

임석상관(교장 준장 신상대)에 대한 경례, 입교선서, 훈시, 분열

순으로 진행되었는데 해군 군악대의 해군가 연주에 맞추어 씩씩하게 행진하면서 눈물이 핑 돌았다. 행사가 끝나고 가족 면회가 있었는데 처음으로 아버님께 경례를 올렸다. 그렇게 엄격하고 강하신 아버님의 안경 밑으로 눈물이 보였다. 가족과 함께하는 외출이 시행되어 진해 이모님 댁에서 저녁을 먹었는데 식사를 편하게 하지는 못했다. 사관생도의 품위를 보여 주기 위해 허리를 꼿꼿이 펴고 거의 '직각식사'를 하였기 때문이다. 귀대 시간이 다 되어 해군사관학교로 들어가는 해군버스 정류장 앞 다과점에서 아버님께서 빵과 다과를 사 주셨다. 다과점에 같이 간 것도 처음이었다. 아버님과 헤어지고 귀대하여 정식으로 생도대대 3중대 4소대 소속의 1학년 생활이 시작되었는데 졸업 때까지 거의 매주 아버님 편지를 받았다. 편지 내용은 상관의 명령에 복종하고 규율을 잘 지켜 훌륭한 사관생도가 되라는 식이었다. 몇 번이고 그만두고 싶은 생각을 붙잡아 매어 준 지표였다.

가입교 훈련만 힘든 게 아니었다. 제일 밑바닥인 1학년 '보텀'(bottom) 생활도 고되기는 마찬가지였다. 표준 일과표에 따라 06:00시 총 기상과 동시에 통로에서 푸시업 후 집합하여 체조를 하고 전 사관생도가 중대별로 통상 4킬로미터 거리의 구보를 하였다. 이어 청소를 한 후 일제 강점기에 일본군이 주둔하면서 파 놓은 생도사 뒤편 산 아래 굴속으로 세면대야를 들고 가 세면을 했다.

동기생 8명이 같이 사용하는 침실로 돌아와 근무복으로 갈아입은 후 식당에 미리 가서 중대별로 지정된 식탁의 식사 준비를 했다. 같은 식탁의 2, 3, 4학년 선배 생도들과 본인들 밥과 국 10인분을 주방에서 받아 와서 개인별 그릇에 담아 다른 반찬들과 함께 정성 들여 신속하게 차리는데 정리정돈을 정확히 해야 함은 물론이었다. 식탁에 물기 한 방울이라도 떨어져 있으면 식사 후 바로 위 2학년 생도에게 출두당하여 '근무불철저' 과실보고서를 제출하고 선착순 구보, 오리걸음 걷기, 배트 맞기 등 개인에 따라 다양한 기합을 받았다. 선배 생도들과 함께 '식사정렬'에 참가한 후 다시 입장하여 식사를 하는데 말없이 1학년 생도는 허리를 펴고 턱을 끌어당긴 꼿꼿한 자세로 직각식사를 하게 되어 있었다.

식사 후 생도사로 3명씩 오를 맞추어 돌아와서는 학과 준비를 한 후 방송구령에 따라 학과정렬에 참가하는데 침실을 떠날 때 침구, 캐비닛 내부, 신발 등의 정리정돈과 거치된 개인 총기의 정비 상태를 재확인하고 나가야 했다. 학과 수업 중에 이루어지는 일일 당직 사관생도(4학년)의 내무반 순찰 시 정리정돈 불량 과실보고로 지적을 받으면 적성평가에서 감점되기 때문이다. 전교생이 책가방을 왼팔에 끼고 사관생도들로 구성된 소규모 군악대인 '소고대' 연주에 맞추어 학과 수업 교반별로 교수부 건물인 '통해관'으로 이동하여 08:00시부터 50분씩 4교시 수업을 듣고 다시 생도사로 돌아와 점심 식사 후 다시 오후 2교시 수업을 받았다.

15:00시부터 17:00시까지 종목별 문화체육활동에 이어 17:45시부터 저녁 식사를 하고 19:00시까지 자유 시간을 갖는데 대부분의 1

학년 생도들은 낮에 지적한 선배들 내무실로 출두하여 온갖 기합을 받아야 했다. 푸시업과 선착순 구보 정도는 양반이고 벌주는 개인에 따라 신체적 접촉이 다양한 방법으로 행해졌다. 가죽장갑을 끼고 복부를 치거나 M1 개머리판으로 복부, 엉덩이를 가격하기도 했다. 어떤 경우는 캐비닛에 거꾸로 매달아 놓고(일명 '드라이') 자유시간 내내 20~30분씩 버티게 하거나 그 상태에서 사정없이 배트를 치기도 했다.

자유시간을 그렇게 정신없이 보내고 침실로 오면 19:00시부터 21:40시까지 방송에 따라 50분씩 2회에 걸친 자습을 한 후 청소를 하고 22:00시에 순검 후 22:30시에 소등하여 취침하였다. 순검 시엔 각종 암기사항과 청소 등을 엄하게 점검받고 일과를 정리한다. 여기서 하루가 끝나면 다행이나 순검 후 야간 비상소집 훈련을 수시로 실시하는데 야밤에 해군 영송피리(boat wain's pipe) 소리와 함께 들려오는 방송에는 소름이 다 끼쳤다. "삐 —! 생도총원 비상소집, 복장은 단독무장1, 집합장소 연병장!" 전교생이 중대 및 학년별로 2시간가량 훈련했다. 학년이 섞여 있는 중대별 훈련은 주로 구보 등으로 구성되나 학년별 훈련은 선착순, 오리걸음, 앞뒤 포복, 바다 입수 등 기합을 위주로 실시되고 배트는 통상적으로 따라 다녔다.

해사 27기 선배들의 졸업 및 임관식이 한 달 앞으로 다가왔다. 한창 벚꽃이 만개할 즈음인 4월 초에 박정희 대통령을 임석상관으로 실시되는 이른바 '웅포행사'를 대비한 예행연습이 매일 실시되었다. 식

1974년 3월, 해군사관학교 2학년 때 졸업 및 임관식 예행연습 후.
필자는 중간 열 오른쪽에서 세 번째이다.
사진 속 예식복은 그해를 마지막으로 역사 속으로 사라졌다.
대신 육·해·공사 각 군의 상징 색을 가미해 통일되었다.

순에 따라 '대통령 각하에 대한 경례'에서부터 '표창장 수여', '졸업
장 및 임관 사령장 수여', '학교장 훈시', '대통령 유시', '분열' 등의
연습으로 오후 일과가 채워졌다. "받들어 총!" 구령과 함께 M1 소
총을 집총하여 21발의 예포가 정확히 1초 간격으로 울린 후 애국가
연주가 끝날 때까지 부동자세로 서 있다 보니 손목이 비틀려 총을
놓칠까 봐 엄청나게 긴장하였다. 뒤 열의 선배들은 나처럼 몸매가
날씬해야 된다고 했지만 체중 52킬로그램의 약체가 긴 행사를 견디

기는 쉽지 않았다.

　행사 중 부러워했던 것은 표창장을 받는 졸업생 선배들의 모습이 었다. 대열의 맨 앞 열에서 행진하고 호명에 따라 1명씩 단상으로 올라가 수여자로부터 직접 상장을 받고 메달을 목에 걸고 악수하면 서 인사하는 연습을 반복하였다. 대통령상, 국무총리상, 국방부장 관상, 해군참모총장상, 유엔군사령관상, 교장상 소위 ○○○ … 나 도 4년 후 졸업 시 이왕이면 저렇게 폼 나는 자리에 서는, 이른바 '메 달리스트'가 되고 싶다는 소망을 품었다.

　중간고사 시험일이 다가왔다. 중대별 성적이 '명예중대' 선발에 비 중 있게 반영되는 관계로 4학년인 중대장 생도부터 소대장 생도는 물론이고 3학년인 '중대 기수' 생도와 2학년인 '학년 책임자' 생도, '청소 책임자' 생도까지 나서서 공부를 독려하였다. 개별 출두 지도 와 훈련도 줄어 다행이었다.

　소등 후에 공부를 더 하고 싶어도 8명이 같이 생활하는 이른바 '124군 부대'로 불리는 124호 내무반에서 다른 동기생들의 취침에 방해가 되지 않으려면 '연등'하는 것도 눈치가 보였다. 화장실 안으 로 책이랑 노트를 들고 들어가 보았는데 집중이 잘 되어 효과도 있 었다.

　중간고사 성적이 교수부 건물인 통해관 입구에 게시되었다. 39등 으로 기억하는 입교 성적보다 다소 나아졌으나 여전히 실망스러웠 다. 하계휴가 전에 치르는 기말고사, 2학기 중간고사, 동계휴가 전

1975년 3학년 하계휴가 중 홍도해변에서 원영 출발 전 모습이다.

의 학년말 고사, 2학년, 3학년을 거치면서 성적이 계속 올라가더니 4학년 때는 1등을 하였다. 그 덕에 한 학년에 1명씩 주는 우등상을 전교생 앞에서 받고 금장으로 된 1등 표식인 '알파(α) 장'을 정복 왼쪽 팔에 새겼다. 더할 나위 없이 큰 보람을 느꼈다.

가혹할 정도로 힘든 1학년 생활을 극복하고 고학년이 될수록 생활에 여유를 조금씩 느꼈다. 물론 훈련 강도는 더 높아 갔지만 향상된 체력과 정신력에 온몸으로 체득한 요령도 작용한 것이 분명했다. 특히 매년 하계휴가 후 실시하는 2주일간의 전투수영훈련으로 생긴 자신감으로 3학년 하계휴가 중에는 동기생 2명과 함께 서해 홍도로 캠핑 여행을 가서 혼자서 수영으로 섬을 반 바퀴 돌았는데 섬 쪽으로 강하게 부딪히는 파도 때문에 육지에 올라 쉬지도 못한 채 파도에 몸을 맡기고 너울을 타며 수영하느라 죽다가 살아난 적이 있기도 했다.

아침에 홍도해변을 함께 출발했던 동기생들이 30분도 안 되어 중도 포기하는 바람에 혼자서 구명의도 없이 맨몸으로 도담바위-실금리굴-남문바위 등을 거쳐 홍도항까지 5시간에 걸친 원영을 완주하고 출발지점으로 돌아왔다. 도착할 때까지 동기생들은 말로 다 못할 만큼 걱정했지만 자연에 순응하면서 생존하는 법을 체득한 기회가 되었다.

임관 후 실무 중 들은 이야기로는 월남전 당시 최일선에서 전투하다 전사한 초급간부 장교들 중 유독 해사 출신의 해병대 장교들이 많았다고 한다. 그러하지 않았던 육사 출신들과 비교가 되어 국방부에서 육사와 해사를 방문하여 교육훈련 및 훈육 전 과정을 조사하였는데 전반적으로 육사에 비해 해사가 매우 비합리적이고 열악하였다 한다. 육사에 비해 교육환경에서부터 교수진에 이르기까지 비교가 되지 않을 정도로 뒤처졌는데 한 가지 특이한 점은 해사가 말도 되지 않는 구실로 혹독할 정도의 훈련을 가하더라는 것이다. 생활의 합리성보다는 전장에서 부딪힐 극한 상황을 염두에 둔 인위적 악조건을 부여하는 것 같았다 한다. 나도 사관학교 생활 중에 이해할 수 없고 불만스러운 점이 많았지만, 무조건 복종하고 불의와 적당히 타협하지 않으며 필요하면 기꺼이 자기를 희생할 줄 아는 초급장교를 양성

1976년 4학년 1학기 중간고사를 마친 후 시험복장인 정복을 입고 촬영한 모습.
만개한 벚꽃과 옥포만을 배경으로 통해관 옥상에 서 있는 장면이다.
해군사관학교는 무감독 시험제도를 운용하고 있다.

해야 한다는 철학이 바탕에 깔려 있었던 것으로 보인다.

1977년 4월 12일 연병장 주변에 화려한 벚꽃이 만개한 옥포만에 해
군을 대표하는 유형별 군함들이 도열한 상태에서 해사 31기 졸업 및
임관식이 거행되었다. 임석상관인 박정희 대통령과 처음으로 악수
도 하였다. 155명의 동기생이 입교하여 4년간 3분의 1이 도태되고
104명이 졸업장과 임관 사령장을 받았는데 나는 7등으로 우등상도
받아 〈전우신문〉에 실리기도 하였다.

해군사관학교가 지향했던 초급장교의 길이 담겨 있는, 내무반인
'세병관' 입구의 거울에 새겨진 〈옥포훈〉이 지금도 생생하다. "귀하

는 포연탄우(砲煙彈雨) 생사(生死) 간에 부하를 지휘할 수 있는가?"
각종 집합 시 외쳤던 "우리는 안일한 불의(不義)의 길보다 험난한
정의의 길을 간다"는 표어와 "진리를 구하자, 허위를 버리자, 희생
하자!"라는 해사 교훈과 함께 삶의 지표가 되고 있다.

열정(熱情)
"의자라도 갖다 줘라!"

1977년 3월 28일 소위로 임관하여 이른바 '새마을 교육'이라는 강도 높은 실무 적응교육과 실습을 거쳐 처음으로 부여받은 임무는 당시 한국함대의 기함(旗艦, *flag ship*)이었던 구축함 충북함(DD-95)의 통신관 근무였다. 1년 전 해군사관학교 4학년 사관생도 재학 중 편승하여 원양실습을 했던 그 군함이었다. 너무 힘들다는 소문이 나 동기생들이 이구동성으로 가장 타기 싫다 했던 군함에 내가 발령을 받은 것이었다.

온몸을 내리누르는 듯한 엄격한 분위기 속에서 출동 중 일일 전투배 치 횟수가 평균 9회에 달할 정도로 매일 매일의 과업은 그야말로 전 투 그 자체였다. 황제와도 같은 함장(대령, 해사 13기, 해군참모총장 역임)의 절대적 권위 아래에서 계급에 상관없이 모든 부하들은 하루 하루를 전투하듯이 생활하는 모습이었다.

사관생도 4학년인 필자가 1976년 순항훈련 중 상륙하여 망중한을 즐기는 모습. 배경의 군함은 중부 태평양 미드웨이 기지에 기항한 충북함과 전남함이다. 충북함이 장교로서 첫 근무지가 될 줄은 꿈에도 모른 채 낭만을 즐기고 있다.

첫 근무지에서 처음으로 수행하는 해군장교로서의 임무 앞에 잠도 잘 오지 않았다. 자칫 잘못하면 나 자신의 존재 자체가 사라질 것만 같은 중압감 속에 얻은 결론은 '내가 하는 일의 주인은 나 자신'이라는 생각이었다. 내가 건재해야만 부하들도 책임질 수 있고 해군장교로서의 내일도 보장될 수 있다는 것이었다. 방법은 단 하나였다. 어느 누구도 내가 하는 일에 대해서만큼은 지시나 확인이 필요 없을 정도로 완벽하게 해내겠다고 다짐했다.

시간이 부족했지만 해법은 간단했다. 정박 중이든, 출동 중이든 배를 집으로 삼아 업무에 매달렸다. 재임 중 한국 측 지휘함으로서 다섯 번을 참여한 이른바 '태권도 훈련'이라는 한 · 미 연합대잠훈련 시엔 출항 시부터 입항 시까지 일주일 내내 밤낮을 가리지 않고 함교에 서서 자지 않고 일했다. 훈련을 위해서 전투정보실(CIC, *combat information center*)을 찾거나 화장실을 갈 때를 제외하면 대부분의 식사도 함교(艦橋, *bridge*)에 서서 샌드위치 등으로 해결했다.

수시로 실시되는 해상사격훈련에서 통신관은 표적 예인함과 교신해 탄착을 확인하여 포술장(소령)과 함장에게 보고해야 했는데 임관 후 첫 사격훈련 시 귀청이 찢어졌다. 반드시 귀마개를 해야 했지만 사격통제망 교신에 집중하느라 귀마개를 하지 않은 것이 화근이었다. 주포(5"/38) 격파사격훈련으로 3문의 5인치 2연장 함포가 동시에 발사(*salvo fire*)되었는데 천지가 진동하는 듯했다. 특히 함교 바로 아래 갑판에 장착된 52포에서 울린 포성과 진동으로 귀청이 찢기고 함교 내부 페인트가 떨어지고 전등불이 껌뻑거렸다. 그 당시 입은 오른쪽 귀의 고막 손상으로 평생 난청을 겪고 있다.

다음 해인 1978년 3월 11일 함장 교대식이 열렸는데 난 이임하는 함장님으로부터 장교들 중 유일하게 표창을 받았다. 임관 후 실무부대에서 받은 첫 표창이었다. 신임 함장님(대령, 해사 14기, 준장 예편)은 전임 함장님과 마찬가지로 사관학교를 수석으로 졸업한, 유명한 분이었으나 지휘 스타일은 대조적이었다.

신임 함장님 지휘하에 한·미 연합대잠훈련을 실시했다. 재임 중 5번째 연합훈련이었는데 여전히 한국 측 지휘함은 충북함이었다. 주 전술망(PRITAC, *primary tactical*)으로 훈련에 참가한 한·미 함

충북함 주포 격파사격 장면. 사진 속의 5"/38 함포는 함교 바로 앞 갑판의 52포다.
사격훈련 시 저자의 귀청을 찢어 평생 난청을 겪게 한 함포이기도 하다.
1945년에 건조되어 미 해군에서 운용하던 USS Chevalier함을
1972년 7월 5일 대한민국 해군이 인수하여 충북함으로 명명하였다.
이후 2000년 6월 30일 퇴역할 때까지 우리 해군의 주력함으로 활약했다.
만재배수량 3,470톤, 전장 119m, 승무원 300여 명, 대공·대함 레이더,
음향탐지기, 5"/38 2연장 함포 3문, MK 37 사격통제체계, 40mm 2연장 함포 2문,
MK51 사격통제체계, Harpoon 함대함 유도탄 8기, 3연장 어뢰발사기 2문,
GE 터빈엔진 2대, 보일러 4대 및 2축 추진체계를 장착한 함정이었다.

정들과 교신하는 임무를 수행하고 있는데 아침에 함교에 올라온 함
장님이 조함하던 항해당직사관에게 물었다.

"아니, 저 소위는 낮이고 밤이고 계속 저 자리에 서서 잠도 안 자
고 근무하는 것 같은데 교대도 없느냐?"

당직사관인 작전관(소령)이 대답했다.

"항상 그렇게 해왔습니다."

"그러면 의자라도 하나 갖다 줘야지!"

함장님의 친절한 지시가 내려오고 전투정보실에서 사용하는 높은

의자가 내 엉덩이 밑으로 들어왔다.

부하들에 대해선 많은 말이 필요 없었다. 나를 본보기로 삼고 자랑으로 여기는 기색이 역력했다. 기대 이상으로 충직하게 임무에 충실하고 잘 따라 주었다. 재임 중 나는 2명의 함장(대령/해사 13, 14기/모두 해사 수석졸업/대장 및 준장 예편)과 3명의 부장(중령/해사 18, 19, 20기/모두 준장 예편), 2명의 기관장(중령/준장 및 대령 예편), 2명의 작전관(소령/해사 24, 25기/소장, 중장 예편), 포술장(소령/해사 25기/준장 예편), 전탐관(대위/해사 28기, 대령 예편)과 음탐관(대위/해사 28기/소장 예편) 등 빛나는 별 같은 선배들과 같이 근무할 수 있었다. 일찍이 실무 장교 생활의 단맛과 쓴맛을 모두 경험하면서 무언의 다양한 가르침을 받는 행운도 얻을 수 있었다.

진력(盡力)
"독사 대가리"

해군 소위 임관 후 첫 보직으로 구축함 통신관 근무를 같이했던 동기생들은 나를 제외하고는 모두 1977년 말에 고속정 부장으로 발령이 났다. 1978년 4월 1일 중위로 진급했을 때는 충북함(DD-95) 통신관을 제외한 구축함 충무함(DD-91), 서울함(DD-92), 부산함(DD-93), 전북함(DD-96), 대구함(DD-97)의 통신관 직책은 1년 후배인 해사 32기 신임 소위들이 맡게 되었는데도 나는 모르고 있었던 것이다. 거의 반년이 지난 후 직속상관인 작전관(해사 25기, 소령, 중장 예편)이 점심식사 5분 전에 사관실(*ward room*)에서 대기 중이던 나에게 말해 줘서 알게 되었는데 신임 함장님(해사 14기, 대령, 준장 예편)이 내 발령을 내지 말도록 함대 인사에 이야기하여 그렇게 되었다고 했다.

순항훈련을 데리고 가겠다는 함장님에게 같이 순항훈련을 가는 다른 함정으로 발령을 내겠다고 제안한 한국함대 인사참모의 대안

경남함은 1945년 미국에서 건조, 고속전투수송함으로 운용하던 함선이었다.
1959년 한국 해군에서 인수해 경남함으로 명명하였다. 2000년 12월 퇴역하였다.
전장 93m, 만재배수량 2,130톤, 승조원 200여 명, 5"/38 함포 1문, 40mm 함포 3문.

에 따라 나는 영문도 모른 채 호위 구축함인 경남함(APD-822) 전탐
관으로 발령을 받았다. 당시 경남함에선 해외 순항훈련을 바로 앞두
고 임관 1년밖에 안 되어 두 달 전에 갓 중위가 된 장교가 대위 직책
인 전탐관으로 보직되어 작전관(소령), 포술장(대위), 전탐관(대
위) 등 3명이 하루 8시간씩 3교대로 서던 함교 당직사관 중 한 직수
를 맡는 데 대한 우려와 함께 반대가 많았으나 한국함대 인사처장의
설득으로 부임할 수 있었다는 이야기를 들었다.

　1978년 5월 29일 부임하여 직속상관인 작전관(소령, 해사 27기,
해군참모총장 역임, 대장 예편), 부장(중령, 해사 22기, 준장 예편),
함장님(대령, 해사 13기, 중장 예편)에게 신고하고 업무를 시작하였

는데 임무 수행에 어려움을 겪은 기억은 별로 남아 있지 않다. 얼마 지나지 않아 함장님을 비롯한 상관들도 인정해 주었으며 부하들도 잘 따라 주었다. 충북함에서 고생하면서 체득한 실력이 유감없이 발휘된 덕분이라는 생각이 들었다.

2년 후배인 해군사관학교 제33기 4학년 사관생도들을 편승하여 항해 중 교육훈련을 하면서 대만, 괌, 하와이, 롱비치, 샌프란시스코, 시애틀, 캐나다 밴쿠버 등에 기항하여 군함외교를 펼쳤다.

순항훈련 후 1978년 10월 중순에 진해항에 귀항하였는데 쉴 겨를도 없이 부담스러운 임무가 떨어졌다. 외국에 나가 있는 동안 한국함대에 '정신전력 점검'(SI, Spirit Inspection) 제도가 새로 생긴 것이 배경이었다. 연말을 앞두고 거의 마지막으로 경남함에 대한 정신전력 점검일자가 12월 11일로 지정되어 하달되었는데 공문을 결재하던 함장님이 수검을 책임질 장교로 나를 임명한 것이었다. 정신전력 분야는 정훈관의 업무 소관으로 전탐관(지금의 전투정보관) 업무와는 무관하였으나 해양대학 출신 동기 중위가 맡고 있던 정훈관 직책을 나로 바꾸면서까지 특별한 임무를 준 것이었다.

내키지 않는 부가 임무를 부여받고 바로 수검준비계획을 수립했다. 점검을 잘 받기 위해선 모든 서류와 승조원들의 숙지도가 일치해야 하는데 미비한 게 너무나 많았다. 퇴근은커녕 제대로 잠자기도 틀렸다는 걱정이 우선 들었다. 낮에는 교육, 밤에는 행정을 한다는 기본계획 아래 다음 날부터 영외 거주자를 저녁 8시까지 야근하도록 했다. 그러나 영외 거주자들은 대부분 퇴근하고 없었다. 몇 달간 가족들과 헤어져 순항훈련 갔다 온 부사관들에게 바로 야근을 지시했으니 그럴 만도 했다. 물론 지시를 위반한 잘못은 부사관들에게 있었지만 어쩔 수 없는 노릇이었다.

혼자서 일주일간 밤샘 근무를 했다. 이후부터 상황이 점점 바뀌었다. 부사관들뿐만 아니라 장교들까지 내 눈치를 보기 시작했다. 물론 8시까지 야근도 시키면서 강도 높은 교육, 훈련을 시킬 수 있었다. 여전히 나는 수검일 전야까지 새벽 4시까지 일하고 6시까지 침대 대신 사관실 테이블에 엎드려 자다가 총기상 나팔 소리와 더불어 부리나케 일어나 영내 거주자들에 대한 조별과업부터 시작하여 주간 과업시간 중 전체 교육·훈련과 야간 철야 행정을 반복했다.

〈수검준비계획서〉에서부터 〈점검현황보고〉 브리핑 차트에 이르기까지 직접 작성했는데 함장님을 포함하여 함 자체 보고과정에서 수정이 일체 없었다. 점검 시 확인하는 모든 서류는 '점검 대조표' (check off list)를 세분화하여 완벽하게 준비하였다. 서류 확인, 무작위 질문, 승조원 시험 평가, 실연 등에 완벽하게 대비했다. 근 한 달간 매일 커피를 한 주전자씩 마셔 가며 하루 가수면 2시간으로 버티면서 준비해 점검을 받았다.

한국함대 참모장님(준장, 해사 9기)이 수석 점검관이었다. 첫 현황보고 때부터 과분한 칭찬이 쏟아져 나오더니 최종평가에서는 한국함대 최고의 결과가 나왔다. 승조원 시험 평점은 만점에 가까웠고, 행정서류상의 지적이 전혀 없었다. 실기와 시연 평가도 흠을 잡을 수 없었다고 한다. 불과 0.1점 차이로 순위가 바뀌는 점검에서 기존 최고 점수보다 무려 7점이 높은 점수를 받았다. 의례적인 점검 지적사항마저 유사 이래 처음으로 단 한 건도 나오지 않았다. 대신 우수 및 장려사항이 20여 건 나왔다. 지금은 해군 규정이 된 등급별 신상파악제도도 내가 제안한 아이디어로 장려사항에 들어 있었다.

결과적으로 까다로운 해군 점검의 역사를 바꿀 정도로 기적을 창출한 후 함·승조원 전원을 후갑판에 집합시켰다. 한마디만 했다.

"수고 많았다."

이후 나는 3일을 잤다. 죽은 듯이 내리 3일을 함수 장교침실에서 잤지만 아무도 날 깨우지 않았다. 직속상관이던 작전관님(소령, 해사 27기, 참모총장 역임)이 나를 일컬어 한마디 했다.

"저렇게 독한 놈은 처음 본다. 독사가 아니라 독사 대가리다."

깨어나 첫 식사를 사관실에서 하고 거의 한 달 만에 퇴근하려고 하니 사관당번이 1개월분 커피값 청구서를 조심스레 내밀었다. 7만 5천 원 정도였다. 한 달 봉급을 다 털어 두말없이 주었다. 이유야 어떻든 내가 다 마셨기 때문이다.

얼마 후 함장 이·취임식이 있었다. 해사 13기 함장님의 뒤를 15기 함장님(소장 예편)이 이었다. 수검 후 정훈관 직책을 다시 인계받은 갑판사관이 걱정스러운 얼굴로 나를 찾아왔다. 나한테만 특별히 이야기해 주는 것이라면서 새로 온 함장님으로부터 설문조사 지시를 받았는데 항목 중에 우리 배에서 가장 존경하는 장교와 싫어하는 장교가 누구인지를 그 이유와 함께 쓰라는 질문이 있다는 것이었다.

왜 나한테 그 이야기를 하느냐고 물었다. 그러니 지난번 점검준비 과정에 승조원들 고생을 너무 많이 시켰는데 그 원망이 설문에 반영되어 가장 싫어하는 장교로 지목되면 고생만 실컷 해놓고 신임 함장님에게 안 좋은 첫인상을 줄 것 같아 안타까운 마음에 미리 알려 준다는 것이었다. 한마디로 개의치 말라고 일러 주었다. 그런데 며칠 후 정훈관이 매우 반가운 표정으로 다시 나를 찾아와 설문결과 분석보고서를 살짝 보여 주는 것이었다.

우려와는 달리 의외로 전 승조원 중 신임 함장님을 존경한다는 몇 명 외엔 거의 모두가 가장 존경하는 장교로 나를 적어 냈다는 것이다. 고생한 보람이 있었다. 부하들의 양심이 살아 있고 정직한 덕분이었다고 나는 해석하였다. 인기에 영합하여 부하들을 편하게만 해주어서는 도저히 나올 수 없는 결과였기 때문이다. 그 이후로 난 어떤 조직에서든 임무를 수행함에 있어 안일에 빠져드는 부하들의 눈치를 절대 보지 않는다. 무능하고 무책임하며 무원칙한 리더의 포퓰리즘(populism)은 조직을 병들게 하고 리더 본인을 포함한 모든 구성원들을 망치기 때문이다.

경남함 함교 당직사관 근무 중. 당시 경남함 등 대부분 해군 함정의 함교는
실내·외 온도 차가 거의 없는 이른바 'open bridge'였다.

믿음으로 부하를 낚다

1979년 3월 13일 경남함을 떠나 소해함인 영동함(MSC-558) 부장 (중위) 임무를 수행한 지 채 6개월도 안 되어 갑자기 한국함대사령관 전속부관이란 전혀 예상하지 못한 보직으로 발령받았다.

9개월째 임무를 수행하던 중 갑자기 전역한 사령관님을 따라 원호처(현재의 국가보훈처)에 파견을 나갔다. 약 한 달 후 해군에 복귀하여 1980년 6월 13일부로 유도탄고속함인 백구-58함(PGM-358)의 포술장(대위)으로서 다시 함정 근무를 하게 되었다.

위에서 언급한 3개 직책을 수행하면서 만난 나의 직속 지휘관들은 초급장교 시절에 리더십과 관련해서 내게 가장 깊은 감명을 준 훌륭한 분들이었다. 지금 되돌아보니 이른바 '무위지치'(無爲之治)를 아시는 분들이었다. 공통적으로 무조건 나를 믿어 주고 잔소리 한마디 하는 법이 없었다.

1950년대 중반 미국 해군에서 운용하던 USS MSC-320함을
한국 해군이 인수, 영동함으로 명명하여 운용하였다.
전장 60m, 만재배수량 520톤, 최대속력 1노트,
승조원 50여 명, 20mm 포 1문, 디젤 엔진, 음탐기,
기계 · 음향 · 자기식 소해장비.

영동함 함장님(소령, 해사 25기, 준장 예편)은 아무리 다급한 상황에
서도 부(함)장인 내가 하는 일을 끝까지 믿어 주었고 인간적인 배려
를 아끼지 않았다. 담배를 피우지 않는 부장이 애연가인 함장님에게
담배 한 보루 사 드리지 않고 격별 부대 운영비를 알아서 다 집행해
도 섭섭한 기색 한마디 없이 믿어 주고 칭찬을 주로 해주던 분이었
다. 청렴결백하고, 온화하며, 대인과 같은 넉넉한 마음으로 여유를
다해 대해 주면서도 고유 직무와 부하들을 위한 배려를 충실히 하는
분이었다.

영동함 부장 근무 중인 어느 날 제31 소해함 전대를 비롯한 여러 육
상 부서에서 업무협조를 하고 귀함(歸艦)하니 현문(舷門, *gang*

way)[9] 당직자가 급한 전화가 왔다는 보고를 하였다. 한국함대사령관 비서실장(중령, 해사 19기, 소장 예편)이 전화하였는데 나더러 출두하라고 하였다는 것이다. 영문도 모른 채 잔뜩 긴장하여 처음으로 고색창연한 러시아식 건물인 사령부 본관에 있는 비서실장을 찾아가 복명 보고하였더니 대뜸 질문했다.

"자네, 사령관님 부관 한번 해보겠는가?"

전혀 예상 밖의 말에 당황할 사이도 없이 대답했다.

"명령대로 하겠습니다!"

바로 다음 주에 발령이 났다.

약 한 달 후에 비서실장이 식사를 사 주면서 칭찬과 함께 갑자기 부관으로 선발한 배경을 설명해 주었다. 11전대사령부 선임참모로서 내가 소위 때 근무하던 구축함 충북함(DD-95)에 5차례의 한미 연합훈련과 해상지휘 검열 차 편승하여 매번 감명 받은 것이 나의 근무 모습이었다는 것이다. 낮이든 밤이든 항상 그 자리에서 최선을 다하는 모습을 보고 무슨 일이든 완벽하게 해낼 수 있는 장교라는 확신을 가져 발탁했는데 예상대로 사령관님도 인정하고 칭찬을 많이 하여 비서실장도 안도가 된다는 말이었다.

외경스러울 정도로 카리스마 넘치는 한국함대(현 해군작전사령부) 사령관님(중장 이종호, 해사 5기, 원호처장 역임)은 고위 지휘관으로

---

9 해군 함정과 부두를 잇는 출입 통로로서 거치식 사다리를 의미한다.

서 진정한 리더십이 무엇인지 내가 직접 가까이에서 체득할 수 있는 영광스런 기회를 준 상관이었다. 내가 하는 일에 대해 한마디의 잔소리나 질책이 없었다. 추운 겨울날 행사장에서 당시 체중이 52kg에 불과했을 정도로 비쩍 마른 나의 상의 소매를 꼬집으면서 "안 추우냐?"고 한마디 하시는 것으로 속에 있는 애정과 관심을 드러내는 분이었다.

전략·전술에 정통하고 원어민 수준의 영어를 구사했을 뿐만 아니라 전략적 사고와 누구나 흠모하는 인격으로 부대를 장악하여 숱한 개혁을 단행하는데도 뭇 지휘관들과 참모들이 신이 나서 행복해하는 모습이 역력했다. 타군은 물론 미군을 비롯한 외국군 고위 장성들까지도 사령관님에 대한 존경심을 표현하기 주저하지 않을 정도였다.

신망 높은 해군의 2인자로서 차기 참모총장이 확실시되던 시기에 갑자기 격동의 제5공화국 출범하였다. 정권 초에 원호처장(현재의 국가보훈처장)으로 발령이 난 사령관님을 수행하여 헬기(ALT-Ⅲ) 편으로 급거 상경했다. 사령관님은 해군참모총장, 국방부 장관, 총무처 장관을 만난 후 다음 날 09:00시에 바로 원호처장으로 취임하였다. 마지막 부관으로서 한 달간 파견되어 사령관님 아파트에서 숙식하면서 비서실장 대리와 수행비서 역할을 하였다.

2년 후 미국 해군의 해상전 학교(Surface Warfare Officer's Department Head Course)에 군사유학을 갔을 때도 잊지 않고 친서를

보내 자상하게 격려해 주었을 뿐만 아니라 37년이 지난 지금도 수시로 연락하고 식사에 초대하는 등 한결같은 관심과 애정을 보내 줄 정도로 탁월한 인품을 갖춘 분이다. 부하가 무엇을 배우고, 어디에서 감동을 받아 분골쇄신 충성을 다 할 수밖에 없는지, 그분에게서 전율을 느끼면서 체득했다.

이종호 원호처장 친서

심 대위 귀하.

무사히 현지에 도착했다는 소식 반갑게 받아 보았습니다. 심 대위의 능력과 인품을 잘 아는 본인으로서는 심 대위가 그곳에서 모든 사람들의 총애를 받는 가운데 우수한 성적을 올릴 것으로 확신하고 있습니다. 미국에 가서 공부도 중요하지만 그곳에 있는 Local people과 자주 접촉해서 그 사람들의 사고방식이나 생활태도를 보고 견문을 넓히는 일이 더욱 중요하다고 생각이 드니 가급적 주말에는 외출을 해서 많은 사람들과 접촉토록 하는 게 좋겠습니다.

항상 한국 해군장교로서 긍지를 가지고 행동해 줄 것을 부기하면서 건투를 빕니다.

1982년 9월 21일 이종호.

유도탄고속함인 백구-58함(PGM-358) 함장님(중령, 해사 22기, 준장 예편)은 중견 전투지휘관이 어떻게 부하들을 지휘하여 승리를 보장할 수 있는지 보여 준 '참 군인'이었다. 고맙게도 내가 하는 일에 대해서는 무조건적일 정도로 믿어 주고 간섭하지 않았다.

또한 출동 중 유류수급 차 입항하면 꼭 승조원들을 데리고 축구라도 같이하면서 막걸리 파티를 열어 주시곤 하였다. 언제나 부하들과 함께 동고동락하면서 푸근한 인간애를 느끼게 해주었을 뿐 아니라 부하들에 대한 믿음의 끈을 놓지 않았던 분이었다.

모두가 부하들로 하여금 최선을 다해 임무에 충실하지 않을 수 없도록 최고의 리더십을 발휘한 나의 지휘관들로서 지금도 나에겐 잊을 수 없는 행운으로 자리하고 있다. 몇 년 후인 1983년 10월 28일부터 1년간 첫 해상지휘관으로서 기러기-268(PKM-268) 인수 정장(대위) 임무를 수행하면서 내가 적용한 리더십 모델도 초급장교 시절 내가 진심으로 존경하던 지휘관들로부터 나도 모르게 배운 것이라 할 수 있다.

나도 기본에 충실한 부하들을 전적으로 믿고 가급적 간섭하지 않았다. 주갑판 아래 몇 개 계단만 내려가면 바로 나오는 기관실에 함정 인수 이후 연말 점검을 제외하곤 의도적으로 내려가지 않았을 정도로 부하들을 믿고 위임해 버렸다. 기관실은 제일 전문가인 기관장(중위, 해사 36기, 중령 예편)이 알아서 하라는 식이었다. 평상시의 함 운용은 부장(중위, 해사 36기, 준장 예편)에게 전적으로 맡겼다.

대신 나는 전장상황에 맞는 전술교리의 개발과 강도 높은 교육·훈련 등을 통한 실전적 전투태세 확립에 모든 역량을 집중하다시피

했다. 재임 중 단 한 건의 장비고장도, 인원사고도 없이 승조원들과 한 가족처럼 행복하게 지내면서 언제나 자신감 있게 임무에 매진할 수 있었던 비결이었다.

칼날 진 파워맨

1988년 1월 11일 해군본부 장교인사담당으로 부임하여 인사과장님 (중령, 해사 26기, 대령 예편), 인사운영처장님(대령, 해사 20기, 준장 예편), 인사참모부장님(소장, 해사 14기, 해군참모총장 역임)에게 전입신고를 했다. 사무실로 돌아와 전임자인 해사 30기 선배로부터 업무인계를 받았다. 해군 전 장교의 보직관리, 진급관리 및 각종 제도와 관련된 업무를 하는 직책이었다. 부하는 전역담당 중위와 행정상사, 중사, 하사 및 군무원 각 1명과 수병 3명 등 8명이 전부였다. 당시 육군본부 인사참모부 인사운영처 전투1과의 중·소위 담당관실과 비슷하고 공군 장교인사과의 1/5 수준이었다. 현재의 해군본부 장교인사과와 진급관리과의 1/10도 되지 않는 초라한 형편이었다. 그럼에도 장교 개개인에게 절대적으로 중요한 영향을 미치는 것이 그 업무였다.

사무실 분위기는 마치 전쟁터를 방불케 했다. 쉼 없이 울리는 전화벨 및 통화 소리와 인사상담 차 찾아온 장교들의 고민스러운 모습, 무엇 때문에 저렇게 바쁠까 싶을 정도로 분주히 움직이는 과원들의 모습이 어우러져 어지러울 지경이었다.

모두가 퇴근한 텅 빈 사무실에 혼자 앉아 생각하니 인사관리 업무를 어떻게 해야 할지 막연하기만 했다. 한 가지 분명한 것은 장교인사관리 업무의 특성상 누구에게도 위임이 불가능하다는 것이었다. 각종 자료 정리와 타자, 문서 수발 등의 단순 업무를 제외한 인사기획 및 제도, 보직 및 진급 관리 업무는 내가 직접 하지 않을 수 없는 일이었다. 주간 과업시간 중에는 전날 한 인사작업 결과 보고 등의 후속조치와 지시 수명, 회의 참석, 전화 상담 및 면담 등의 단순 업무 외엔 아무것도 할 수 없는 상황이라 주 업무는 야간에 할 수밖에 없었다.

방법이 달리 없어 보였다. 부임한 첫날부터 1주일을 철야로 근무했다. 인사관리의 '인'자도 모르는 나에게 부하들도 무심했던지 첫날 저녁부터 날 도와줄 부하가 1명도 사무실에 남아 있지 않았다.

'자기 일도 모르는 상관을 어느 부하가 믿고 따를 것인가?' 이렇게 자문(自問)하니 내가 할 일이 분명히 보였다. 문서 캐비닛을 열고 빼곡하게 들어찬 문서철 중 하나를 집어내어 문서들을 보기 시작했다. 역대 인사관리 관련 각종 보고서와 자료가 줄줄이 나왔다. 어떤 문서는 분류가 잘못되어 다른 파일에 있어야 할 것도 있었다. 어차피 재임 중 내가 가장 효과적으로 활용해야 할 대외비 자료이니 내

필자가 해군참모총장 수행부관(1982년), 장교인사담당관(1988년),
해군참모총장 수석부관(1992년)으로 근무했던 구 해군본부의 전경이다.
이 시기에 해군본부는 서울 대방동에 있었지만
이후 1993년 6월, 충남 계룡시에 위치한 계룡대로 이전하였다.

용 파악과 병행하여 체계적으로 재정리를 해야겠다고 판단했다.

해군본부 앞에서 두꺼운 파일 50여 개를 사 들고 와서 연필로 문서철 가제목을 하나씩 썼다. 내 책상은 물론 퇴근 후 비어 있는 부하들 책상 위에까지 새 문서철을 펼쳐 놓았다. 신발을 벗고 책상 위로 올라가 기존 문서철의 문서들을 하나씩 뽑아 읽은 후 재분류하여 새 문서철에 올려놓았다. 그렇게 하다 보니 날이 밝아 왔다. 하던 작업을 멈추고 화장실에 가서 세면을 하고 해군본부 뒤 달동네에 있는 민가 식당에서 아침을 먹고 사무실로 돌아왔다.

아침에 출근한 부하들은 내가 일찍 출근한 줄 아는 듯했다. 내색하지 않고 조용히 내 일만 해나갔다. 인사상담 온 장교들의 인사카드를 뽑아 달라는 정도의 단순한 업무 외엔 별 아는 것도 없는 내가 지시할 것은 거의 없었다. 주간 일과 시간을 이용하여 어젯밤에 조금 체득한 내용 중 궁금한 사항에 대해 물어보는 정도였다.

저녁 시간이 되돌아왔다. 전날 저녁과 마찬가지로 간단히 끼니를 해결하고 사무실로 돌아오니 조용했다. 모두 칼같이 퇴근했던 것이다. 실제 업무를 시작하는 첫날이라 부하들이 남아서 아무것도 모르는 나를 도와주리라 기대했었지만 나만의 생각이었다. 어젯밤에 하던 일을 반복했다. 그런 식으로 월요일부터 토요일 아침까지 내리 닷새를 혼자서 밤샘 근무를 연속했다. 난방용 스팀도 나오지 않는 추운 사무실에서 부임 첫날부터 외박을 한 셈이었다. 아내와 딸에게 미안하고 보고 싶기도 했다. 토요일에는 그날만큼은 퇴근을 하리라 작정하며 평상시보다 조금 늦게까지 하던 작업을 마무리했다.

가장 먼저 출근한 중사가 소스라치게 놀라 했다. 책상 위에 올라가 열심히 문서를 정리하던 모습을 본 것이었다. 그날 토요일 오후에 나는 처음으로 퇴근했다. 대기자가 많아 해군본부 아파트에 입주하지 못한 나를 위해 처가에서 1년 동안 전세로 얻어 준 산본 신도시에 있는 민간 아파트에서 기다리던 가족과 6일 만에 재회했다. 저녁엔 장인, 장모님께서 오셔서 상경 후 처음으로 저녁 식사를 같이했는데 계속 잠이 쏟아졌다. 가족과 장인, 장모님께는 미안했지만 어쩔 수 없었다. 일요일 저녁식사 시간까지 내리 20여 시간을 잤다.

그날 밤 곰곰이 생각했다. 인사관리의 기본도 모르는 내가 장교 인사관리라는 막중한 책임을 졌으니 혼신의 힘을 다하여 업무를 장악하고 부하들을 이끌 수밖에 없다는 것이 결론이었다. 지난주는 나스스로의 기본을 다진 시기라고 생각하니 뿌듯했다. 자세히는 아니어도 전체적인 개념은 잡혔고, 필요시 손쉽게 관련 자료를 찾아서 확인할 수 있는 것만으로도 일단 안도가 되었다. 말끔히 피로를 회복하고 한층 자신감을 가진 채 월요일 아침 일찍 출근했다.

부하들이 나를 대하는 태도가 지난주와 확연히 비교가 되었다. 내 눈치를 보는 것 같기도 하고 뭔가 적극적으로 도와줄 것을 찾아서 보고도 자주 하는 식이었다. 그날 저녁엔 아무도 퇴근하지 않았다. 왜 퇴근하지 않느냐고 물으니 내가 나갈 때까지 같이 있겠다고 하는 것이다. 21시경에 근무를 마쳤다. 부하들에게 맥주나 한잔 하자고 제의했다. 대림동 부근에서 부하들과 처음으로 회식 아닌 회식을 했다. 많은 이야기가 필요 없었다. 각자 맡은 일에 사명감을 가지고 정확하게 임해 달라는 것이 요지였다. 참가한 모두가 고마워하면서 새로운 결의를 다지는 듯했다.

인사관리의 기본원칙을 정하고 대상자들과의 소통기회도 다양하게 늘려 나갔다. 위관 장교는 기회 균등을 보장하는 차원에서 '일반화 관리'하고, 영관 장교는 능력과 전문성에 기초하여 '전문화 관리'하는 것을 인사원칙으로 정하고 업무용 전화를 증설하였다. 전화든, 편지든, 직접 상담이든, 심지어 윗사람을 통한 추천이든 개의치 않고 대상자들과 소통했다. 본인이 가장 원하는 보직을 파악하여 보직 변경 시 반드시 같이 검토했다. 개인의 경력관리와 전출·입 부대의 인력사정 등을 종합적으로 검토하여 보직을 정했다.

극히 일부를 제외하고는 불편부당(不偏不黨)한 적재적소(適材適所) 인사의 수혜 장교들은 원했던 보직으로 발령을 받는 순간부터 나와 더 이상의 소통을 시도하지 않았다. 하지만 결과적으로 나는 소령 이하 장교의 경우에 대상자가 원하는 보직의 유형이 내가 정한 인사원칙과 90% 이상 일치했다는 사실을 실감하고 보람을 느낄 수 있었다.

1988년도는 유달리 인사관리 소요가 많았던 한 해였다. 해군 역사상 유례를 찾기 힘들 정도로 부대 증·창설이 집중되어 평년의 3배 이상에 달하는 인사이동이 불가피했던 시기였다. 88올림픽 대비 안보태세 강화도 한 요인이었다. 2척의 호위함과 10척의 초계전투함 인수 및 취역, 1번 잠수함 인수요원 선발 및 독일 파견, 3개소의 지대함 유도탄 기지대 창설, 전비전단 증편 등의 신규병력 소요에 따라 장교 946명을 포함하여 5,639명에 달하는 정원 증원이 있었지만 소요병력은 양성되어 있지 않았다.

해군 창군 이래 최대의 인력 부족시기에 일반대학 출신 장교가 처음으로 2회에 걸쳐 임관되어 부족병력을 채우는 주된 수단이 되었는데 소요 대비 계급구조가 전혀 맞지 않았다. 연중 부대 증·창설이 이어졌으므로 충원인사를 위한 수시 인사이동이 대폭적으로 단행될 수밖에 없었다. 매번 인사명령이 났다 하면 100여 명을 넘는 대규모의 이른바 '폭탄인사'였던 것이다.

그런 와중에 장교 진급관리라는 막중한 업무가 있었다. 정기 장교진급심사에 대비하여 몇 개월 전부터 준비를 하고 심사 기간인 10월 한 달 동안은 사무실을 폐쇄하고 심사장에서 지내야만 하는 다중적인 임무를 수행할 수밖에 없었다.

또한, 1988년도에 부활한 국정감사제도에 따라 국회의원들이 요구하는 자료의 절반 이상은 인사관리와 관련된 것이었다. 사무용 컴퓨터도 없었던 시절에 '창군 이후 현재까지 출신지역별, 계급별 장교 진급현황'을 비롯한 방대한 자료를 수작업으로 군번부 등에서 자료를 찾아 타자기로 쳐서 보고서로 만들어 냈는데 그러한 작업의 대부분을 최고도로 숙련되고 꼼꼼한 부하들이 적극적으로 처리해 주었다.

부임 첫 일주일간의 연속 철야 근무를 시작으로 이후에도 통상 평일은 11시 전후까지 야근을 했다. 매주 금요일은 대부분 밤새워 근무했다. 업무는 과중했지만 충직하고 유능한 부하들 덕분에 일사불란하게 돌아갔다. 인사과장이나 인사처장의 간섭도, 지적도 없었다. 서류를 올리면 곧바로 결재가 내려졌다. 절대적 신뢰 없이는 불가능했다. 심지어 자주 들르던 인력운영과장(중령, 해사 26기, 해군참모총장 역임)도 동기생인 인사과장에게 나에 대한 부러움을 자주 나타낼 정도였다고 한다.

부임 초 일에 파묻혀 지내다 모처럼 휴일을 해군본부에서 멀리 떨어진 아파트에서 가족들과 지내는데 아내가 반가운 얼굴로 수령한 우편물을 보여 주었다. 멀리 추자도 등지에서 보내온 2개의 해산물 포장이었는데 '아차!' 하는 생각이 들었다. 격오지에서 근무하는, 모르는 후배 장교들이 보내온 것이 분명해 보였다. 포장된 그대로 반송하도록 화를 내며 지시했다. 영문을 몰라 하는 아내에게 내가 하는 업무의 성격과 인사청탁 가능성을 설명해 주고 앞으로는 바로 바로 돌려보내야 한다고 단단히 이야기했다. 소문이 났는지 근무 내내 그런 일은 다시 생기지 않았다.

어떤 휴일에는 집에서 전화를 받았다. 모르는 후배 대위가 집 근처에서 전화한 것이었는데 나를 꼭 만나고 싶다고 하였다. 물어보니 목포 근처 섬에서 근무하다 일부러 어려운 시간을 내어 찾아 왔다는 것이다. 집 밖으로 나가 보니 검게 그을린 얼굴에 어울리지 않는 사복차림으로 조심스럽게 뭔가를 들고 긴장된 모습으로 서 있었다.

자초지종을 물어보니 임관 후 한 번도 근무해 보고 싶었던 배를 타 보지 못했다고 했다. 사관학교 졸업 서열이 나빠서 그런지 줄곧 고속정이나 섬에서만 근무하여 이후의 경력관리가 크게 걱정된다고 하였다. 신형함에서 근무할 수 있으면 정말 최선을 다하여 잘할 수 있다고 하면서 간청했다.

판단해 보니 보직 이동 시기에 해당되었다. 출근하면 우선적으로 확인하여 일주일 내에 조치해 주겠다고 현장에서 약속해 버렸다. 조심스럽게 들고 온 케이크는 고맙게 먹겠다고 받았다. 재임 중 처음이자 마지막으로 받은 선물이었다. 물론 약속대로 그 장교는 일주일 만에 그토록 타고 싶어 하던 신형함인 초계전투함(PCC)의 작전관으로 발령이 났다.

이후에 해군본부에 대한 감사원 감사가 일주일 간 있었다. 감사관 회의실에서 나를 며칠째 호출하였으나 가지 못했다. 화가 난 감사관이 사무실로 직접 찾아왔다. 도대체 감사관이 부르는데도 겁 없이 응하지 않은 심 소령이 누구냐며 호되게 따졌다. 찾아온 장교와의 인사 상담을 잠시 중단하고 전화 통화 중인 상대방에게 양해를 구한 후 자리를 비울 수 없는 사정을 설명해 주는데 또 다른 전화는 나를 기다리고 다른 전화벨이 울리는 와중에 과장은 나를 찾고 있었다. 감사관이 어이가 없는 표정으로 해군장교 인사를 혼자서 다 하느냐고 물었다. 보시다시피 그렇다고 대답했더니 몇 가지만 확인할 테니 제발 시간을 내어 달라고 하여 설명과 함께 관련 자료를 챙겨 주었는데 감사관은 충격을 받은 듯했다.

감사 결과 지적사항은 전혀 없었는데 대신 해군장교 인력난에 대한 문제 제기와 함께 공명정대한 해군장교 인사관리 원칙과 나에 대한 호평이 결과보고서에 포함되었다는 뒷이야기를 들을 수 있었다.

이후 해군장교 인사관리 조직은 대폭 보강되었다. 내가 하던 직책은 중령급으로 상향되고 예하에 담당 장교들이 추가 편성되었다. 진급관리과도 새로 생겨 보직관리와 분리되었다. 결과적으로 나 혼자서 하던 업무를 20여 명의 장교가 하게 된 것이었다.

멸사봉공
"가족은 무언가요?"

해군대학 졸업 후 인천에 소재한 2함대사령부 소속의 호위함인 제주함(FF-958) 의 부장(중령) 으로 부임했다. 1990년 1월 4일이었다. 대우조선 주식회사에서 건조한 호위함을 인수해 취역 및 전력화 과정을 거쳐 1990년 1월 2일 부로 2함대에 예속시켰는데 당시에는 한국 해군이 보유한 함정 중 가장 첨단의 최신예 호위함이었다.

함장님(대령, 해사 23기, 대령 예편), 제 21전대장님(대령, 해사 23기, 준장 예편), 제 2전투전단장님(준장, 해사 18기, 해군참모총장 역임), 제 2함대사령관님(소장, 해사 17기, 해군참모총장 역임) 에게 전입신고를 하고 업무를 인수했다.

부장으로서 며칠이 지나지 않아 기본태세상의 허점이 속속 눈에 들어왔다. 함 전원을 집합시켜 신임 부장으로서의 각오를 밝히고, 1년여에 걸친 오랜 함정인수 및 전력화 기간 동안 습관화된 '규정 외

제주함은 기존의 호위함과 다른 신형 사격통제체계를 갖추었다.
당시로는 최신형함이라 여러 종류의 함정 방문 행사가 많이 열렸다.
전장 105m, 만재배수량 2,180톤, 최대속력 35노트, 76mm 2문, 40mm 2연장 2문,
Harpoon 함대함 유도탄 8기.

생활태도'의 변화 필요성을 역설했다. 군사적 긴장도가 가장 높은
서해 접적해역에서 본 함이 수행할 임무의 특성상 실전적 전투태세
확립 이상의 급선무는 없으며, 그 바탕은 군인으로서 마땅히 지켜야
할 기본에서부터 출발한다고 강조했다.

　기본과 관련하여 여러 가지 어려움이 많았지만 첫 출동 경비작전
임무를 마치고 모항으로 귀항하자 핵심 부서장들의 전입, 전출 인사
명령이 나왔다. 1월 20일 작전관이 교체되고 뒤이어 포술장이 교체
되었다. 신임 작전관(소령, 해사 35기, 소령 예편)은 전투함 근무경
력이 전무했다. 새로 온 포술장(대위, 해사 36기, 대위 예편)은 고속

정 정장(艇長) 근무 시 항해 중 어선에 충돌하여 침몰시킨 전력으로 중징계 처분을 받고 전역을 염두에 두고 있던 장교였다.

걱정이 안 될 수 없었다. 같은 시기에 인수, 전력화하여 같은 함대에 동일자로 예속된 동형의 전남함(FF-957)도 부서장 교체가 있었다. 유능한 작전관(소령, 해사 35기, 소장 예편)과 포술장(소령, 해사 36기, 소장 예편)이 보직되었다. 처음부터 비교가 되지 않았다. 인사원칙이 실종된 불균형 인사여서 이해가 되지 않았지만 어쩔 수 없는 노릇이었다. 얼마 후 함장도 바뀌었다. 신임 함장님(대령, 해사 25기, 준장 예편)은 독실한 기독교 신자로서 신사의 표본과도 같은 분이었다. 온화하고 성실한 성품에 부하들을 사랑하고 배려해 주는 분이었지만 업무적으로는 매우 치밀하였다.

제주함의 전쟁은 소리 없이 시작되었다. 적과의 전쟁이 아니라 내부적으로 기본과의 전쟁이었다. 특히 출동 및 경비작전 시에 문제가 집중되었다. 함 총원 전투배치를 해도 함장님의 전투지휘를 직접 보좌하거나 위임받아 전투지휘를 해야 할 작전관의 입은 처음부터 굳게 닫혀 있었다. 훈련 집행이 불가능했다. 전투배치를 해제하고 내 방으로 불렀다. 가만히 있었던 사연이 무엇인지 물었다. 돌아온 대답은 의외였다.

"무엇을 보고하고 지시해야 할지 몰라서 그랬습니다."

앞일이 막막하게 느껴졌다.

해상작전 중일 때는 말할 것도 없지만 정박 중일 때도 나는 퇴근하지 못하고 수개월째 영내에서 생활하고 있었다. 가족을 못 본 지도 오래 되었는데 모처럼 개인 시간을 가질 수 있는 기회가 생겼다. 아내가 진해에서 함장 사모님과 부서장 부인들과 함께 인천으로 올라오고 있었다. 저녁엔 함장님이 주최한 부서장 이상 동(同) 부인 회식이 계획되어 있었다. 부임 후 몇 개월 만에 퇴근을 할 수 있다는 게 오히려 어색한 기분이 들 정도였지만 절로 콧노래가 나왔다.

그런데 오후 네 시경에 포술장이 풀죽은 표정으로 서류철을 잔뜩 끼고 내 앞에 나타났다. 무슨 일 있느냐고 물었다. 다음 날 오전 9시에 예정된 전투전단장(준장, 해사 19기, 소장 예편) 주관 하의 유형별 '포술능력향상방안'에 대한 전술토의 시 사격통제체계(WSA-423 WCS)에 대한 발표 책임함으로서 한 달 전부터 준비해 왔던 내용을 나의 최종 스크린을 받아 수정 및 보완하라는 함장님 지시를 받고 나타난 것이었다.

시간이 없었다. 간단히 봐 주고 나가면 될 것으로 생각하고 작성된 발표내용을 서둘러 훑어보았다. 한심한 수준이었다. 제독인 전단장이 임석한 상태에서 전단 소속의 장교들과 포술 관련 직별장들이 모두 참가하는 중요한 토론회에서 최신예 1급함10이 발표할 내용

---

10 해군 함정 급수는 함정장의 계급과 함정의 크기 등에 따라 4등급으로 분류된다. 구축함 등의 1급함은 대령이 함장을, 초계전투함 등의 2급함은 중령이 함장을, 소해함 등의 3급함은 소령이 함장을, 고속정 등의 4급함은 대위가 정장에 보직된다. 함정 급수별 함정장은 필수직이다.

으로는 창피할 정도였다. 논리성에서부터 내용에 이르기까지 중언부언에 뒤죽박죽이었다.

목차에서부터 모든 것을 재작성했다. 한 장 한 장 내가 쓰면 대기 중인 행정병이 타자를 치는 식으로 모두 다시 작성한 후 시내에 나가 만들어 온 발표용 필름을 확인하고 발표 요령을 교육한 다음 출출 내리는 빗속을 뚫고 퇴근하니 23:00시경이었다. 회식은 이미 끝이 났고 2함대사령부 복지관인 '서도회관'에서 목메어 나를 기다리던 아내는 내가 나타나자마자 울음을 터뜨렸다. 몇 개월 만에 만난 아내에게 미안한 마음과 함께 말할 수 없는 연민을 느꼈다.

정박 중이든, 출동 중이든 상부의 지시에 의한 행사는 이어졌다. 한 번은 '중소기업중앙회'에서 전국의 유명 중소기업 대표와 회사별 노조위원장들을 데리고 출동 중인 본 함을 방문했다. 1990년 중반이었는데 약 200여 명이 고속정 여러 척에 편승하여 북방한계선(NLL, Northern Limit Line) 경비작전 중이던 제주함으로 왔다. 우리나라에 처음 노조가 합법화된 후 벌어진 광경은 언론에 보도된 대로 목불인견인 경우가 비일비재했던 시기였다. 노조가 생기기 전엔 어쩔 수 없이 사장에게 복종했는데, 이제는 어느 날 사장을 드럼통에 넣어 굴리는 사태까지 벌어질 정도로 노사 간 갈등이 심각해졌던 것이었다. 행사계획을 면밀히 수립했다. 손님을 편안하고 즐겁게 접대하는 대신에 확실하게 전투함의 실제 임무수행 모습을 보여 주는 데 역점을 두었다.

1990년 필자가 제주함을 방문한 중소기업 대표 및 노조 위원장 일행을 대상으로 함정의 현황 브리핑을 하고 있다. 제주함 탑승기는 중소기업중앙회 신문에 1주일 간 연재되었다.

　함 일반현황과 작전상황을 설명한 후 조를 나누어 총원 전투배치 하에 모든 전투배치 장소를 안내하고 다니면서 설명했다. 전속으로 기동 중인 상태에서 모의 시나리오에 의한 상황별 훈련이 다양하게 시연되었다. 1시간 30분가량, 복잡한 함정 내부와 거센 해풍이 몰 아치는 외부갑판을 사정없이 안내하면서 견학을 이끌었다. 전투배 치 해제 후 승조원들과의 무작위 만남의 기회도 제공했다. 마지막으 로 따뜻한 차와 함께 종합 간담회 기회도 가졌다.

　한마디로 감동을 받은 기색이 역력했다. 이구동성으로 "어떻게 최고의 전문가들이 그렇게 적은 봉급으로 가족과 몇 개월씩 떨어진 거친 바다에서 코앞의 적과 맞선 힘들고 긴장된 근무를 힘든 기색 하나 나타내지 않고 하나 같이 밝은 표정으로 보람 있게 근무할 수 있느냐?"고 질문하였다. 여러 가지 요인이 있을 수 있지만 핵심은

"전투함과 군인들의 '기본자세'이며, 이를 여러분이 잠시 본 것"이라고 간단히 말해 주었다.

본 일화는 중소기업중앙회에서 발행하는 신문에 "제주함 탐방기"라는 제목으로 1주일간 연재되어 전 중소기업에 전파되었다. '자기들보다 못한, 열악한 처지에 처한 최고 전문가들도 긴장을 놓을 수 없는 파도치는 전장에서 자부심을 갖고 현실에 만족하며, 밤낮을 가리지 않고 목숨을 걸고 헌신적으로 임무에 충실한데 우리들은 지금무엇을 하고 있느냐?'는 식으로 자성을 촉구하는 취지의 글로서 노사가 힘을 합쳐 기본을 되찾아 중소기업을 살리자는 메시지를 담고 있었다. 임무에 충실한 군함 승조원들의 일상이 민간인들에게는 감사와 감동의 대상이 되는 한편 경종을 울렸다고 판단한다.

전략적 지도자 양성
"누가 감히 미국을… ?"

1999년 4월 21일 가족과 함께 미국 유학을 떠났다. 미국의 수도 워싱턴(Washington D. C.)에 위치한, '군사교육의 하버드'라 불리던 국방대학원(National Defense University)에서 미군 및 외국군 장교, 미 연방정부의 고위 공무원 등 200여 명과 함께 수학했다. 한국군 장교로서는 10번째요 해군장교로서는 2번째였다.

입교 후 바로 실시한 성격유형검사(MBTI, Myers-Briggs Type Indicator) 결과 교육목표인 '전략적 지도자'의 전형적인 특성소유자라는 의외의 통보를 받고 다소 고무되어 전쟁대학(The National War College)에 소속되어 공부했는데 쉽지가 않았다. 수준 높은 강의를 제대로 알아듣고 세미나 위주의 수업에서 내 견해라도 이야기하려면 사전에 많이 준비해야 했다. 집에서도 매일 새벽 2시가 넘도록 관련 서적을 읽어 가야 했다. 하루 평균 70쪽 정도의 원서를 읽어 핵심 내용을 파악하면서 필수 과목에 대한 에세이를 작성해야 했다.

직접 촬영한 국방대학원 전쟁대학 본관의 모습.

심지어 장인 장모님께서 방문하셨을 때 관광안내를 하다 보니 시간
이 모자라 밤새워 공부하는 것을 새벽에 화장실을 가시다 문틈으로
새어 나온 불빛을 보시고 알아채시고는 미안해 하셨다는 이야기를
아내를 통해 듣기도 했다.

　알고 보니 외국군인 나뿐만 아니라 미국 장교들과 고위 공무원들
도 밤늦게까지 공부한다고 했다. 교육목표인 '전략적 지도자 양성'
을 위한 가혹할 정도로 엄격한 학습 환경도 작용하였지만 졸업 성적
이 승진에 결정적인 도움이 될 수 있기 때문이었던 것으로 보였다.
미군 고급 장교 129명(육군 42명, 해군 — 해병대 및 해안경비대 포함
— 45명, 공군 42명), 국무성, 백악관, 의회, 중앙정보국(CIA), 국
방정보국(DIA) 등에서 교육 파견된 연방정부 고위 공무원 52명, 외
국군 장성 및 대령급 장교 35명 중 획득대학 소속 21명을 제외한 전

쟁대학 학우 14명 등과 함께 공부하면서 실로 많은 것을 느끼고 배울 수 있었다.

교육은 졸업할 때까지 20명 단위로 고정 편성된 뿌리분임 (*committee*)과 과목마다 13명 단위로 새로 구성되는 분임조(*seminar group*)에 소속되어 강의(*lecture*), 강의식 세미나(*lecture seminar*), 패널 토의(*panel discussion*), 교수 주관 세미나(*instructor-led seminar*), 초빙 강사 주관 세미나(*guest seminar*), 학생 주관 세미나 (*student-led seminar*), 연습(*student exercise*), 사례 연구(*case study*) 등의 다양한 방법으로 진행되었다.

교육과목은 필수 5과목과 선택 4과목에 위기관리연습으로 구성되었다. 필수과목은 '치국(治國) · 외교의 기본', '군사사상과 전략', '국가안보정책 수립절차', '지역 전략', '군사전략과 작전' 등인데 과목마다 논문[11]을 제출해야 했다.

---

11 제출한 논문의 제목은 다음과 같다. ① 한반도 통일: 미국의 안보이익과 역할 (Unification of Korea: The U. S. Security Interests and Roles). ② 손자의 세이론과 베트남 전쟁(Sun Tzu's Combined Energy Theory and Vietnam War). ③ 한국 국방조직 개편을 위한 골드워터-니콜스 국방조직 개편 법안 고찰 (Rethinking the Goldwater-Nichols DOD Reorganization Act to Reform the R. O. K. Defense Structure). ④ 북한위협의 근원적 억제를 위한 새로운 접근(A New Approach to Deter North Korean Threat Quintessentially). ⑤ 아시아-태평양 지역에서의 협조적 해양안보(Cooperative Maritime Security in the Asia-Pacific Region)

미국 국방대학원 전쟁대학 본관을 배경으로 촬영한 2000학번 동기생들 모습.
첫째 줄 왼쪽에서 10번째가 필자이다.

이에 더해 내가 선택한 과목은 '해군과 국가', '조직관리', '전략적 협상', '멀티미디어 기술적용' 등이었다. 평가와 함께 35학점을 이수하였는데 엄격한 교육정책 때문인지 몰라도 단 1명의 학생도 수업 시간에 조는 장면을 볼 수 없었다. 또한 분임별 모임 등 한국식 회식도 거의 없이 경쟁적으로 공부에 열중하는 모습이었다.

수시로 국무장관과 국가안보보좌관을 비롯한 국가안보 관련 최고 위급 저명인사들의 특강(distinguished lecture)이 있었다. 1999년 11월 29일엔 해안경비대12 사령관(Commandant, U. S. Coast Guard)인 로이 제독(Admiral Robert Loy)의 본토 방위(homeland defense)

---

12 미국 국방부에 소속된 군사형 해양경찰 조직으로서 계급체계에서부터 제복까지 해군과 구분되지 않을 정도로 유사하다.

관련 특강이 있었는데 강의 후 질문을 하였더니 예상하지 못한 답변을 들었다. 국방부나 백악관 등 국가 핵심시설에 근접한 레이건 공항(Ronald Reagan Washington National Airport)에서 수시로 뜨고 내리는 민항기들이 펜타곤 위로 비행하더라도 괜찮은 것인지, 사고나 테러로 펜타곤에 비행기가 추락하면 어떻게 할 것인지를 물었더니 아무 문제가 없다면서 "감히 누가 민항기로 펜타곤을 공격한단 말인가?" 반문하는 것이었다. 그때로부터 2년도 되기 전인 2001년 9월 11일에 항공기 납치 동시다발 자살 테러가 일어나 뉴욕의 세계무역센터 빌딩이 무너지고 펜타곤까지 공격받아 2,996명이 사망하는 대참사가 일어났다. 이 사건은 안보에는 자만과 방심이 절대 용납되지 않는다는 사실을 일깨워 주었다.

생산적인 현장 학습도 자주 있었다. 워싱턴 내의 백악관 국가안보회의(NSC, National Security Council) 등을 방문하여 안보보좌관과 토의를 하고, 국방부, 국무부, 의회 등도 방문하였다. 그중에서도 특히 인상 깊었던 것은 대통령 집무실(Oval Office)이 있는 백악관 본관(The White House West Wing)과 회랑으로 연결된 비서실 건물(The Eisenhower Executive Office Building)이 도보로 3분 내의 가까운 거리에 위치하여 우리나라 청와대와는 비교할 수 없을 정도로 업무의 효율성을 보장한다는 사실이다.

외국군 장교들은 전략사령부(USSTRATCOM) 등의 통합사령부를 방문하고, 록히드 마틴(Lockheed Martin)사를 방문하여 개발 중인

미국 국방대학원 재학 중 공부한 교재들.
국방관리대학원장 재임 시 총 259권을 국방대학교 도서관에 기증하였다.
국비유학 중에 취득한 자료도 국가에 귀속되도록 해야 한다는 생각이었다.

차세대 스텔스 전투기(F-22 Raptor) 시제품을 보기도 했다. 미국 남
북전쟁의 분수령이자 전환점으로 평가받는 게티즈버그(Gettysburg)
전투 유적지도 방문하여 전술토의를 하고 가족들과 함께 노펔
(Norfolk)의 미 제 2함대사령부에서 항공모함을 타고 나가 하루 종
일 함재기 이·착함 훈련 등을 견학하기도 했는데 이론과 현장 학습
을 병행한 다양한 교육을 통해 전략적 식견을 넓힐 수 있는 유익한
기회가 체계적으로 제공되었다.

　또한 대학원 내에서도 각종 행사가 실시되었는데 대학원 본부와
국가전략연구소(INSS, Institute for National Strategic Studies)가 있
는 건물에서 개최된 다문화 음식경연대회(Taste of NDU)도 그중 하
나였다. 아내가 출품한 음식인 소고기 잡채가 두 번째로 표를 많이
받아 2등상을, 김치는 명예상을 받았는데 전 교직원과 외국인들에
게 한국 음식과 문화를 전파하는 효과가 있었다.

미 국방대학원의 연례 다문화 음식경연대회에 참여한 작은딸과 아내의 모습이다.
한복차림으로 참여하여 출품 음식과 함께 한국 문화를 소개했다.
아내는 소고기 잡채를 출품하여 2등상을 수상했다.

미 국방대학원 졸업식에서 필자가 수료증을 받는 모습이다.
들고 있는 붉은 색 표지 속의 한 쪽엔 수료증이,
다른 한쪽에는 졸업식 전까지 공개되지 않았던 석사 학위증이 들어 있었다.
32명의 동기생 외국군 장교 중 7명만이 국가안보전략 석사 학위를 1년 만에 받았다.

나는 2000년 6월 14일 졸업식장에서 미 의회가 인준한 국가안보전략 석사학위(the Degree of Master of Science in National Security Strategy)를 받고 졸업하였는데 지금도 세계 최고과정의 교육을 받을 수 있었던 데에 고마운 마음을 잊지 못한다.

참답고 쓸모 있게
'진짜 카리스마'

모교인 해군사관학교의 생도연대장(대령)으로 부임하여 2000년 7월 3일 취임했다. 취임 초 사관학교는 TV 오락프로그램인 〈출발 드림팀〉촬영과 3군 사관학교 체육대회 준비 등으로 다소 어수선해 보였다. 매사에 매우 철저한 사람으로 익히 알려진 교장님(중장, 해사 22기) 주관 하의 회의는 매일 아침 열렸고 휘하의 훈육장교들은 뭔가에 쫓기듯 허둥대는 모습이었다.

부임 초 한 달을 야근했다. 직접 나의 복무계획을 작성하면서 미결된 각종 검토 보고도 동시에 마무리하여 교장님에게 '복무계획보고'를 하기 전까지 완결하고 이후는 나의 아이디어를 주도적으로 구현해 나가겠다고 구상했기 때문이었다.

모든 장교들이 작성 중인 보고서를 전부 내 방으로 가져오도록 지시했다. 수십 건이었다. 경중과 완급을 가려 순차적으로 검토보고서를 수정 및 보완 작성해 나가면서 매일 교장 일정표에 업무보고계획을 반영하였다. 하루에도 몇 건씩의 미결업무가 지워져 나갔다. 한 달 후 〈생도연대장 복무계획보고〉와 동시에 미결상태로 누적되어 왔던 각종 검토보고도 완결되었다. 모든 장교들의 얼굴에서 생기가 도는 듯했다.

아울러 기간 중 '훈육 지식관리체계'를 구축하여 내 집무실에 있던 30여 개에 달하던 각종 서류철을 포함하여 장교들의 서류철을 모두 없애 버렸다. 모든 훈육자료를 전산(DB)화하여 개설한 폴더와 파일 내용을 내부 전산망에서 훈육장교들이 공유할 수 있도록 시스템을 혁신해 버린 것이었다. 물론 이후의 업무 효율성은 이전과는 비교 자체가 되지 않았다.

사관생도들은 밝고 자유분방해 보였다. 30여 년 전의 힘들고 지친, 어두운 표정의 내 모습과는 너무나 달랐다. 그러나 기본 기강에 문제가 있었다. 교수들로부터 '수업시간에 졸거나 자는 사관생도들의 관행을 없애면 노벨상 감'이라는 비아냥스런 이야기를 들을 정도로, 수업태도에는 옛날이나 당시나 큰 변화가 없었다. 예전과 비교가 되지 않을 정도로 육체적 피로도가 적은, 좋은 여건 속에서 생활하는데도 수업에 임하는 자세를 비롯하여 전반적인 생활태도는 극히 나태한 상태였다.

금요일 군기 훈련이 있었다. 하늘이 뚫린 듯 억수같이 비가 내리는 날 저녁 20:00시였다. 전투복에 권총을 차고 의도적으로 내가 직접 나섰다. 연병장에 집합한 생도들 앞에서 훈련 전 훈시를 했다.

"생도연대의 자존과 명예가 곤두박질치고 있다."

이렇게 일갈하면서 목소리를 높였다.

"앞으로 대장부가 아니라 마마보이같이 나약하고 태만한 생도들은 졸업 전까지 모두 도태시킬 것이다. 수업 중에 1명이라도 조는 생도가 있다면 군기훈련은 매일 있을 것이다."

이렇게 선포하고 3시간 동안 가혹할 정도로 강도 높은 훈련을 집행했다. 부임 초부터 새까만 선글라스에 다리를 꼬고 앉아 자기들을 훑어보던 모습의 신임 생도연대장에 대한 생도들의 인식과 부담은 그날로 더욱 증폭되어 나에 대한 공포와 경계심으로 발전해 가는 것을 느낄 수 있을 정도였다.

어느 정도 지시사항 처리가 순조롭게 진행되고 생도연대에 대한 교장님의 신뢰도도 한층 높아져 갔다. 132명의 생도들이 음성적으로 보유하고 있는데도 사용이 금지되었던 휴대폰도 3차례에 걸친 검토보고와 건의로 마침내 교장님의 결재를 받아 사용이 허용되었다.

생도 식당의 식탁엔 두루마리 휴지가 비치되어 있었고, 음향체계를 비롯한 제반 설비가 낡고 조악하여 무슨 말을 하는지 알아듣기가 힘들 정도였다. 생도들의 품위와 선진적 식사문화와는 거리가 멀게 느껴졌다. 사관학교 본부 보급처장과 대대 훈육관, 그리고 기관병과 중대 훈육관을 같이 불렀다. 사관생도 식당부터 개선할 테니 즉각 조치하도록 지시했다. 검토보고는 필요 없었다. 머릿속에서 정리된 내용을 그대로 꺼내어 바로 집행했다.

대부분 상관들의 가장 고약한 습관은 여차하면 검토해서 보고하라는 식의 지시였다. 최소한 내가 결심하여 집행이 가능한 사안에 대해 검토보고 지시는 내 사전에는 없었다. 행정력 낭비가 수반되는 비효율적이고 권위주의적인 관행의 소산이었기 때문이었다. 권위적인 상관이 습관적으로 쏟아내는 각종 검토지시는 부하들 시간과 노력을 빼앗을 뿐만 아니라 지시자의 무능을 자인하는 행위라는 생각이었다.

해군의 새로운 전통으로 자리 잡은 진남색 테이블보를 식탁에 깔고 생도 1인당 2장씩의 냅킨을 만들어 사용자 이름을 새겨 정비창에서 제작한 냅킨 홀더와 함께 보급했다. 식당 내 음향시스템도 바꾸고 대형 스크린을 설치하여 생도 전원이 식사 시간을 이용하여 질 높은 음악 감상은 물론 인터넷 영어방송과 공지사항, 그리고 응원연습 동영상 등 필요한 모든 것을 보고 들을 수 있도록 개선하는 등 식당환경을 혁신했다.

개선된 생도식당에서 첫 오찬을 생도들과 함께했다. 오전 학과를 마치고 식당으로 들어온 생도들은 어리둥절했다. 내가 마이크를 잡았다.

"최고도의 품위가 요구되는 사관생도들은 최고 품격의 식사문화를 향유할 권한이 있다. 2001년 4월 1일 이 시각부터 휴대폰 사용도 교장님께서 전면 허가하셨다."

환호성과 박수가 터져 나왔다. 얼마 후에는 김수환 추기경이 방문하였는데 처음으로 생도식당으로 초청하여 식사를 함께했다. 이

생도식당은 전교생이 함께 식사를 하기에 최고의 품위가 필요한 곳이다.
처음으로 사용하는 호텔식 냅킨을 펼치면서 밝게 빛나던 생도들의 얼굴이 눈에 선하다.
이후 생도식당은 사관학교에 대한 긍지를 바탕으로 품위와 소통의 산실이 되어 갔다.
위 사진은 식당환경을 개선한 후 처음으로 모인 생도들의 모습이다.

후 생도식당은 사관학교의 명소가 되었고, 피 끓는 사관생도들의 긍지와 명예의 산실이 되었다.

매년 10월 1일 국군의 날 기념행사 후 3일간 실시되는 3군 사관학교 체육대회는 큰 이슈였다. 육·해·공군의 대리전이기도 한 3사 체전은 총성 없는 전쟁을 방불케 하였다.

럭비나 축구 경기에서 이기는 것도 중요했지만 응원은 생도들의 큰 부담이었다. 응원단의 기가 살아야 선수들도 힘이 날 텐데 내가 생도 때 경험한 해사 응원은 창피스럽고 기죽은 기억으로 가득했다. 예산도 부족했고 응원에 대한 본질적 이해도 부족한 상태에서 신도 안 나는 생도들만 닦달하는 식이었다. 육·공사의 화려한 응원에 주눅이 들어 제대로 기도 펴지 못한 초라한 해사생도들의 응원은 눈물겨울 지경이었었다. 흰 정모 커버를 핀으로 줄여서 베레모로 쓰고 기수반 춤을 추면서 어떻게 기세를 살려 상대방을 제압하고 이겨 낼 수 있겠는가.

첫 응원연습 시간에 직접 연단에 뛰어올랐다. "선전자 구지어세 부책어인"(善戰者 求之於勢 不責於人)이라는 《손자병법》의 한 구절을 보여 주면서 뜻을 물었다. 한 생도가 뒤에서 손을 들어 대답했다. 똑똑했다. 실무에서 부딪혔던 저급한 수준의 장교들보다 오히려 나아 보이기까지 했다.

"응원은 한 마디로 기세다! 월등한 기세로 육·공사를 밀어붙이는 것이다!"

이렇게 간단히 강조하면서 내가 창안한 새로운 응원도구를 시현했다. 거북선에 장착하는 총통이었다. 경기시작 호각 신호소리와 동시에 발사하고 우리가 득점하면 자동 발사한다고 소개하면서 2발을 일제사격으로 발사했다. 천지가 진동했다. 자욱한 화염 속으로 감동을 받고 환호하는 생도들의 모습이 흩어져 보였다.

2000년도 응원에서는 별 예산도, 노력도 들이지 않았던 총통 덕분에 응원의 기선을 효과적으로 제압할 수 있었다. 육사와 공사 측으로부터 항의가 빗발쳤다. 그만큼 육·공사가 해사의 기세에 밀렸다고 보았다. 다음 해엔 응원기획을 처음부터 다시 했다. 전통적인 하정복 차림의 불편한 응원 복장을 사상 처음으로 펼칠 때마다 색이

3군 사관학교 체육대회. 수십 년간 육·공사의 화려한 응원에 주눅 들었던 해사는
2000~2001년에 응원 패러다임을 바꾸어 관행에 안주해 온 육·공사 응원을 압도했다.

바뀌는 실용적 응원 점퍼로 바꾸었다. 응원단 생도 420명 전원에게
풍물 북(전열은 징, 중간 중간에 꽹과리)을 보급하여 상황에 맞는 장
단을 연습하여 치게 했다. 게다가 총통은 문수를 배가하여 4문을 비
치했다.

　시작과 동시에 상황은 이미 끝나 버렸다. 육·공사의 군악대 소
리는 물론 응원 소리도 잘 들리지 않았다. 해사가 몰아붙이는 파죽
지세 앞에 육·공사 응원단의 모습이 처절하게 비칠 정도였다. 쌓였
던 한이 일시에 풀리듯 우리 생도들은 열광했다. 3일 간의 3군 사관
학교 체육대회 기간 내내 타군 사관학교 생도대장들과 훈육장교들
이 학교장들로부터 심한 질책을 받고 스트레스에 시달릴 정도였다.
효율과 효과 위주의 응원방법 혁신으로 관행에 안주해 온 육·공사
응원을 초토화해 버린 것이었다.

해군사관학교 졸업 및 임관식 장면이다.
연병장에 맞닿은 옥포만에는 유형별 함정들이 도열하여 예포를 발사하며 축하한다.

매년 봄에 있는 졸업 및 임관식 행사는 당시에는 국군 통수권자인
대통령이 항상 임석한 관계로 해군의 가장 큰 연례행사였다. 그중에
서도 더욱 중요했던 것은 생도들의 분열(分列)이었다. 예나 당시나
연습에 대한 본질적 개념이 잘못되어 있었으니 고생에 비해 효과가
없었다. 교육훈련관과 훈육장교들에게 지시했다.

"오와 열, 스트로크부터 잘 맞추라고 일체 지시하지 마라. 대신
무조건 사열대를 향해 상륙돌격 하듯이 쳐들어가는 기분으로 머리
에서 발끝까지 쫙 펴고 보무당당히 거침없이 행진하라!"

연습이 반복되면서 오와 열, 그리고 스트로크는 감에 의해 자동
적으로 맞추어져 갔음은 물론이다. 2001년 3월 29일 해사 55기 졸
업 및 임관식 행사 후 당시 대통령과 국방부장관께서 교장에게 물었
다고 한다.

"해사생도들은 육·공사보다 신체규정이 더 높습니까?"

너무나 보무당당하고 믿음직한 모습에 감동을 받다 보니 생도들의 신체가 실제보다 더 크게 보일 정도였다는 것이다. 한미 연합사령관도 생도들로부터 받은 강한 인상을 교장님과 여러 사람에게 자주 이야기했다고 한다.

사관생도들을 인솔하여 연안실습을 떠났다. 매년 2학년 생도들이 실시하는 연안실습 단대장으로서 실습함인 상륙수송함에 편승하여 진해, 동해, 포항, 울산, 부산, 여수를 거치면서 실습 전반부 임무를 수행하고 중간 기항지인 목포 제3방어전단(현 3함대사령부의 전신)에서 후임 단대장인 군사학처장에게 인계하고 떠나려는데 사관생도 총원이 길게 도열하여 환송하며 아쉬워했다. 왜 그런 현상이 생겼는지 사관학교로 복귀하여 알 수 있었다. 실습을 지도하는 사관학교 군사학처 교관과 훈육관은 물론이고 상륙수송함 장교들에게 하달한 실습지침이 큰 효과가 있었던 것이 분명해 보였다.

"무조건 배를 좋아하게 만들어라!"

뱃멀미 등으로 함정에 적응도 제대로 못 하는 생도들에게 장비제원이나 외우게 하는 주입식 교육에서 탈피하여 생도들 스스로 같이 근무하면서 수병이든, 부사관이든, 장교든 가리지 않고 필요한 대로 누구에게든 묻고 대화하고 부딪혀 가면서 실제 필요한 것을 배우는 식으로 실습방식을 바꾸도록 지시한 것이었다. 2주일도 지나지 않아 효과가 나타나기 시작했다. 편승한 함정의 함상 생활을 통해

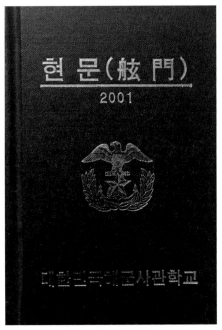

해사 신입생 가입교 훈련 지침서 표지.
2001년 1월 12일, 육·해·공군 사관학교 통틀어
최초로 발간되었다.
이후 육사, 공사 및 육3사에도 전파되었다.

장차 임관 후 해군장교의 터전이 될 함상근무를 좋아하게 되었음은
물론이고 고생하는 승조원들과도 서로 존중하면서 즐겁고 알찬 연
안실습을 할 수 있게 해준 데 대한 고마움이 환송 도열에 담겨 있었
다는 것이었다.

2002년 1월 16일 떠날 때까지 19개월 동안 140여 건, 7천여 쪽에 달
하는 검토보고서를 작성하여 보고하여 교장님 재가를 받아 개선했

다. 사관생도들의 정전과도 같은데도 누더기처럼 낡은 데다 검정색 뿔테 안경을 쓰지 않으면 과실점을 부과할 정도로 현실과 동떨어진 《생도생활규정》을 전면 개정하여 고급스런 책자로 발간하였다. 일관된 훈육의 길잡이인 《훈육지침서》도 전면 개정하여 사관생도 훈육의 적합성을 향상시켰다. 매년 3~5쪽 분량의 형식적 사관생도 가입교 훈련지침을 213쪽 분량의 종합 안내서로 작성하여 항상 훈련복 윗 주머니에 넣어 다니며 볼 수 있게 휴대용 소형책자로 2001년 1월 12일 발간하였다.

《현문》(舷門)이란 책 제목은 군함에 승함하기 위해서는 부두와 함정을 잇는 출입 다리를 필히 거쳐야 하듯이 사관생도와 해군장교가 되기 위해서는 신입생 가입교 훈련과 사관생도 과정을 거쳐야 한다는 의미로 내가 직접 창안하여 정했다. 총 3부로 구성된 포켓 크기의 소책자는 가입교 훈련, 생도 생활, 장교 생활, 부록(암기사항, 군가) 등 4부로 구성하여 작성하였다. 각군 사관학교 중 최초로 "알고 받는 군대훈련"이란 제목으로 언론에 보도되어 알려졌다. 뒤이어 육군사관학교, 공군사관학교 및 육군3사관학교에서도 도입하여 적용하였다.

명예 제도를 개선하고 '인성교육 프로그램'과 '체력관리 시스템'을 개발하여 시행하였다. 전군 최초의 조립식 기장과 명찰, 금장 등 사관생도 복제를 개선하였다. 사열대의 배경도 내 제안에 따라 진남색 바탕에 동판으로 만든 대형 해사 마크가 새겨져 상징적 명물이 되었고, 학과 정렬장소를 신설하는 등 생활환경과 복지를 대폭 증진할 수도 있었다.

공석 중이던 생도대장 겸 부교장 직위에 신임 생도대장(해사 28기, 준장, 중장 예편, 초대 국민안전처 장관 역임)이 부임하기 전까지 한 달 동안(2000. 12. 9. ~2001. 1. 7.)의 생도대장 직무대리기간을 포함하여 18개월을 재임하고 2002년 1월 17일 해군사관학교 생도연대장을 이임했다. 간단한 이임식 후 생도식당에서 사관생도 전원과 오찬을 함께하며 작별인사를 나누었는데 학년별 기생회장 생도들이 선물을 포장하여 주었다. 집에 와서 보니 생도 전원이 나에게 쓴 편지가 제일 아끼는 자기소개 사진과 함께 들어 있었다.

사관생도 편지 中

리더십에 관한 책에 나오는 진정한 지휘관의 모든 덕목을 다 갖추신 당신은 우리들의 벤치마킹이자 희망이자 자존심이셨습니다. 당신을 보는 것만으로도 자신감이 생기고 기분이 좋아지고 뭐든지 따르고 싶었습니다. 연대장님은 이순신 제독보다 더 훌륭한 지휘관의 참모습을 보여 주신 분이십니다. 당신의 리더십은 우리들 모두의 연구대상이 되었습니다. 우리도 당신과 같은 리더가 되고 싶습니다. 떠나신 후 새로 들어오는 후배들에게 그러한 생도 연대장님이 계셨다고 반드시 이야기해 주고 싶습니다.

전혀 예상 밖이었는데 알고 보니 사관학교 역사상 처음이자 유일한 경우라는 이야기를 들었다. 인연이 이어져 임관 후 해군사관학교 출신 최초의 부부장교를 포함하여 4명의 장교들에 대한 주례를 서기도 했다.

제 3 장

★

기적의 승리

오늘 일전이 있다

신념은 기적을 낳는다.

기적을 낳은 전투
'초탄 명중'

한국함대사령관 전속부관의 마지막 임무가 비상계엄 하의 원호처장
(현재의 국가보훈처장) 수행비서 겸 비서실장 직무대리로 바뀌어 정
부 중앙부처에 파견된 지 한 달 만에 해군으로 복귀하여 1980년 6월
13일 백구-58함(PGM-358)의 포술장으로 부임하였다.

중령이 함장(중령, 해사 21기, 대령 예편)인 최첨단의 유도탄고속
함이었는데 미국산 사격통제체계(H-930 WFCS, Weapon Fire Con-
trol System)와 76mm 함포 및 30mm 함포와 함께 함대함유도탄
(Harpoon) 체계를 갖추고 있었다. 다시 바다로 돌아온 설렘과 함께
책임감이 밀려 왔다. 기본적인 업무 파악을 할 겨를도 없이 부장(소
령, 해사 28기, 중령 예편)의 임무 지시가 떨어졌다.

"부임하자마자 미안한데 마땅히 맡을 장교가 없어서 그러니 자네
가 맡아서 준비해 주게! 전반기 한국함대 군가경연대회에 6전단 대
표로 우리 배가 참가하도록 되었으니 잘해 주기 바라네."

백구-58함. 코리아타코마조선(주)에서 건조하여
1977년 해군이 인수한 유도탄고속함이다.
10척의 유도탄고속함 중 8번째였다. 1990년대 말 퇴역하였다.
전장 53.7m, 만재배수량 268톤, 최대속력 40노트,
76mm 함포 1문, 30mm 2연장 포 1문, 함대함 유도탄 4기,
대공 · 대함 레이더, H-930 사격통제체계, 가스터빈 엔진 6대.

　악보도 볼 줄 모르는, 갓 부임한 장교에게 직책과 무관한, 모두가
기피하는 임무를 부여한 것이었다.

　대회 날까지 2주일도 남지 않았지만 좌고우면할 시간이 없었다.
합창할 곡을 선정하여 해군교육사령부 군악대를 찾아가 테너, 바리
톤, 베이스 등 파트별로 녹음을 해왔다. 승조원을 모두 집합시켜 무
조건 한 사람씩 나오게 해서 "아아아아아 ～"(도미솔미도 ～) 하고 발
성하게 하였다.

　즉석에서 출전인원 32명을 선발하여 세 파트로 분류했다. 파트별
상위 계급자로 책임자를 임명하고 녹음테이프를 건네면서 무조건 3
일 내에 외우도록 지시했다. 파트별 연습 후부턴 내가 직접 나서서
합창 지휘를 하면서 연습을 했는데 화음이 제대로 될 리가 없었다.
반복 연습을 강행하니 화음이 나오기 시작했다. 평가 요소인 율동을

위한 안무와 의상까지 내가 직접 고안하여 적용하였다.

대회 본선인 '1980년 전반기 한국함대 군가경연대회'가 6월 30일 개최되어 준비한 3곡의 합창을 지휘했다. 해군 10대 군가 중 〈해군가〉를 지정곡, 〈바다의 용사〉를 선택곡, 〈조국 찬가〉를 자유곡으로 불러 끝내는 우승을 차지했다. 한국함대 전체 유형 부대별 출전 팀 중 가장 적은 병력을 가진 부대에서 최단 기간에 준비하여 우승한 것이었다.

보람은 있었지만 본연의 임무는 따로 있었다. 포술장으로서 신형 사격통제체계에 대한 파악도 제대로 못 한 상태에서 포술지휘에 대한 확신도 없이 2주일이 지나간 것이었다. 마음이 급해졌다. 예상 전투 시나리오를 설정하여 포술 팀워크 훈련을 정박 중이든, 항해 중이든 가리지 않고 실시하고 실전적 해상사격훈련을 강화해 나갔다. 후반기 군가경연대회 전단 책임함(백구-57)으로 지정된 함장(중령, 해사 21기, 해군참모총장 역임)의 억지요청에 따라 직속상관인 함장님의 내키지 않은 승인을 받아 내가 소속되지도 않은 함정의 승조원들에 대한 합창 지도를 하여 우승을 안겨 주긴 하였으나 정도도, 본연의 임무도 아니었다.

엉뚱한 일에 시간을 많이 빼앗기다 보니 자나 깨나 실전적 포술능력 향상을 위한 고민이 가중되었다. 주로 사격통제사와 병기사로 구성된 포 요원들과의 격의 없는 토의를 강화하면서 모의 훈련과 실제 사격훈련을 실전과 같이 실시하였다. 사격결과 분석을 토론식으로 실시하여 훈련에 반영함은 물론 76mm 함포 제조사인 이탈리아 오토 멜라라(OTO Melara)사의 기술자(Tech-Rep, Technical Representatives)와 협조하여 포 배열(*battery alignment*)도 다시 하였다. 11월 11일엔 한국함대 '1980년도 종합전투 지휘검열'에 구축함 등 다수의 전투함과 함께 참가하여 폐선된 소해함(MSC)을 표적으로 76mm 40발, 30mm 120발을 사격하여 격침했다. 충직한 포 요원들의 전투의지가 살아났고 무장 성능과 전투 팀워크에서부터 실제 사격에 이르기까지 스스로 자신감을 얻을 수 있었고 단결력과 사기도 높아졌다.

마침내 실제 전투 기회가 찾아왔다. 결론부터 이야기하자면 1980년 12월 2일 새벽에 일본 영해에 근접한 대마도 서남방 해역과 남해도에서 각각 해상전투와 육상전투가 벌어졌다. 우여곡절 끝에 북한에서 침투해 온 무장간첩선이 격침되고 특수 공작원 9명이 간첩선과 함께 수장되거나 사살되고, 육군 39사단 남해대대의 8중대장을 포함한 아군 3명이 전사하였다.

　　나는 백구-58함의 포술장으로서 함포를 지휘하여 무장간첩선을 기적처럼 76mm 첫 발에 격침하는 전공을 세워 화랑무공훈장을 수상하는 영예를 안았다. 그러나 당시의 작전경과를 회고하건데 보람과 아쉬움이 교차하는 한편으로 전투기록이 널리 공유되어 교훈이 되지 못하고 있음을 알게 되었다. 해군본부와 합동참모본부에 당연히 있어야 할 전투기록인데도 유독 1980년 12월 2일에 있었던 전투

기록만은 2008년 전역할 때까지 찾을 수 없었다. 휴전 이후 해당 작전 이외의 모든 대침투작전 기록은 체계적으로 정리되어 관리되고 있었음에도 해군과 합참에 없는 기록을 수소문 끝에 육군 39사단 남해대대에서 작성하여 보관 중인 "적 침투 사례"(짝금전투)를 찾을 수 있었고, 최근에는 해군본부 해군역사기록관리단이 보관중인 《해상 대침투작전사》(1988. 1. 25.)에 수록된 "남해도 근해에 침투한 무장간첩선 격침작전" 기록을 확인할 수 있었다.

한국함대사령부(사령관: 중장 이은수, 해사 6기, 해군참모총장 역임, 대장 예편)의 작전명령에 따라 포술장으로 근무하던 백구-58함(함장: 중령 이의근, 해사 22기, 준장 예편)은 1980년 11월 29일 토요일 14:00시에 진해항을 출항하여 남형제도 부근에서 사격훈련을 실시한 후 거제도 도장포 근해에 투묘하였다.

함장 부임 후 첫 출동에서 사관회의를 소집한 함장님으로부터 은밀히 출항한 이유와 부여된 임무를 처음 들었다. 구축함 전북함(DD-96) 및 유도탄고속함 백구-61함(PGM-361)과 함께 외해차단단대에 배속되어 대마도 서남방 해역에서 작전한다는 것이었다. 같은 해상 대간첩작전에 함께 투입된 구축함 2척을 비롯한 13척의 여타 함정들은 내해차단단대에 배속되어 남해도의 고정간첩 접선 예상지점을 다중 포위하는 임무를 부여받았다.

다시 출항하여 작전해역으로 이동하기 전까지 몇 가지 예상 시나리오를 설정하여 포 요원에 대한 교육 훈련을 반복적으로 강도 높게 실시하여 조건반사식 전투 팀워크를 보강했다. 뿐만 아니라 전투배치 시에 기록담당 사진사를 함교에 배치하여 실제 전투장면을 촬영하도록 지시했다.

12월 1일 20:30시에 출항한 후 대마도 서남방 일본 영해 바로 외곽에서 서방으로 기동하고 있던 본 함에 23:30시 경에 남해대대와 간첩선 간의 교전상황 발생 위급('Z') 전보가 날아왔다. 즉각 총원 전투배치하여 전투태세를 갖추었다.

그러나 상황발생 후 약 3시간이 지난 12월 2일 02:30시경까지 무장간첩선은 오리무중이었다. 접선 현장을 빠져나와 도주한 것이 분명해 보였다. 전투는커녕 무장간첩선의 흔적도 발견하지 못한 채 육상 전투로 상황이 끝나는 듯한 예감이 들었다. 해군의 체면이 말이 아니었으나 해군본부-한국함대사령부-해상 대간첩작전 현장지휘관을 잇는 상부에서도 작전실패로 판단한 듯 작전에 참가한 전 함정에 '전투배치 해제' 명령이 하달되었다. 현장 지휘관인 분대사령관(CTU,[13] 1전단 사령관, 준장)으로부터의 전보지시에 따라 내가 탄 백구-58함에서도 "상황 끝, 전투배치 해제" 방송이 나오고 나의 임무도 함교 당직사관으로 바뀌었다.

함포 지휘 헤드셋을 목에 걸고 조함 헤드셋(*head set*)을 쓰기 전에

---

13 해군은 행정조직과 기동조직이 있는데 기동조직 단위의 하나다. 임무에 따라 편성되는 기동조직 단위로는 함대급인 CTF(*commander task force*), 전단급인 CTU(*commander task unit*), 전대급인 CTE(*commander task element*) 등이 있다. 민간에서 사용하는 TF라는 용어도 해군에서 원용된 것이다.

예하 포 요원들에게 내 지시가 있을 때까지 헤드셋을 쓴 채로 현재의 전투배치 위치 대기를 명령했다. 이어서 함장님에게 상황발생 현장으로의 전속 '압축수색'을 건의했다. 망설임 없이 건의를 수용한 함장님은 곧바로 남해도 방향의 북쪽으로 변침하여 전속기동탐색을 시작하면서 외해차단 단대사령관(CTE, 11전대사령관, 대령)에게 건의하여 단대 내의 타 함정들과 동조기동탐색을 실시하였다.

압축수색 시작 후 한 시간여 정도가 경과한 시간인 04:08시에 본 함으로부터 340도 7,600야드에서 198도 28노트로 도주하는 의아선박을 레이더로 접촉한 것을 조타실 레이더 리피터(repeater)로 확인한 함장님의 급박한 목소리가 헤드셋을 울렸다.

"함수 전방에 보이는 것 없나?"

음력 10월 25일의 칠흑 같은 밤에 보이는 것이 없었다. 위협사격 지시를 받자마자 여전히 전투배치 상태에서 대기 중이던 포 요원들에게 명령하여 즉각적인 위협사격을 실시했다. 30mm 고폭소이예광탄(HEIT, high explosive incendiary tracer) 20발이 최대 발사율로 발사되어 고요한 겨울 밤하늘을 가로질러 3,400야드 전방의 의아선박으로 예광을 그리며 날아갔다.

곧이어 항해 레이더에서 최초 접촉한 의아선박을 사격통제 레이더(TWS, track while scan)로 추적 중이던 사격통제장(상사)의 다급한 보고가 귓전을 울렸다.

"지금 의아선박이 290도 30노트로 도주 중입니다."

도주하던 의아선박이 조업 중이던 일본어선 두 척 사이로 사라져 버렸다.

05:15시엔 외해차단단대 내의 타 함정들이 현장에 도착하여 본 함과 함께 포위망이 형성되었다. 북쪽엔 구축함 전북함, 서남쪽엔 백구-61함, 대마도 방향 동남쪽엔 본 함이 배치되었다. 전투배치 상태에서 등화관제 중이던 함정들에게 점멸등 점등 지시와 함께 의아선박에 접근하여 확인하라는 무모한 지시가 단대사령관으로부터 하달되었다.

지시를 받고 의아선박을 향해 접근기동 중이던 백구-61함을 향해 의아선박에서 발사한 로켓탄이 예광을 그리며 날아갔다. 식별된 무장간첩선이 '적성선포'되었다. 전북함이 쏜 수십 발의 조명탄이 밤하늘을 밝히면서 아군 함정들을 노출시켰다. 첨단 사격통제체계를 갖춰 조명이 필요 없는 본 함의 수없는 조명사격 중지 건의와 점멸등 소등 건의는 묵살되었다.

우여곡절의 시간이 흘러 일출시간이 다가올 무렵에 사통장의 다급한 보고가 들려 왔다.

"간첩선이 본 함 쪽으로 빠져 나오고 있습니다."

포축선(砲軸線, GTL, *gun target line*)에 걸리는 일본 어선을 고려하여 간첩선과 역 침로인 030도로 변침하여 전속기동하면 바로 격파사격을 실시하겠다고 함장님에게 건의했다.

상대속력 60노트, 표적거리 3,400야드에서 격파사격 중 이내 재밍(*jamming*)에 걸린 30mm 부포를 대체하여 76mm 주포 사격을 실시하였다. 고폭탄(HE) 7발이 나가자마자 갑자기 아무것도 보이지 않던 밤바다가 대낮처럼 밝아졌다. 명중된 간첩선에서 치솟은 화염이 밤하늘 높이 치솟았다.

포탄의 초속(IV, *initial velocity*. 925m/초) 과 표적거리를 감안하면 '초탄(初彈) 명중'으로 보였다. 일본 대마도 영해를 코앞에 두고 거문도 남동방 43마일 해상에서 최초 상황발생 후 7시간이 지난 12월 2일 06:41시에 무장간첩선을 기적처럼 격침한 것이다.

부유물 인양 및 증거 수집이 남았다. 그런데 같이 작전에 참가한 다른 함정에서 불타고 있는 간첩선에 포탄을 퍼붓기 시작했다. 인근의 구축함과 유도탄고속함의 함포사격으로 간첩선으로의 접근이 불가능했다. 아무리 사격중지를 외쳐도 막무가내였다. 수백 발의 사격이 끝난 후 간첩선에 접근하려니 바다도 충격을 받은 듯 해상상태가 급격히 악화되어 비바람에 백파가 일기 시작했다.

전투배치를 해제하고 부유물 인양요원을 배치하여 격침된 곳으로 접근하여 보니 이미 간첩선은 보이지 않았다. 어지럽게 흩어진 부유물을 닥치는 대로 수거하였다. 북한 해도(미조도 근해), 수첩(통신 주파수 및 호출부호 기록), 신호탄(1상자), 500원 권 지폐 뭉치(비닐 압착), 우의, 선체 조각, 기관실 덮개, 갈가리 찢어져 흩어진 시신 조각 등을 갑판으로 인양하여 모양을 조립해 보니 공작 자선의 형태가 부분적으로 드러났다. 색인표를 붙이고 방수 덮개를 씌운 후 귀항에 대비했다.

발사한 함포 7발 중 초탄에 무장간첩선이 명중되어 화염이 하늘로 치솟는 장면.
화면이 흐린 것은 직전에 내리기 시작한 비에 카메라 렌즈가 젖었기 때문이다.

무장간첩선 격침 후 함교에 함장님과 나란히 서서 격침현장의 화염을 지켜보고 있다.
왼쪽은 전화수, 가운데가 함장님, 오른쪽이 필자이다.

한국함대사령부로부터 전보지시를 받았다.

"전북함, 백구-61함은 즉시 귀진(歸鎭, 진해로 귀항)하여 입항 환영행사 참석, 백구-58함은 모선 탐색 계속할 것."

의아했다. 작전과정이 중간에서 왜곡된 게 분명해 보였다. 분개한 함장님이 직접 전보를 기안했다.

"간첩선 최초 접촉, 추적 및 격파한 함정 승조원 사기 고려, 즉시 입항 조치 바람."

뒤늦게 나온 사령부 지시에 따라 진해군항에 입항하니 다음 날 09:00시였다. 엉뚱한 함정의 환영행사는 전날 끝났고 항내까지 백파가 일고 있었다. 기다리던 기자들과 합동조사 요원들이 인양한 간첩선 사진을 찍어 가고 함장님은 작전요도, 항해일지, 통신일지, 전탐일지 및 녹음테이프, 전투 및 격침 장면 사진 등을 지참하고 한국함대 지휘통제실에서 사령관님에게 전투경과 보고를 하였다.

그날 저녁 6시에 한국함대사령관 주최 전승 축하 리셉션이 해군회관 대연회장에서 열렸다. 함장님과 나만 불려 나가 사령관님이 하사한 축배를 함께 들었다. 12월 17일에는 한국함대 전 지휘관들과 장병들이 참석한 군항 2부두 행사장에서 함장님과 같이 화랑무공훈장을 수상했다. 전투에 같이 참가했던 전북함 포술장과 백구-61함 부장은 먼 훗날 내가 준장으로 재직하던 시기에 연이어 해군참모총장이 되었다.

'오늘 일전이 있다'는 생각으로 언제라도 싸워서 이길 수 있는 임전태

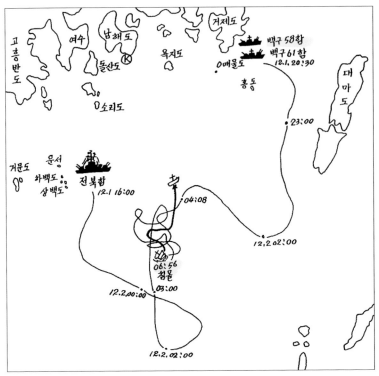

1980년 12월 남해에서 벌어진 북한 무장간첩선 격침작전 요도이다.
백구-58함에 의해 무장간첩선이 최초 접촉되어 추적 및 격침되었다.
해상 대간첩작전 사상 76mm 함포에 초탄 명중되어 격침된 유일한 사례다.

세를 갖추고 끝까지 포기하지 않음으로써 무장간첩선을 격침할 수 있었다. 해상 대간첩작전의 신기원을 이룩한 기적과 같은 전투 결과에 대해 백구-58함은 물론 해군 수뇌부까지 열광했다. 개인적으로도 일찍이 나를 영웅으로 만들어 준 그날의 해상전투는 교훈과 함께 한 편의 영화처럼 나의 뇌리에 생생히 남아 있다.

다음은 그날의 전투결과와 교훈을 요약한 것이다.

전투 결과

1. 무장간첩선(공작 자선) 격침(공작원 6명 수장).

2. 격침 함정(백구-58함) 피해 전무.

3. 76mm 초탄 명중(발사탄 수 7발).

4. 유도탄고속함(PGM) 최초, 유일의 무공 수훈.

5. 상대속력 60노트에서의 비정상 야간전투.

6. 끝까지 포기하지 않은 전투원에 의한 기적의 전투 승리.

전투 교훈

1. 오늘 일전이 있다고 생각하고 만반의 전투준비태세를
   항상 갖추어라.

2. 위기 앞에 깨어나 온몸으로 맞서라. 그래야 결정적 전투에서
   승리할 수 있다.

3. 부하들에 대한 최대의 복지는 승리를 선물로 주는 것이다.
   임무형 부대관리로 전투임무에 전념하라.

4. 정직은 장교의 생명이다.

5. 전사(戰史)는 군과 국가의 유산이다.

6. 마땅히 옳은 일에도 용기 있게 행동하지 않는 군대로는
   전투에서 이길 수 없다.

7. '끝날 때까지 끝난 게 아니다.' 끝까지 포기하지 마라.

기본이 바로 서야 뭘 하지

무장간첩선을 격침한 이후 유도탄고속함(PGM)의 임무가 크게 바뀌었다. 이전엔 주로 전방 접적해역에 전개하여 대북 억지전력으로 운용하던 것에 해상 대간첩 경비작전 임무가 추가되었다. 이에 따라 1981년 6월 제주 주변 해역으로 출동을 나갔다가 새로운 보직으로 발령을 받았다. 참모총장 수행부관이 다음 임무였다. 6월 29일 함장님에게 신고하고 떠나는 날 함장님이 일부러 시간을 내어 제주공항까지 따뜻하게 전송을 해주었다.

1981년 7월 1일 비서실장님(준장, 해사 11, 중장 예편)에게 신고하고 7월 2일 참모총장님(대장 이은수, 해사 6기)에게 신고를 했다. 행정 과장님(소령, 해사 24기, 준장으로 작고)에게 부임인사를 하는 자리에서 한창 배를 타야 하는 시기에 동기생 중 유일하게 부관 근무 경험이 있는 나를 또 부관으로 뽑은 이유를 조심스레 물었다. 내가 해사 30, 31, 32기 수행부관 후보 20여 명 중 임관 이후 근무평정 만점을 받은 유일한 장교이기 때문이라며 참모총장님이 근무평정란에 체크를 해놓으신 결재 보고서를 보여 주셨다. 의외였으나 해군에 대한 믿음과 긍지를 다시 느꼈다.

온 마음과 몸을 다 바쳐 1년 내내 참모총장님 곁을 떠나지 않았다. 위독한 모친의 입원소식을 듣고 하루 문병을 다녀온 것을 제외하곤 일심동체처럼 보좌했다. 그러나 내 앞에 문제가 식별되기 시작했다. 우선 운전사와 당번병 등 참모총장님과 가족을 모시는 병사들의 근무관행이 특히 총장 내외분 눈에 보이지 않는 데서는 태만하기 이를 데 없어 보였다.

급한 대로 정신교육을 실시했다. 주로 기본충실, 특권의식 배제, 그리고 사명감과 충성심에 관한 내용이었다. 그러나 잘못된 관행을 근본적으로 바꾸는 일은 제도개선 없이는 요원해 보였다.

사상 처음으로 공관내규를 작성했다. 총장 내외분 기상 시간이 통상 05:30시였으므로 나를 포함한 모든 요원의 기상 시간은 05:00시로 정했다. 기상 후 일선 부대와 마찬가지로 공관장 지휘하에 점호와 아침운동을 하고 개인별 담당 구역을 정해 청소를, 운전병들은 차량정비와 세차를 하도록 했다. 이후 세면과 식사를 마치면 일선 부대와 마찬가지로 정상적인 근무태세를 유지하게 했다. 두발 상태를 포함하여 모든 것을 해군규정에 나와 있는 그대로 적용했다. 덥수룩한 머리에 허름한 사복으로 차량대기 지시를 받고도 항상 뒤늦게 행동하던 2호차(사모님용) 운전병도 단정한 용의와 최상의 차량

정비 상태를 유지하면서 수명 즉시 운행 가능하도록 태세를 갖추게 했다. 전화 받는 병사, 전령임무를 수행하는 병사, 운전병, 경계병, 경호요원 그 누구에게도 일호의 착오와 태만을 용납하지 않았다.

특권의식에 사로잡힌 나태한 근무관행을 뿌리 뽑는 데 채 한 달이 걸리지 않았다. 사모님에 대한 '주례보고' 체계를 만들어 매주 금요일 퇴근 후 보고하는 자리에서 사모님의 칭찬이 이어졌다. 최근 들어 대원들이 많이 달라져 충직하게 너무 잘해 주어서 고맙다는 것이었다. 공관 내에서뿐만 아니라 바깥에 외출해서 모임에 참석해도 남들이 부러워할 정도로 우리 대원들이 최고라는 것이었다.

용기를 내어 사모님에게 건의를 드렸다. 더욱 신나게 임무에 충실할 수 있도록 병사들에 대한 격려가 필요함을 설명하고 내가 생각하고 있는 복안을 말씀드렸다. 우선 내일 행사가 없으니 내가 주관하여 격려 파티를 열어 주겠다고 보고했다. 그리고 오히려 일선부대보다 외출, 외박, 휴가 기회가 적은 병사들에 대한 기본권 신장 및 복지개선 대책을 강구하여 선제적으로 조치할 필요성을 말씀드렸다. 사모님이 치하의 말과 함께 격려금을 주면서 대원들에게 고마운 말을 전하고 대원들 사기에 각별히 관심을 가져 달라고 당부하였다.

보고 종료 후 공관장에게 지시하여 파티 준비와 함께 특박 계획을 수립하여 보고하도록 지시했다. 다음 날 파티에서 대원들을 격려하면서 총장 내외분의 치하 말씀을 전달하고 술과 고기를 나누어 먹게 했다. 공관장으로부터 건의 받은 병사 2명에게 격려금과 함께 바로 특박을 단행했다. 생각지도 못한 격려에 대원들은 사기충천해 보

해군참모총장 수행부관 근무를 마치고 전출신고 후 격려를 받고 있다.
임관 4년 차 대위로서 겪었던 값진 경험들은 후일 나를 도약시키는 계기가 되었다.

였다. 근무 분위기는 혁신적으로 밝아졌고 모두가 긍지와 보람을 느끼는 듯했다. 대원들 중 가장 다루기 힘들었던 1호차 운전 부사관도 가장 충직한 부하가 되어 끝까지 총장 내외분을 보필했다. 전역 후에는 우리나라를 대표하는 삼성그룹 이건희 부회장의 운전기사로 스카우트 되어 갔다.

6년 후 만난 자리에서 "그때 잘못을 확실히 잡아 주지 않았으면 오늘의 자기가 어떻게 있을 수 있었겠느냐?"며 고마운 마음을 표시하기도 했다.

수행부관 근무 중반에 참모총장 공관도 한남동에서 대방동으로 이전되었으나 성실하고 충직한 대원들 덕분에 별 어려움이 없이 보필할 수 있었다. 수행부관을 인수받을 후임자(해사 33기, 대위, 준장 예편)가 부임하여 복수근무를 한 달간 하면서 업무를 인계하였다. 수석부관(해사 21기, 중령, 소장 예편)의 우려를 덜어 드리기 위해서라도 관행화된 3~5쪽 분량의 업무 인계서를 매뉴얼처럼 책자로 작성하여 수석부관 및 참모총장님에게 보고 후 인계하였다. 참모총장 일반사항, 수행지침 및 상황별 조치사항, 부속실 및 공관 관리 등 3 분야로 구성된 〈해군참모총장 수행부관 업무지침서〉는 그 후에도 계속 활용되었다.

1년간의 수행부관 임무를 마칠 즈음에 백구-58함 근무 시에 응시하여 선발되었던 해외위탁교육과정에 대한 유학인사명령이 나왔다. 미국 해군 '구축함부서장 과정'(Department Head Course)과 '교관과 정'(Instructor Course)에 30기 두 선배(대위, 모두 중장 예편)와 함께였다.

  로드아일랜드 주 뉴포트(Newport)에 있는 미 해군 '해상전 학 교'(SWOS, Surface Warfare Officer's School)와 버지니아 주 노퍽에 있는 '교관학교'에서 7개월간 교육받으면서 미국 장교들이 얼마나 기본에 철저한지 절감했다. 가르치는 교관이나 학생장교, 그리고 독신자 숙소(BOQ, *bachelor officer's quarter*)의 청소부에 이르기까지 놀라울 정도로 자기 임무에 철저한 모습이었다. 4주 과정인 교관과 정을 무려 19주 만에 수료한 미국장교가 있을 정도였다. 매주 보는 모의 강의평가에서 수없이 낙제를 반복한 결과였는데, 가혹할 정도

1983년 미국 해군 해상전(海上戰) 학교 구축함 부서장 과정 유학 시 학우들과 함께.

로 엄격한 미국식 교육 방식을 체감할 수 있었다.

유학 후 귀국하여 1983년 3월 23일에 한국함대 훈련단의 전술담당으로 부임했다. 그해 9월 1일 소련 공군기에 의한 '대한항공기(KAL 007) 격추사건'이 터졌다. 사건 직후 나는 연락장교로서 일본을 거쳐 사할린 부근 해역의 미 해군 함정에 파견되어 약 한 달간 임무를 수행했다. 결국 진상규명에 필요한 블랙박스를 찾는 데는 실패했지만 미 군함이 평소 얼마나 기본에 철저한지 실감할 수 있었다.

구조함(ARS) 사관실의 당번병은 1명에 불과했으나 그가 하는 일은 나의 예상을 초월했다. 새벽부터 일일이 주문을 받아 조식을 준비하는 것에서부터 장교들의 내의, 양말, 근무복, 침구 세탁 및 침실 청소에 이르기까지 그야말로 격무의 연속처럼 보였으나 언제나 한 점 흐트러짐 없이 매사에 정성을 다하는 모습이었다. 함교 당직

사관은 출·입항 조함을 직접 할 정도로 임무에 정통했다. 매일 일정한 시간에 과실자 집합 방송이 나왔고 어김없이 특별과업이 집행되었다. 끊임없이 기본을 확립해 가면서 모든 과업을 체계적으로 집행하는 것을 알 수 있었다.

임무를 마치고 귀국하니 내가 가장 존경하던, 청빈과 희생의 대명사와도 같았던 아버님께서 해외파견 기간 중 돌아가셨다는 이야기를 공항에 마중 나온 해군본부 군무원으로부터 들었다. 여의도에서 KAL기 피격사건 사망자 합동위령제 행사가 있던 날이었다. 그날 저녁 부산 가는 열차 안에서 한없이 울었다.

1983년 10월 28일 신형 고속정인 기러기-268 인수 정장으로 취임했다. 건조사인 부산 소재 대한조선공사(현 한진중공업)에서 11월 15일 인수하여 취역 및 전력화를 거쳐 목포에 있던 제3방어전단(현 3함대사령부의 전신)에 예속되었다.

부하들에게는 기본과 전투태세를 철저히 해줄 것을 요구했다. 가능한 한 부하들을 믿어 주고 불필요하게 간섭하여 의욕을 꺾지 않았다. 부하들도 나의 믿음에 부응하듯 기본에 충실한 가운데 충직하게 따라 주었다. 가족과 멀리 떨어져서 나만 보고 근무하는 부하들을 배려하여 박봉을 털어가며 수시로 격려하고, 결혼기념일 등 가족 관리에 꼭 필요한 날을 챙겨 특박 등의 선제적 조치를 적시성 있게 해줌으로써 부하들의 사기를 높이고 한 가족으로 만들어 갔다.

실전적 전투태세 확립을 위해 당장 해상 대간첩작전에서 적용할

서귀포 근해에서 작전 중인 기러기-268의 모습.
길이 37m, 만재배수량 156톤, 최대속력 37노트, 승조원 27명,
30mm 2연장 함포 1문, 20mm 발칸포 2문.

수 있는 '거리율 축소 및 응사점(應射點) 사격' 등의 새로운 전술교
리의 개발과 건의, 적용훈련 등의 전면에 직접 나서서 전투에 대비
하는 한편, 부하들의 기본을 다지는 일을 한시도 소홀히 하지 않았
다. 당시 고속정 중 유일하게 외부갑판에서 모자를 벗지 않는 함정
이 우리 배였다. 군인으로서의 기본에 충실하여 습관이 된 승조원들
은 다른 배 대원들이 모자를 벗은 채 심지어 슬리퍼를 신고 외부 갑
판에 나와 있는 것을 보고 오히려 혀를 찰 정도였다. 기본태세에 충
실한 부하들 덕분에 전대장님(중령, 해사 26기, 중령 예편)과 전단장
님(준장, 해사 12기, 중장 예편), 그리고 전단 작전참모님(대령, 해사
17기, 대령 예편)의 전폭적인 신뢰와 위임 속에 소신껏 첫 해상지휘
관 직무를 보람 있게 수행할 수 있었음은 더 말할 나위가 없다.

기지장 근무를 마친 후 거행된 이임식 장면. 임석상관은 해병 6여단장.
단하에 서 있는 대원들보다 단상의 손님 수가 더 많은 가분수형 행사였다.
기지는 4년 후 지대함 유도탄 기지대로 증편되었다.

기러기-268 정장을 마치고 백령도에 있는 288전탐감시소장(소령)
으로 발령이 나서 1984년 10월 19일 취임했다. 역시 기본에 충실할
것을 강조하면서 격오지 생활을 하는 부하들의 에너지를 긍정적으
로 변화시키는 데 지휘관심을 놓지 않았다.

한번은 몇 개월에 한 번씩 들어오는 수송함 물품 수송차 나가는
트럭에 대원들이 가득 타고 가는 것을 보고 왜 저런 현상이 있느냐
고 물었다. 기지 바깥 구경을 한 지 오래 되어서 몇 시간이라도 외출
기분을 느끼기 위해서 매번 필요 이상의 인원이 작업을 구실로 나간
다는 것이었다. 정기휴가에 추가하여 백령도 내 외출제도를 신설하
여 시행했다. 불필요하게 억제되어 있던 부하들의 기본권을 쉬운 방
법으로 챙겨 준 것이었는데 의외로 효과가 좋았다.

인수 포술장으로 근무했던 마산함은 울산급 호위함 중 4번째 함선이었다.
위의 모습은 마산함이 대함 유도탄을 발사하는 장면이다.
전장 102m, 만재배수량 2,180톤, 최대속력 37노트, 승조원 1500여 명(장교 19명).

떠나기 싫을 정도로 정이 든 생활이었지만 6개월 만에 조기 발령
이 났다. 1985년 4월 27일 해병 6여단장님(준장, 해사 13기, 해병대
사령관 역임) 임석하에 이임식을 하고 5월 1일 부로 다시 함정근무
명령을 받았다. 호위함인 마산함(FF-955)의 인수 포술장(소령)이
새 직책이었다.

마산시에 있는 코리아타코마조선 주식회사에 내가 인수할 마산함
이 인도, 인수에 대비하여 정박 중에 있었다. 이미 인수 선발대에 3
개월 전에 와 있었어야 할 내가 인수 본대보다 더 늦게 합류한 것이
었다. 부하들은 나보다 먼저 와서 열심히 인수업무를 수행하고 있었
는데, 몇 개월째 부서장도 없는 상태에서 업무에 충실한 모습이 대
견스러워 보였다.

그러나 예상치 못한 백령도로 발령 나 가면서 연기해 두었던 결혼이 문제가 되었다. 뒤늦게 전입한 부서장의 개인적인 일이라 함장님(대령, 해사 20기, 소장 예편)에게 말이 떨어지지 않았지만 어쩔 수 없었다. 집안 사정상 결혼을 더 이상 미룰 수 없었기 때문이었다. 부임 2주일 후 지금의 사랑하는 아내와 수행부관으로 보필했던 참모 총장님 주례로 서울 공군회관에서 결혼을 했다. 당시엔 해군회관에 예식장이 없었기 때문이었는데 동기생 중 끝에서 7번째의 뒤늦은 결혼이었다.

인수 포술장으로서 기본 임무수행도 제대로 못 하는 장교가 결혼 후 배로 돌아오니 나 자신이 가장 문제였다. 갓 신혼살림을 차린 아내에게 미안했지만 임무가 주는 중압감에 스스로 눌려 가는 듯했다. 그동안의 공백을 메우듯 밤낮을 가리지 않고 일에 매달렸다. 포술부의 부서장으로서, 함장님의 참모로서 내 일을 총 점검했다. 전투에 대비하여 항상 준비된 포로 반드시 명중시킨다는 뜻으로 '항전포 필중술'(恒戰砲 必中術)을 포술 구호로 내걸고 모든 업무를 조직적으로 체계화해 나갔다. 안전관으로서 '안전통제태세제도'를 개발, 시행하여 무사고 마산함을 구현했다. 장비 성능도, 부하들의 임무 수행능력 및 포술 팀워크도 최상의 상태로 향상되었으며, 한마음으로 신바람 나게 임무를 수행할 수 있었다.

마산함 인수 후 제5해역사(현재의 해군 2함대 전신) 출동 경비작전 임무를 수행한 후 하자 보증수리를 위해 조선소에 입항한 다음 날인

1985년 5월 16일 공군회관에서 결혼했다.
묘하게도 10년 후 같은 날 둘째 딸이 태어나고
30년 후 이날에는 큰딸이 결혼했다.

1985년 12월 10일에 11전대사령관님(준장, 해사 16기, 해군참모총장 역임)으로부터 예하 함정에 긴급지시가 내려왔다. 재박 중인 모든 1급 함장(대령)들은 작전관이나 포술장 중 1명씩을 데리고 다음 날 아침 출근과 동시에 사령관실로 보고하라는 내용이었다. 함장님은 포술장인 나를 동행했는데 충남함(FF-953) 인수함장님(해사 20기, 중장 예편, 국방부장관 역임)과 대전함(DD-919) 및 인천함(DD-918)

함장님은 각자 부하 작전관을 데리고 왔다.

사령관님의 엄중한 지시가 하달되었다.

"연말까지 〈초전대응전술교범〉을 만들어서 작전사령관님께 보고 드려야 하는데 지금부터 그 작업을 시작한다."

'3분 개념'에 의해 내년부터 중·대형 전투함들이 각 함대에 예속되어 배비될 예정인데 초전에 전투수행지침으로 삼을 전술교범도 없이 군함의 이동, 배치를 단행할 수 없다는 것이었다. 이전에 만들었어야 하나 여러 여건상 늦어져 지금이라도 할 수밖에 없다고 하면서 내일 아침까지 각 함별로 장·절 편성을 해서 다시 모이라고 지시하시는 것이었다.

당시 마산함 건조사인 마산 코리아타코마 조선소에서 하자 보증 수리 중이던 배로 돌아와 함장님 지침을 받아 장·절 편성을 하여 다음 날 아침 함장님에게 보고 드린 후 같이 진해로 넘어가 사령관실에서 다른 함정의 함장 및 부서장들과 함께 보고했다. 토의가 이어졌다. 추가 지침을 받아 보완 작업을 하여 다음 날 아침에 다시 모였다. 이틀 후 각 함별 보고를 일단 청취한 사령관님으로부터 의외의 지시가 떨어졌다. 내일부터는 마산함 포술장만 오고 나머지는 오지 않아도 좋다는 지시였다. 나를 제외한 모든 사람의 표정이 환해졌다.

다시 배로 돌아와 함장님 지침을 받아 작업을 재개했다. 이후 이듬해인 1986년 1월 중순까지 근 한 달간을 철야 작업과 보고를 반복했다. 각 함대별 초전 배진 기준점을 정하고, 전투 국면별 함정 배치와 진형 형성은 어떻게 하고, 기동은 어떻게 하고, 무장 운용은 어떻게 하고 등등. 지금도 해군 1, 2함대의 '전투전단 전투수행지침서'로 운용 중인 〈초전대응전술교범〉은 그렇게 해서 작성, 발간되었다. 1986년 2월 1일 부로 중·대형 전투함들이 1, 2, 3함대에 분산되어 역사적인 전력배비가 이루어지기 직전 시점이었다. 연말연시에 신혼의 아내에게 미안하기도 하고 고생도 되었지만 변화의 주체가 되어 역사적으로 의미 있는 일을 한 보람을 느꼈다.

마산함 근무를 마치니 울산 장생포에 위치한 제311고속정 편대장(소령)으로 발령이 났다. 아내에게 미처 갚지 못한 음식점 영수증 6개를 맡기면서 직접 찾아가 갚고 이사하여 뒤따라오게 했는데 찾아간 어느 주점은 취직하러 찾아온 아가씨로 오해하기도 했다고 한다. 당시엔 서명만 하면 외상거래가 일상화되는 시절이었지만 지금도 아내에 대한 미안한 마음을 씻을 수가 없다.

1986년 10월 13일 부임해 보니 지원기지와 고속정 계류바지, 그리고 고속정 3척이 있었다. 주간에는 기지에 비상대기하고 야간에 고속정 편대를 지휘, 출항하여 매복경비를 하는 것이 주된 임무였다. 10월 17일 직속상관인 제301방어전대장(해사 19기, 대령, 준장 예편, 부산 소재 제3함대사령부에 위치) 임석하에 3급 지휘관인 고속정편대장으로 취임했다.

취임 며칠 후 아내가 갓 돌이 지난 첫 딸과 함께 진해에서 이사를 왔다. 퇴근하면 짐 정리를 도와줄 생각으로 기지 집무실에서 근무하고 있는데 아내로부터 전화가 왔다. 이사 온 편대장 아파트 바닥에 물이 차서 이삿짐을 들여 놓을 수가 없다는 것이었다. 장교, 부사관 각 6세대가 각 통로에 나누어 거주하는 6층 군 아파트의 누구도 나와 보는 사람이 없어 어쩔 수 없이 연락하였다는 것이었다. 도보로 5분 거리의 현장으로 급히 가 보니 가관이었다. 수도 배관이 터져 흘러나온 물이 아파트 바닥에 넘치고 있었다. 아파트 관리 책임자를 불러 수리를 하고 겨우 짐을 들여 놓았다.

알고 보니 수도 배관의 맨 마지막 지관이 군 아파트에 연결되어 있는데 고지대라 압력이 낮아 평소 급수가 제대로 안 되었는데 그날 따라 과도한 압력이 미쳐 배관이 터진 것이었다. 매일 동네 우물에서 물지게로 생활용수를 지어 나르고 우물가에서 빨래하던 부인들이 우물 주인 할아버지로부터 욕을 먹기가 일쑤였다고 한다. 최선임 지휘관인 나도 퇴근 후 물지게를 질 수밖에 없었는데 그보다 더 심각한 상황은 같이 거주하는 장교들과 부사관들 간의 알력이 소통을 가로막을 정도로 보였던 것이다.

취임 초 '황천 4급 태세'[14] 설정으로 야간 경비작전이 없는 어느 날 저녁에 기지와 계류 중인 고속정을 순찰했다. 현문 당직자가 제대로 배치되어 있지 않다. 그나마 근무 중인 당직자도 편대장의 순찰에

---

14 '황천'은 해상 기상상태에 따라 설정하는 해군 함정의 작전운용태세이다. 황천 4
급이 설정되면 고속정은 해상에 전개되지 않고 기지에서 비상대기 한다.

대해 긴장하는 기색이 없어 보였으며 자동적으로 하게 되어 있는 현황보고도 제대로 하지 않았다. 어떤 함정은 현재 재함 중인 인원이 몇 명이냐고 물어봐도 제대로 대답을 못 했다.

인근 장생포 시내를 순찰했다. 도처에 부대원들이 눈에 띄었다. 행색이 가관이었다. 고속정복에 모자 안 쓴 대원은 부지기수고 군복과 사복을 혼착하고 시내를 배회하는 병사들도 있었다. 술에 취해 지나가는 어느 병사에게 외출증이 있느냐고 물어 보았다. 물론 없었으나 더 큰 문제는 무단 외출에 대한 죄책감이 전혀 없었던 것이다. 계속 그렇게 잘 지내 왔는데 무슨 문제냐는 식이었다. 한마디로 철저히 기본이 무너진 모습이었다.

다음 날 예하 고속정 정장들과 기지장을 불러 엄명을 내렸다. 기지와 고속정 계류바지 간에 방파제 쪽으로 청색라인을 금일 중 도색하라는 지시였다. 전 부대에 외출증을 만들어 비닐 접착 포장하여 외출자에게 지급하라는 지시도 내렸다. 현 시각 이후 사전 허가와 외출증 없이 청색라인을 넘는 병사는 무단이탈로 간주하여 처벌할 테니 철저히 시행할 것을 지시했다. 영내든, 영외든 규정된 복장 착용 이외의 일탈행위는 절대 용납되지 않음도 주지시켰다. 현문 당직자가 정위치 하지 않고 현황파악도 안 된 함정과 보고에 문제가 있는 함정은 지휘관을 문책하겠다고 강조하면서 기본태세의 중요성을 구구절절이 강조한 후 지시사항에 대한 조치결과 보고를 명령했다. 부대별 교육과 제반 조치가 완료되었다는 보고를 받고 퇴근했다.

부대와 장생포항을 다시 순찰했다. 선술집에서 술을 마시고 있던 하사 2명이 보였다. 교육을 받아서인지 고속정복을 입은 나를 보는 순간 긴장하여 경례를 붙였다. 다소 멋쩍은 표정으로 나에게 술잔을 권했다. 소속, 성명과 함께 외출증 소지 여부를 물었다. 없었다. 부대로 돌아와 "편대 긴급출항!"을 명령했다. 비상 사이렌이 울리고 부대와 관사가 요동치고 일대에 긴장이 퍼졌다.

'편대 긴급출항준비 완료보고'를 받고 고속정 계류바지에 전 부대원을 집합시킨 후 내가 직접 나섰다. 편대장 취임 이후 느낀 소감을 가감 없이 틀어 놓았다.

"기본이 안 된 부대가 무엇을 할 수 있겠느냐!"

일갈했다.

"이런 상태에선 여러분도 제대로 지킬 자신이 없는데 여러분과 함께 어떻게 나라와 국민을 지킬 수 있겠느냐!"

강하게 질책했다.

"여러분은 국민과의 약속은 물론 최일선 지휘관인 나의 명령도 거부했으므로 지금부터 약속한 대로 시행한다."

조금 전 순찰 중 만난 하사 2명을 호명하여 불러내었다. 본인들을 통해 명령 불복종 사실을 밝힌 후 계류바지 위병소 2층을 감방으로 하여 1주일간의 영창 처분을 즉석에서 내 직권으로 집행했다.

기본태세가 급속도로 잡혀 가기 시작했다. 그러나 출항 후 경비작전을 지휘해 보니 지금 당장 상황이 있으면 전투를 할 수 있는 상태가 아니었다. 실전을 방불케 하는 새로운 훈련 모델을 직접 개발하여 적용훈련을 시행했다. 두 척이 전속으로 동조 기동하면서 상대 고속정을 향해 전포 일제사격을 명령했다. 충분히 안전을 고려하여 고각은 45°로 유지케 했다. 실제로는 상대 고속정의 마스트 훨씬 위로 포탄이 넘어 지나가는데도 익숙하지 않은 병사들은 기절초풍했다. 정장들도 거의 마찬가지였다. 실전에 대비한 전투준비의 기본이 안 되어 있는 것으로 보였다. 다음 날부터 전술토의를 강화했다. 전 장교가 참석하여 기탄없이 토론하고 공감대를 형성하여 저녁 경비작전 이동 시 훈련에 적용하길 반복했다. 기본 전투태세가 다져지면서 부하들의 자신감과 기백도 눈에 띄게 향상 되어가는 것을 느낄 수 있었다.

같은 아파트 거주 장교들과 부사관들 부부를 집으로 초청했다. 아내가 준비한 조촐한 음식으로 반주를 곁들여 저녁식사를 하면서 솔직한 의견과 애로사항을 물었다. 13평 아파트에 20여 명이 비좁게 앉아서 격의 없는 이야기를 주고받았는데 우선 조치할 사항이 식별되고 확신이 생겼다.

　다음 날 바로 울산 남구청장을 찾아가 급수문제 해결을 건의했는데 배관 여건상 불가하다는 답을 들었다. 부대 자체에서 급수 펌프를 설치할 테니 용인해 달라고 부탁했는데 난색을 표했다. 규정에 위반된다는 것이 이유였으나 군인 가족들의 특수성을 감안하여 묵인을 받을 수 있었다. 즉시 소속 방어전대와 3함대에 급수 펌프 설치를 건의하고 울산소방서장을 찾아갔다. 부대 아파트 상황을 설명하고 급수 펌프를 설치할 때까지 소방차에 의한 급수 지원을 부탁했

고속정 편대 및 전진기지 간부 아파트 위병소 준공 및 복지체계 완비 후 자축연.
전대장이 부산에서 울산까지 와서 격려해 주었다.
중앙이 전대장, 오른쪽 끝이 고속정 정장, 왼쪽이 필자와 아내.

다. 다음 날부터 소방차에 의해 아파트 급수탱크에 물이 채워지고 물지게에서 해방되었다.

아파트 1층 베란다에 널어놓은 여자들 팬티가 자주 없어지고 어린 아이들 놀이터가 없다는 고충도 나왔다. 비예산 사업이지만 아파트 위병소를 신축하여 경비병을 세우고 베란다 가림막을 설치했다. 현대중공업 특수선사업부에 파견 나와 있는 해군감독관실을 찾아가 어차피 버릴 장비 포장 박스가 필요하다고 이야기했더니 다음 날 5톤 트럭 여러 대에 가득 실어 왔다. 해체한 박스에서 나온 목재로 놀이기구는 물론이고 평상에서부터 기지에서 필요한 각종 의자와 테이블 등을 제작하여 활용할 수 있었다. 부대 아파트 내의 가족들 간

갈등도 씻은 듯이 해소되고 장교, 부사관 부인들도 사이좋게 의지하며 지내게 되었음은 두말할 나위가 없다.

기지와 고속정 편대에 차량이 1대도 없었다. 편제장비로 등록된 지휘관용 지프차도 없어 현대자동차 등 울산공단을 방문하는 외국 국가원수에 대한 해상경호경비작전 브리핑도 택시를 타고 가서 해야 했다. 같이 브리핑하는 울산경찰서와 육군 127연대 관계관들은 관용차를 이용했지만 해군만 택시와 도보로 이동해야만 했다.

상부에 건의했더니 돌아온 대답은 무조건 안 된다는 것이었다. 그러면서 그동안 일어난 각종 사건·사고 사례를 들려주었는데 한마디로 신뢰수준이 바닥이었다. 부식 이송용 차량의 음주운전 전복사고에서부터 파출소 무장 습격사건, 무장 이탈 자살사건, 야간 경비 후 입항하던 고속정의 항해 부주의에 의한 좌초사고 등을 들며 배차 불가 이유로 제시했다. 나는 신뢰를 회복했다고 확신하던 터라 강력하게 건의했다.

"지프차보다 비교할 수 없을 정도로 자산가치가 높고 위험 부담이 큰 고속정 편대와 기지를 맡기면서 편제장비인 지프차 한 대를 못 맡기면 어떻게 지휘권을 행사할 수 있겠습니까?"

일주일도 지나지 않아 처음으로 비상통신기를 장착한 지프차가 운전병과 함께 배차되었다.

그동안 부대원들의 일탈된 행동에 의한 실망에다 고속정의 소음공해 등에 의해 피해를 경험한 지역민의 대군정서도 비우호적인 편

1987년 해군참모총장님이 내가 지휘하는 제 311고속정 편대를 방문하여
고속정 계류바지에서 직접 표창장을 수여한 후 훈시하고 있다.

이었으나 관련된 여러 가지 문제를 해소하면서 함께 대민관계도 많
이 호전되어 갔다. 전대 및 사령부에 민군 친선행사 계획을 보고하
고 승인을 받았다. 부대 역사상 처음으로 지역 내의 기관장, 유지,
그리고 주민 대표들을 초청했다. 부대의 임무와 현황을 설명하고 고
속정 편대에 시승시켜 출항하여 기동 및 사격훈련 시범을 보여 줬
다. 입항 후 기지 식당에 마련한 다과회장에서 나의 환영인사에 이
어 지역민 대표가 마이크를 잡았다. "우리 지역에 이런 부대가 있는
것을 더없는 영광이자 자랑으로 생각한다"라고 하면서 행사 참가 주
민들의 성의라면서 부대원들 위문금을 전해 주었다.

　얼마 후 함대사령관님(소장, 해사 14기, 해군참모총장 역임)에 이
어 참모총장님(해사 13기)까지 직접 방문하여 격려해 주었다. 사상

처음으로 울산시장이 기관장들을 대동하고 부대를 찾아 위문을 해주었다. 부대는 기본 생활태도에서부터 전투태세, 그리고 대외적 위상에 이르기까지 최고수준으로 발전을 거듭했다.

고속정 편대장 임무를 마칠 즈음인 1988년 초에 작전사령부 인사과장으로부터 제51대잠전대의 선임참모로 부임할 준비를 하라는 전화지시를 받았다. 그러나 며칠 후 인사명령을 받은 곳은 해군본부 장교인사담당이라는 직책이었다. 인사명령 발령 부서로 명령이 났던 것이다. 약 1년 후 후임 편대장은 제311고속정편대 역사상 처음으로 해군작전사령부 최우수 편대로 선정되어 표창을 받았다는 소식을 들었다. 소령 이하 해군장교의 평균 보직기간이 8개월에 불과할 정도로 해군 역사상 인사이동 소요가 가장 많았던 격동의 시기에 장교 인사담당 업무를 수행한 후, 나는 해군대학 정규과정 교육 명령을 받았다.

1989년 1월 말, 제2의 고향인 진해에 위치한 해군대학에서 학생 장교(소령~중령)로서 1년간 교육을 받았다. 같이 교육받는 모든 장교가 해군대학 성적이 장래 진로에 미치는 심대한 영향을 의식하여 매우 열심히 공부하는 듯했다. 실제 경쟁이 치열하던 시절 육군대학에서 공부하다 과로사한 장교가 발생한 적도 있었고, 해군 선배 중엔 잠을 쫓기 위해 찬물에 발을 담근 채 밤새워 공부하다 몸에 이상이 생겨 평생 장애자로 살아가는 이도 있을 정도였다고 한다.

성적에 대한 경쟁이 점차 과열되어 갔다. 정도에 차이가 있을지 몰라도 대부분이 시험에 대비하여 예상 문제에 대한 답안을 작성하여 토씨 하나 틀리지 않게 외우는 식이었다. 실제 출제문제가 빗나가면 낭패를 보겠지만 전래된 보편적인 공부방식이 그러했다. 그러나 나는 그렇게 무리한 방식으로 공부하지 않았다. 본질적 개념과 핵심 단어 위주로 머리에 입력했다. 시험 당일 어떤 문제가 나와도 논리적으로 어떻게 전개하느냐는 현장에서 판단해서 쓰는 식이었다. 논술형 위주였던 해군대학 시험 방식은 나에겐 더 유리한 기회로 작용한 듯했다.

분임 연구 및 발표도 중요했는데 별 어려움을 느끼지 못했다. 주로 분임장을 맡아 이끌면서 연구 발표보고서는 가능한 한 직접 작성하여 후배 장교들에게 발표를 위임했다. 시험이든, 발표든 최고의 평가를 항상 쉽게 받을 수 있었다.

결과적으로 국방부장관상과 최우수 논문상을 동시에 받고 졸업할 수 있었다. 교육을 통해 평상시 내가 수행한 업무가 나도 모르게 나의 잠재력 향상에 많은 기여를 하였음을 알 수 있었다. 교육도 기본기가 잘 되어 있으면 더욱 쉬운 방법으로 좋은 성적을 획득할 수 있는 것이 틀림없어 보였다.

해군대학을 졸업한 후 호위함 제주함(FF-953)에서 부장으로 근무하였다. 그리고 순항훈련을 마지막으로, 진해항에 입항한 이틀 후인 1991년 2월 13일에 제주함을 떠났다. 오랜 영내 생활을 마친 해방감과 함께 함장님과 부하들에 대한 송구하고 고마운 마음이 교

군산함은 1984년 취역한 초계전투함이다. 사진은 Exocet 대함 미사일 시험발사 장면.
한국 해군이 보유한 28척의 초계함 중 6번째 함정이다.
전장 88m, 만재배수량 1,200톤, 최대속력 32노트, 76mm 1문,
30mm 2연장 3문, Exocet 함대함 유도탄 2기, 어뢰 6발, CODOG 추진체계.

차하였다. 강원도 동해시에 위치한 제1함대사령부 제1전투전단
제12전투전대 소속의 초계전투함인 군산함(PCC-757)이 신임 함장
을 맞기 위해 동해 군항에 정박해 있었다.

　군산함 함장(중령)으로서의 임무수행은 부지휘관으로서의 임무
수행에 비해 훨씬 용이했다. 시종일관 그야말로 기본태세 확립 위주
로 함을 지휘했다. 군인으로서의 본분과 임무, 즉 기본전투태세에
영향을 미치지 않는 일체의 쓸데없는 일을 가능한 한 시키지 않았
다. 대신 승조원들 사기에는 각별히 신경 써 주면서 소속함에 대해
긍지를 갖고 기백 있게 임무에 전념할 수 있도록 모든 지휘노력을
쏟아 부었다. 동해 출동작전 중 잠항 항해 중이던 구소련 잠수함을
해·공 협동작전으로 접촉, 부상시키는 성과를 거두기도 하였다.

재임 중 기본과 임무에 충실한 충직한 부하들 덕분에 단 한 건의
사건·사고 없이 함장으로서의 임무를 마쳤다. 11개월 만이었다.
전혀 예상치 못한 시기에 발령이 난 곳은 영광스러운 해군참모총장
수석부관이란 직책이었다.

원칙과 반칙, 위기의 해군

1992년 1월 14일 나는 참모총장님(해사 14기)의 수석부관(중령)으로 부임했다. 전임 수석부관(중령, 해사 29기, 소장 예편)에게 갑자기 나를 수석부관으로 발령한 이유를 물었더니 의외의 대답이 돌아왔다. 1991년 9월 4일 해군참모총장 취임 직후 이미 발령 결정을 하였는데 필수보직인 2급 함장을 마치지 못한 상태라 인사규정에 따라 보직기간이 충족되는 10개월이 되자마자 발령을 내었다는 것이었다. 보직이 결정된 일개 중령을 4개월씩이나 기다려 인사명령을 발령했다는 말이 믿기지 않았다. 해군과 참모총장님을 위해 분골쇄신 충성을 다짐했다. 2년간 재임 중 두 분의 참모총장을 약 1년씩 모셨다. 두 번째 참모총장님(해사 16기)은 소장에서 중장으로 진급하면서 전격적으로 참모총장에 임명된 된 분이었다.

재임 후반기인 1993년 6월 17일에는 서울에서 계룡대로의 해군본부 이전도 완료되었다. 여러 가지 일화가 많았으나 기본과 관련된 한 가지만 소개하자면 해군인사비리 사건을 들지 않을 수 없다. 해군의 고위 집단에서 발생한 부끄럽기 짝이 없는, 기본이 무너져 일어났던 대사건이었기 때문이다.

1993년 4월 22일 말레이시아 해군참모총장 샤리프 제독(Vice Admiral Shariff) 내외를 위한 만찬이 서울특별시 동작구 대방동에 위치한 해군참모총장 공관에서 진행되고 있었다. 화기애애한 분위기 속에서 양국 해군 간의 우의와 군사교류 증진의 장이 한창 무르익어 가고 있었다.

잠시 저녁 뉴스를 보기 위해 만찬장에서 나와 공관 내의 수행부관실에서 SBS 채널을 켰다. 이내 오후 8시 뉴스가 시작되었다. 그런데 톱뉴스가 해군 인사비리 관련 특종 보도였다. 첫 뉴스로 무려 8분간 보도되었는데 나는 아연실색했다. 충격을 진정해 가며 줄거리를 좇으면서 핵심 내용을 메모하였다. 매관매직 사건이었다. 전임 참모총장(해사 13기)이 장성 및 일부 대령들의 진급 조건으로 금품을 수수하였다는 내용이었다. 평생 내가 가진 모든 것을 쏟아 부으며 헌신한 조직이 나락(奈落)으로 떨어지는 듯했다. 만찬 중인 참모총장님에게 우선 메모로 보고하였다.

얼마 지나지 않아 동 뉴스를 모니터 했던 해군본부 공보실장(대령)이 급히 공관으로 들어왔다. 동 만찬장에는 참모차장(해사 16기, 중장), 정보작전참모부장(해사 17기, 소장, 해군참모총장 역임), 인사참모부장(해사 17기, 소장, 중장 예편) 등 주요 참모부장들이 참

해군참모총장 수석부관(중령)으로 재임 시 근무하던 모습이다.
해군본부는 재임 중이던 1993년 6월에 서울 대방동에서 계룡대로 이전하였다.

석 중이었기 때문에 서둘러 만찬을 끝내고 대책이 논의되었다. 해군
에 유래가 없을 이 치욕적인 사건을 어떻게 수습하여 위기를 극복하
느냐는 것이었다.

　다음 날 조간신문에는 1면 머리기사를 도배하듯 해군장성 인사비
리 사건이 대서특필되었다. 해군 전체가 술렁이고 일이 손에 잡히지
않는 모습이었다.

　참모총장실에는 여러 참모들의 보고가 다투어 이어졌다. 공보실
장, 법무감, 헌병감, 인사참모부장, 정보작전참모부장 등등 줄줄이
호출을 받거나 나름대로 대책을 건의하는 듯했다. 오후부터는 이미
언론보도로 의혹을 받고 있는 장성들이 속속 해군본부로 올라오고
참모총장실로 찾아왔다. 심지어 수석부관인 나에게 억울함을 하소

연하는 장성도 있었다. 모두가 바삐 움직였고 해군이 처한 위기를 걱정하는 모습이었다.

그러나 문제의 본질에 접근하여 종합적인 대책을 건의하는 사람은 없는 듯했다. 대부분 겉으로는 해군과 참모총장님을 걱정하고 대책을 보고하는 듯했으나 겉도는 모습이었다. 본인에게 쏟아지는 의혹에서 자유롭지 못한 장성들의 구차한 처신이 주로 눈에 들어왔다. 참모총장을 측근에서 보좌하는 수석부관인 나는 어떻게 할 것이냐? 총장님에게 무엇을 건의해야 하나? 일개 중령에 불과한 내가 외람되게 끼어들어도 될까? 총장님이 취하든 아니든 나름대로의 수습책을 정리하여 비(非) 대면으로라도 보고 드리는 것이 수석부관의 도리라는 생각이 들었다.

참모총장님이 퇴근하자마자 〈진급비리 관련 사태수습(안) 보고〉라는 제목으로 보고서를 쓰기 시작하였다. 슬기롭게 현 사태를 수습, 안정시키기 위하여 군 경력 전체의 명예를 걸어서라도 강력한 지휘권을 행사하여 적시적이고 과감한 조치를 취하여 주시기를 삼가 건의 드린다는 내용으로 서두를 잡았다.

첫째, 목표지향적이고 종합적인 사태수습책 강력시행(수습 후 후유증 최소화 및 유사사태 재발방지 고려). 수습목표: 우선 직·간접적으로 현 사태의 발단이 된 진급관련 불만세력을 포함한 예하 장병의 악성여론을 설득력 있게 진정(차후, 수습 결과에 대한 긍정적 내부여론을 바탕으로 대언론, 상부 및 일반국민의 신뢰회복). 수사 주체: 해군(검찰의 현역장성 부인 소환조사 등 최대한 억제). 헌병감실 및 법무감실의 제한된 능력 고려, 예하부대의 유능한 수사요원 및 군 검찰관 해본 파견, 총력수사체계 구축. 수사 범위: 수사의 객관성 확보를 위해 관련자 전원 일괄 조사 및 결과 발표[처리는 제 2의 해군(害軍) 행위 재발 방지를 위해 명확히 증거 확보된 비리자에 한해서만 의법 처리].15

둘째, 수습대책위원회 운영의 효율성 및 객관성 제고. 대책위 직속 하부조직 운영(수습노력 및 결과에 대한 신뢰성 및 설득력 확보 수단으로 활용). 명칭: 수습 사정(검증/지원/소) 위원회. 위원: 7명 내외(1993년 대령진급 예정기수를 포함한 진급의혹 제기 계층 배제, 중견장교 중 선·후배 및 동기생들로부터 능력과 도덕성 면에서 신망도가 높은 객관성 있는 장교, 해사 31~37기 중·소령). 임무: 대책위원회의 제반 활동 지원 및 객관성 보장(수습후유증 최소화 및 대·내외 설득력 확보). 전문 및 실무위원 운용, 활동 효율성 제고. 전문위원: 부위원장, 간사, 분과위원장(수사, 대언론, 대상부 및 지원 분과위원회).

15 ① 언론에서 충분히 문제 제기하여 내, 외부 공히 인지하고 있는 관련 혐의자 전원, 즉 1989년, 1990년 진급에 선발된 소장, 준장 전원(주로 언론에 의하여 거명된 특정인 위주로 선별조사 시 제 2의 폭로사태 유발 가능성 상존). 1989년, 1990년 진급선발 대령 중 언론에 의해 문제 제기된 자 및 내부적으로 말썽이 많았던 자. ② 당시 금품 수수창구로 거론된 측근 P대령 및 L대령 등. ③ 진급심사 관련 실무위원 및 책임자, 즉 당시 소장, 준장 및 대령 진급심사 위원 중 현역 전원(절차상의 조사 필연)과 진급심사 실무장교. ④ 해군 내부 여론에 의하여 '뚜쟁이', '진급 브로커' 역할로 지속적으로 지탄의 대상이 된 L준장, A준장 등(최소한의 조사 절차라도 밟지 않으면 제 2, 제 3의 폭로성 제보사태 재발 난무 예측).

실무위원: 간사 지휘, 통제하에 전화, 서신, 면담 등에 의한 각종 제보 접수 및 대책위원회에 제공. 수습상황 종합처리(보고서 및 보도자료 작성 등).

셋째, 해군(害軍) 행위 재발 방지책 강구. 자율적 해군 살리기 운동 전개: 우리 모두가 피해자요 가해자라는 인식 확산. 각 기생회 조직 등 자생적 비공식 조직 적극 활용. 해군 행위 제보 활성화 및 제반 대책 반영. 경례구호를 '필승'에서 '단결'로 변경. 해군 행위자에 대한 상징적 단죄 조치 강구.

넷째, 인사운영처(특히 장교인사담당실) 편제 보강. 참모총장 - 인사참모부장(소장) - 인사운영처장(대령) - 현역인사담당관(중령) - 장교인사담당(소령) - 실무자(행정하사관 3명, 병 3명, 타자수 1명) 계선의 단선구조 하의 열악한 편성인원으로 해군장교 인사관리(보직관리, 진급관리, 교육관리, 인사제도 등) 전담으로 업무부하 과중, 과도한 권한 집중 및 인사관리의 객관성 결여 개연성 상존.

다섯째, 비리자 후속인사 조기 단행 및 흐트러진 분위기 일신. 강력한 지휘권 행사 및 능동적 대처로 현 난국 극복 필요성 절실.

이상과 같은 내용으로 A4지 5쪽 분량의 보고서를 육필로 작성하여 다음 날인 1993년 4월 26일 참모총장님 출타 중에 집무실 책상 위에 올려놓았다. 도저히 직접 대면 보고할 용기가 나지 않았기 때문이었다. 보고서와 관련하여 별도로 찾아서 묻지 않은 채 총장님이 퇴근하였는데 책상 위에 놓았던 보고서는 없었다.

해군 지휘관 회의. 왼쪽부터 참모차장, 작전사령관, 참모총장, 합참차장, 해병대사령관.
참모총장 뒤편에 반쯤 가려진 장교가 필자다.

다음 날 아침 참모회의가 평소보다 길었다. 두 시간 반 정도 지났
을까. 회의가 끝나고 참모부장님들이 모두 돌아간 뒤 정보작전참모
부장님이 부속실 옆 대기실에서 나를 찾았다. 부장님이 아무 말 없
이 손을 내밀었다. 순간 머리를 스쳐가는 것이 조금 전 긴 회의에서
총장님이 지시한 것이 어제 내가 보고한 사태수습안이었다는 생각
이 스쳐갔다. 어차피 엎질러진 물, 망설임 없이 보관해 둔 사본을
가져다 드렸다.

이후 급박하게 돌아갔다. 대책위원회가 구성되고 위원장으로 정
보작전참모부장이 임명되었다. 수습검증위원으로 기생별 4~5명의
장교가 해군본부로 파견되었다. 예하부대의 수사관들과 검찰관들
이 특별수사본부로 파견되어 올라왔다. 영국에서 연수중이던 A준
장이 참모총장 지시로 급거 귀국하였다. 공항에서 기다리던 기자들

에 의해 귀국 장면이 촬영되어 전 언론에 보도되었다. 조사결과가 수시로 보고되었다. 현역 소장 1명을 포함하여 장성과 대령 약 10명이 구속되어 헌병감실 구치소에 수감되었다.

정오엔 대검찰청에서 수사결과 발표가 있었는데 전 해군참모총장과 전 해병대사령관에 대한 구속영장이 청구되고 뇌물 혐의 장성 및 대령들에 대한 확인내용이 보도되었다. 전임 해군참모총장과 해병대사령관의 구속 장면이 언론에 보도되었다. 전임 참모총장은 사관학교 졸업 후 초임지였던 구축함 충북함(DD-95)의 통신관으로 근무 시 함장이었던 분이었다. 사관학교(13기)를 수석으로 졸업하고 교육이든, 평정이든, 부대평가든 줄곧 1등을 놓치지 않았던 분이다. 강한 성격을 지닌 완벽주의자였다. 경제적으로도 약사인 부인이 운영하던 약국 수입 등으로 직업군인으로서는 비교적 여유가 있어 보이는 분이었다. 그런데 참모총장까지 됨으로써 꿈을 다 이룬 제독의 말로가 그렇게 끝나 버렸다. 매관매직의 장본인이라는 치욕과 함께.

1993년 5월 26일 제18대, 19대 해군참모총장 이·취임식이 해군본부에서 거행되었다. 전임 참모총장님은 전역하고 후임으로 파격적으로 중장이 임명되었다. 참모총장이 교대하면 최측근인 수석부관도 같이 교체되는 것이 관례였으나 특이하게도 난 명령에 의해 두 분을 각각 1년씩 보좌하였다.

나를 계속 근무시킨 참모총장님은 김영삼 정부가 처음으로 추진

1993년 5월 26일 제18대, 19대 해군참모총장 이·취임식 장면.
맨 우측 하정복 차림의 장교가 당시 수석부관이었던 필자다.

한 고위공직자 재산신고 시 공개대상 공직자 중 신고한 재산이 제일 적어 화제가 될 정도로 청빈한 분이었다. 참모총장의 재산이 고작 1억 원 정도에 불과하다는 사실에 국민들도 신선한 감명을 받은 듯했다. 연일 모든 언론이 미담 사례로 앞다투어 보도했다.

그러나 군(軍) 내의 반응은 달랐다. 특히 장성 집단 내에서는 볼멘 목소리가 들려왔다. 해군참모총장보다 재산이 많은 대부분의 장성들은 해군참모총장으로 인해 억울한 오해를 받고 있다고 했다. 청렴하게 생활하면서 아껴 저축한 재산이 부정한 축재라도 한 것으로 오도된다며 분개하기도 하였다. 심지어는 해군참모총장을 비하하며 비아냥거린다는 소리까지 들려 왔다. 수석부관으로서 방관할 수 없는 일이었다.

참모총장님에게 인지한 여론을 직접보고하면서 건의하였다. 연일 언론에서 미담으로 크게 보도하는 데 고무된 참모총장님은 나의 보도자제 건의를 심각하게 받아들이지 않았다. 어쩔 수 없이 직을 걸고 역린(逆鱗)을 건드렸다.

"총장님, 타군 장군들이 뭐라고 이야기하는지 아십니까? …"

무거운 침묵이 흐른 후 정훈공보실장을 호출하여 더 이상 보도되지 않도록 엄명하였다. 투철한 사명감으로 소신 있게 참모총장님을 지켜 드렸다는 기분을 느꼈다. 직언을 하는 용기도 중요하지만 한참 아래 계급 측근이 한 불편한 조언을 받아들여 준 상관의 큰 그릇과 나를 향한 신뢰를 절감하고 충성을 다짐하지 않을 수 없었다.

내가 건의하면 정책으로 채택되거나 참모총장 지시사항으로 각 부대에 하달된 경우가 많아 더욱 진중하게 보좌하지 않을 수 없었다. 대표적인 사례로 5년 전 장교인사를 담당하면서 절감한 문제에 대한 대책을 건의하여 해결한 것인데 해군 인력난과 장교 보직 및 진급 관리체계 개편이 그것이다.

해군은 병력이 부족하여 군함을 제대로 운용하지 못할 정도로 한계상황을 맞고 있었으나 국방부에 아무리 건의를 해도 증원이 되지 않았다. 고정된 국군 정원 범위 내에서 해군 병력을 늘리는 것은 육군 병력을 감축하지 않는 한 불가능하다는 것이 주 이유였다. 국방 의사결정구조상 육군을 줄여 가며 해군의 병력을 증원해 줄 리가 만

무한 듯했다. 심지어 해군 병력난이 심각하다고 하나 군함들은 이상 없이 운용하고 있지 않느냐고 비아냥거리는 소리까지 듣는 이중고를 겪어야 했다.

새로 부임한 참모총장님에게 가장 우선을 두어 해결해야 할 과제가 병력난임을 제안하였다. 또한 국방부가 마이동풍이니 특단의 대책을 강구해야 한다고 건의하였다. 군함을 정상적으로 운용하지 못할 정도로 문제가 심각하여 이제는 배를 부두에 묶어둘 수밖에 없다고 공포해야 한다는 것이 요지였다.

얼마 후 참모총장 지시로 20여 척의 '관리 대기함'이 지정되었다. 해당 함정들은 안전관리에 필요한 최소한의 인원만으로 부두에 대기시켰는데, 이 조치가 단행되자 이를 언론도 보도하였다. 당시 김영삼 대통령까지 이 사실을 알고 국방부 장관에게 수차례에 걸쳐 해군 병력난 해결을 강력하게 지시하였다. 그 결과, 이듬해에 장교 및 부사관 2,569명이 증원되었다.

훗날 전역하신 후 만난 자리에서 참모총장님은 그 당시를 회고하면서 인원 부족을 이유로 멀쩡한 배를 부두에 묶은 결정은 큰 모험이었다고 술회하였다. 만약 누군가가 대통령에게 해군참모총장을 모함이라도 했으면 무사하지 못했을 것이나 대통령의 신임이 두터워 그런 일은 생기지 않아 다행이었다는 것이다.

또 건의하여 장교인사관리 조직체계를 혁신했다. 실무장교 1인과 인사과장, 인사운영처장 및 인사참모부장이 수행하는 보직 및 진급관리를 보직관리와 진급관리로 분리하도록 건의하였는데 진급관리

처를 신설하여 인사운영처에서 분리하고 인사관리장교를 대폭 증원
시키기도 하였다. 그 결과, 5년 전에는 혼자서 하던 업무를 10~20
여 명의 장교가 분담하게 되어 오늘에 이르게 된 것이다. 물론 몇 년
후 인사관리의 통합효율성을 높이기 위해 진급관리처는 진급관리과
로 개편되어 인사운영처에 통합되었지만 장교인사관리를 위한 조직
규모는 괄목할 정도로 현실화되었다.

21C 국방태세와 북핵 무력화

1993년 12월 10일 합동참모본부 전략기획본부 전력기획부 전력기획과의 해상전력담당(중령)으로 부임했다. 과장님(육군대령, 육사 28기, 대장 예편, 국방부장관 내정 후 자진사퇴)과 부장님(육군소장, 갑종 172기, 합참의장 역임, 대장 예편, 국방부장관 역임)에 대한 전입신고를 시작으로 타군과의 첫 합동근무가 시작되었다. 나에게 큰 영향을 준 전력기획과장님은 경기고등학교를 나와 육군사관학교를 수석으로 입학하여 수석으로 졸업했을 정도로 우수할 뿐만 아니라 인품도 훌륭하고 리더십도 탁월해 보였다. 군 내 최고의 전략가로 정평이 난 전력기획부장님은 치밀하고 강직한 성품과 탁월한 업무 장악력 및 추진력을 갖춘 장군이었는데 부임 신고를 받고 나에게 당부한 첫 마디가 "자만하면 안 된다"는 것이었다.

'합참사무분장규정'에 따라 나에게 분장된 업무는 해상전력분야에 대한 전력소요 요구 작성 지침수립, 해상전력분야에 대한 합동전력목표기획 총괄, 해상전력분야에 대한 국방중기계획 검토 및 조정 총괄, 한·미 상호운용성 업무 추진, 해상전력 발전업무계획 등이었다. 이와 함께 전력기획부를 대표한 대(對)미국(한·미 군사위원회, 한미연합사 군사소요 검토, 북한 핵 관련 공동 군사대비책 발전 등), 대국방부(국방기본정책서, 국방중기계획 등), 대국회(국방위원회, 예산결산위원회 등), 대민(무기체계 소개회 등) 업무 및 합참 전입 장교들을 대상으로 한 국방참모대 강의 등이 추가되었다.

국가안보에 긴요한 검토 및 보고도 수시로 이어졌다. 23년이 지난 현재에 이르기까지 논란이 그치지 않거나 미결 상태로 남아 정치적 이슈가 되기도 한 북한 핵 시설 파괴를 비롯하여 TMD(Theater Missile Defense, 전역미사일방어구상) / THAAD(Terminal High Altitude Area Defense, 종말단계고고도미사일방어체계), 다목적 전투함(MPCX, 경항모), 제주 해군기지, 이지스(Aegis) 함을 포함한 한국형 구축함(KDX-I, II, III) 사업 등을 검토하였다. 그중의 일부는 〈합동전략목표기획서〉(JSOP, Joint Strategic Objective Plan)[16] 등의 중·장기 기획서에 반영되어 시행되고 일부는 보류되었다.

특히 IAEA(International Atomic Energy Agency, 국제원자력기구)가 1994년 6월 10일에 대북제재결의안을 채택하고 6월 14일 북한이 IAEA 탈퇴를 선언하기 전인 1994년 4월 14일, 상부의 지시에 따라

---

16 국방목표 달성과 군사전략 수행을 위한 중기 군사력 건설 소요 및 우선순위를 제시하는 기획문서로 매년 12월에 작성한다.

〈북한 영변 핵 시설 파괴로 인한 피해 연구〉를 전문가들의 자문을 구해 종합 검토하여 보고하였다. 당시 결론[17]은 북한 핵시설에 대한 정밀타격이 가능하다는 것이었다. 나는 '제 1차 북핵 위기'[18]의 해법으로 미국 클린턴 행정부가 고려했었던 북한 영변 핵시설 선제타격이 실천 가능하다는 내용으로 보고서를 작성하였다. 그러나 결국 전면전으로의 확전이 우려되어 선제타격은 무산되고 말았다. 회고하건대 호미로 막을 걸 가래로도 막지 못하는 상황을 자초한 셈이 되고 말았다. 23년 전 영변 한 곳에만 있던 핵시설이 파괴되었다면 지금과 같은 북한 핵미사일 위기는 겪지 않아도 되었으리라는 통한의

---

17 영변 핵시설 파괴로 인한 피해 판단(결론)
　① 북한 핵시설 파괴 시 피해는 매우 경미한 수준일 것이며, 최악의 경우에도 피해는 휴전선 북방 90km 이북 지역에 국한.
　② 북한 핵시설에 대한 직접공격은 절대적으로 회피되어야 할 방법은 아님(한국 및 중국에 대한 직접피해는 무시할 수준임).

18 제 1차 북핵 위기
　1992년 북한은 국제원자력기구(IAEA)의 핵개발 의혹 제기 및 특별사찰 수용요구 불응. 1993년 3월 한·미 연합 팀스피리트 훈련이 재개되자 북한은 1993년 3월 12일, 핵확산금지조약(NPT) 탈퇴 선언. 한국과 미국은 대화와 '포괄적 접근'을 통해 북측의 핵무기 개발 중단을 막고 북측을 다시 NPT 체제 안으로 끌어들이려 노력하다 상황 악화로 미국에 의한 북한 핵시설 타격을 계획하여 추진 중 한국정부의 반대로 중지. 1994년 6월 김일성-카터 회담에서 북한은 미국이 군사공격하지 않을 것과 경수로 지원을 약속하는 조건으로 북한 핵시설을 동결하고 NPT 복귀, IAEA 사찰에 합의할 것을 약속. 1994년 10월 제네바 합의에서 미북 간 기본합의문을 채택하고, 북측이 핵개발 포기에 대한 미국의 경제적 보상과 대북한 안전 보장, 미북 관계의 완전한 정상화, 남북대화를 계속 추진하겠다는 약속을 받음으로써 제 1차 북핵 위기 종료.

아쉬움이 남는다.

1994년 9월 27일 해군 대령 진급심사 결과가 발표되었다. 1차로 대령으로 선발되었는데 3개 추천위원회와 선발위원회의 첫 투표에서 심사위원 전원의 만 표를 받아 제일 먼저 선발되었다고 했다. 단심제였던 1988년의 중령 진급심사 첫 투표에서도 유일하게 만 표를 받아 선발되었다는 것과 겹쳐 깊은 고마움과 함께 보람을 느꼈다.

1995년 2월에 단행된 합참 조직개편에 따라 같은 전력기획부 내의 해상전력과와 공중전력과가 통합되어 과장(대령) 2명이 하던 업무를 개편된 해·공전력 담당관이 맡아 해군과 공군 대령이 2년씩 돌아가며 맡게 되었는데 대령 진급예정자인 나에게 보임 준비 지시가 내려왔다. 기분도 좋고 영광이었으나 그냥 맡으면 되는 직책이 아니었다. 합참 내부인사로 해군참모총장의 고유 인사권을 침해할 우려가 있다는 의견을 제시하여 합참 자체 내부 보직변경을 어렵게 피할 수 있었는데 그 자리엔 3년 선배인 해군대령(해사 28기, 대장 예편, 초대 국민안전처 장관 역임)이 보직되었다. 나는 1995년 4월 17일, 국방부의 '21세기 및 통일 대비 국방태세발전연구위원회'(약칭 21세기 국방연구위원회)로 발령이 났다.

21세기 국방연구위원회는 21세기 및 통일시대를 대비하여 남·북 대치기(1998~2002), 공존기(2003~2007), 통일기(2008~2012)를 목표로 현 군사력을 첨단 정보·기술군 중심으로 전환하기 위한 기획지침을 마련하여 기존 국방 중·장기 기획·계획의 수정보완 방향을 제시하고 급진통일 상황이 도래할 시의 남·북한 군사통합 정비지침을 제공하기 위해 국방부 장관 직할 부서로 운영되었다.

연구 결과, 가용 국방자원, 군사력의 질량, 북한 위협 및 상대적 비교, 역사적 교훈, 전장운용과 전력소요 개념 등을 고려하여 기획목표년도인 2012년을 기준으로 한 군사력 규모는 40만 명으로 설정되었다. 대치기 60만, 공존기 50만, 통일기(안정시) 40만으로 단계적으로 전환하도록 하였다. 목표연도의 군별 병력의 규모는 육군 35만(70%), 해군(해병대 포함) 7만 5천(15%), 공군 7만 5천 명 (15%) 수준이었다. 세부적으로는 단계별 지휘 구조, 부대 구조, 병력 구조, 전력 구조 등의 군사력 구조가 설계되었는데 해군의 경우 경항공모함 운용을 염두에 둔 기동함대와 다목적전투함(MPCX) 3척, 이지스함인 유도구축함(KDGX) 6척, 중잠수함(SSX) 9척, 수직 이착륙 함재요격기(AV-X) 36대 등의 첨단전력의 소요가 어렵게 반영되어 최상위의 기획지침으로 적용되었으나 모두 원안대로 정책화되어 시행되지 못한 아쉬움이 남아 있다.

국방부장관 지시에 의해 유럽 선진국의 국방태세 정비실태를 파악하여 연구에 발전적으로 적용하기 위해 위원회 내의 육군 선배 대령과 공군 후배 중령과 함께 1995년 6월 29일부터 7월 12일까지 독일, 영국, 프랑스, 이탈리아, 스위스 등을 다녀왔는데 독일 통일 후 모든 국가가 소수 정예화 위주의 국방태세 정비를 추진하고 있었다. 독일은 2000년을 목표로 "군사력 재정비 계획"을, 영국은 "전선 우선정책"을 통한 군 구조 개편작업을, 프랑스는 "프랑스군 2000년대 계획"에 따른 23개 사령부 감축 및 군 구조 개편 작업을, 이탈리아는

1995년 국방부 "21세기 및 통일 대비 국방태세발전연구위원회"의 연구위원들과 함께.
육군 11명, 해군 2명, 공군 2명, 해병대 및 군무원 각 1명으로 구성된
국방부 장관 직할 임무조직이었다. 뒷줄 왼쪽에서 두 번째가 필자다.

"신 국방 모델"을 설정하여 군 구조 개편을, 스위스는 "군 '95 계획
단"을 설치하여 민병감축 및 군 시설 통폐합 등을 각각 추진하고 있
었다.

특히 독일의 경우 통일 후 군사통합 시 구 동독군 처리를 어떻게
했느냐는 질문에 지뢰제거 요원 2천여 명을 한시적으로 활용한 것을
제외하고는 모든 동독군 병력을 전역하게 하고 모든 부대와 장비를
해체·폐기했다는 답변을 독일 합참 군사기획처장인 해군대령 켐프
(Capt Kempf)로부터 받았다. 돌아와 통일기 남·북 군사통합을 연
구할 때에 의미 있는 도움이 되었다. 〈21세기 및 통일대비 국방발
전 방향〉 연구 결과물은 1995년 12월 19일 국방부장관님에게 종합
보고되고 국방부 정책실에 이관되었다.

1995년 12월 1일 대령으로 진급했는데 해군본부 비서실장(해사 25기, 준장, 소장 예편)으로부터 전화가 왔다. 참모총장 지시로 청와대로 발령이 날 것이니 미리 알고 있으라는 이야기였다. 엉겁결에 우선 필수직인 1급 함장을 해야 하지 않느냐고 반문하였더니 청와대 근무를 마치고 해도 된다고 말을 남기고 전화를 끊었다.

그런데 연말에 나온 인사명령을 보니 내가 아닌 동기생(대령, 해군참모총장 및 합참의장 역임, 대장 예편)이 발령 난 것이다. 알고 보니 참모총장 지시를 수명한 인사참모부장(해사 22기, 소장, 중장 예편)이 형식적으로는 나를 '정', 동기생을 '부'로 하여 복수 추천하면서 청와대 국방비서관실에 파견 근무 중인 해군 대령(해사 27기)에게 전화하여 실제로는 '부'가 선택되어야 한다고 이야기하는 바람에 '부' 후보로 추천된 장교로 바뀌었다는 것이었다. 이해하기 어려웠지만 연이 닿지 않은 탓으로 돌리고 지내는데 2006년 3월 2일부로 한국국방연구원으로 파견 인사명령이 나왔다.

새로 부여된 임무는 국방인력 조직관리 기술 개발, 미래의 육·해·공군 적정 인력규모 및 계급구조 연구 등이었다. 책임연구원으로 근무하는데 1996년 11월 16일 해군본부 보직위원회 심사결과가 나에게 전해졌다. 해군작전사령부 5전단 51전대 충남함장으로 선발되었다는 소식이었다.

영원한 Bench-mark Ship

1997년 1월 22일 드디어 나는 1급 전투함 함장이 되었다. 당시 해군
작전사령부의 기함(旗艦, *flag ship*)인 호위함 충남함(FF-953)의 11
대 함장(대령)으로 취임한 것이었다. 나는 다짐했다.

"내가 가진 모든 것을 충남함에 다 바친다!"

이런 각오로 사랑이든, 시간이든, 에너지든, 아이디어든 유·무
형의 모든 것을 다 바쳐 최선을 다하겠다고 다짐했다.

내가 지휘한 충남함은 대부분의 해군장병들이 승조를 기피할 정
도로 엄청나게 바쁘고 근무가 힘든 배로 소문이 난 전투함이었다.
정박 중이든, 출동 중이든 부여된 임무가 많아 촌시(寸時)의 여유가
없을 정도로 피곤한 배로 정평이 나 있었다. 정박 중엔 정비 및 수
리, 재박훈련 및 교육 등의 기본과업에 더하여 거의 매일 귀빈방문
행사가 이어지고 연합 및 합동훈련 시에는 지휘함이 되어 언제나 전
단·대 지휘부가 타고 나갔으며 해·육상의 중요한 대외적 행사도

호위함 충남함. 1975년 박정희 대통령의 지시에 따라 건조된 이후 3번째 호위함이다.
대한조선공사로부터 인수하여 1981년 6월 1일 취역하였다.
초대 함장은 참여정부의 국방부장관을 역임하였다.
전장 102m, 만재배수량 2,300톤, 최대속력 37노트, 승조원 150여 명(장교 20여 명),
76mm 함포 2문, 30mm 2연장 함포 4문, 함대함 유도탄 8기, 어뢰 6발,
대공 · 대함 · 추적 레이더, WM-28 사격통제체계, CODOG 추진체계를 보유하였다.
주력 전투함으로서 해군작전사령부의 기함 역할을 수행하였다.

도맡아 수행해야 하는 함정이었다.

부하들이 자기 일을 스스로 알아서 해내지 못하면 업무 중압감에 구성원들 간의 갈등까지 겹쳐 모두 나가떨어질 것 같은 상황이었다. 결국 부하 각자가 주인정신을 가지고 스스로 리더가 되어 임무의 선봉에 설 수 있게 하는 방법뿐이었다.

'스스로 리더'(self leader)는 지휘관의 절대적 신임 속에서 지휘관과 소속 조직을 향한 높은 긍지를 바탕으로 조직이 지향하는 목표를 공유하고, 스스로 판단하며, 솔선수범으로 부하들을 리드하여 위임받은 임무를 자율적으로 최고수준으로 수행해 냄으로써 조직의 목

표 달성에 기여하고 보람과 행복을 창출해 내는 사람을 말한다. 전승조원이 그렇게만 되어 준다면 함장으로서 걱정되는 일이 없을 것 같았다. 함장은 그 중심에 서서 최고 리더로서 전략적 사고로 제도와 절차, 그리고 문화를 혁신하여 임무형 부대관리체계를 만들고 부하들의 장점과 기를 살려 효율과 효과를 극대화하는 것이 최선이라는 생각이었다.

입창수리를 마치고 첫 항해를 했다. 선글라스를 끼고 함교에 위치했다. 견시(*look out*) 보고가 마음에 안 들었다. 진행방향 항로에 어망부이가 보여도 보고가 없었다. 함교 당직사관에게 확인토록 지시했다. 돌아온 대답은 해면에 반사된 햇빛에 눈이 부셔 미처 견시가 보지 못했다는 것이었다. 즉석에서 명령했다.

"앞으로 함교 당직사관과 견시는 필요한 경우 선글라스를 끼고 근무하라!"

부장을 불러 추가 지시를 내렸다.

"폼도 나고 안전항해도 보장되니 안경 쓴 견시를 포함해 견시용 선글라스를 구매, 지급하라!"

함교 당직사관은 물론 혼날 줄 알았던 견시(일병)의 어리둥절한 표정이 아직도 잊히지 않는다. 지금은 정식 보급품으로 지급되고 있지만 당시로서는 아무도 착안은커녕, 엄두도 내지 않았던 일이었다. 상관 앞에서 선글라스를 끼면 결례로 치부되던, 권위주의가 만연하던 시절에 충남함 함교에서는 함장에서부터 견시에 이르기까지

충남함 사관실에서 함 현황 브리핑 청취 후 방명록에 서명하는 모습.
앉은 자리 왼쪽 2번째부터 제5 성분전단장, 영국 해군참모총장 슬레이트 제독, 필자,
작전사령관(후일 국방부 장관 역임).

계급에 관계없이 안전항해와 관련된 모든 승조원이 최초로 선글라스를 끼고 근무했던 것이다.

한번은 부장에게 "전 해군 함정의 사관실, CPO(*chief petty officer*, 원·상사)실 식탁보뿐만 아니라 게시판 색상까지 전부 녹색으로 되어 있는데 해군규정에 나와 있는지 확인해 보라!"고 지시했다. 부장이 보고하길 그런 규정이 없다고 했다. 그러면 해군 색상인 진남색(*navy blue*)으로 바꾸도록 지시했다. 몇 개월이 걸려도 구하지 못하더니 '3함대 기동훈련' 좌승함 임무를 수행하기 위해 부산에 있던 3함대에 입항하여 정박 중일 때 국제시장에서 찾아내었다는 보고를 받았다. 즉시 구입하여 중앙에 해군마크를 수로 새겨 바꾸어 깔았다.

1997년 9월 23일 영국 해군참모총장 슬레이트 제독(Admiral Sir Jack Slater)이 본 함을 방문하였다. 행사 후 최고도의 정비수준과 하나같이 밝고 자신감에 찬 승조원들의 표정을 보고 많은 감명을 받았다고 하면서 돌아가면 "영국해군이 본받도록 하겠다"는 말을 남기고 하함하였다.

행사 후 작전사령관님(중장, 해사 20기, 국방부장관 역임)이 "충남함은 정비만 하느냐?" 하는 농담과 함께 치하, 격려하면서 "사관실 테이블보는 모두 그렇게 해야 되겠더라"는 말을 남긴 후 하함하였다. 1시간도 안 되어 작전사 보급과장이 부장을 찾아와 테이블보를 어디서 구했느냐고 묻고 갔다는 것이었다. 며칠 후 작전사 지휘소의 모든 테이블보가 진남색으로 바뀌더니 급속도로 전 해군에 지시도 없이 전파되어 현재와 같은 모습으로 교체되었다.

정박 중 퇴근 전 보고를 받았다. 다음 날 신임 소위가 부임할 예정이라는 것이다. 잔뜩 긴장하여 부임하는 애송이 장교들에게 자부심과 함께 애정을 심어 주는 것이 중요하다는 생각이 스쳤다. 승함할 때 예우를 갖추도록 지시했다.

아무도 생각하지 못한 영송병(*side boy*)[19] 2명을 배치하여 영접하

---

[19] 해군 함정에 귀빈이 공식 방문할 경우 현문에 세우는 영접 및 영송 의전병으로 정복차림으로 손님을 맞고 배웅한다. 방문자의 계급에 따라 인원수가 다른데 중령 이하는 2명(좌우 각 1명), 대령은 4명, 준장 및 소장은 6명, 중장 이상은 8명인데 승함 및 하함 방송 시 울리는 타종 횟수도 영송병 인원수와 같다.

해군작전사령관(해사 21기, 국방부장관 역임) 부임 후 초도 순시 장면.
승함하면서 현문 좌우에 도열한 영송병에게서 경례를 받고 있다.

라고 지시했다. 어리둥절한 표정이었다. 함장보다 상급자가 공식적
으로 방문할 경우에만 영송병을 세우는 관행에 젖어 있었기 때문이
었다. 해군의 규정을 다시 확인해 보라고 지시한 후 퇴근했다.

　다음 날 아침 전입신고를 받았다. 매우 감격해 하는 표정이 역력
했다. 뒤에 들으니 기존의 장교들까지 한층 고무되어 긍지를 느꼈다
고 한다.

출동을 나갔다. 야근자 기상 15분 전, 5분 전 방송에 이어 '총원 전
투배치훈련'이 시작되었다. 요식적인 훈련을 대충 하고 상황이 끝났
다. 실전에 대비하여 새로운 훈련모델을 개발하여 적용했다. 대잠
전(對潛戰, ASW, *anti submarine warfare*) 등 10개 종목의 성분작전

에 대한 전투임무 매트릭스(*matrix*)를 만들어 훈련에 적용했다. 훈련의 생산성이 급속도로 향상되어 갔다. 야근자 기상 15분 전 방송 시 반드시 함교 당직사관은 함의 현 위치와 작전상황, 기상현황 및 전망, 예정일과 등에 대해 표준문안을 만들어 매일 방송하도록 지시했다. 침대에서 일어나기 전에 중요한 현황에 대한 친절한 설명을 듣고 그날 각자가 할 일을 미리 생각할 수 있도록 했는데 정보공유 효과는 기대 이상이었다. 귀찮고 시간만 죽이는 출동 중 일과정렬도, 불필요한 잔소리도 더 이상 할 필요가 없어지고 임무수행이 자동화되어 갔다.

충남함은 출동 후 입항해도 별도로 정비할 곳이 없을 정도로 깨끗했다. 본 함 옆에는 타 함정이 비교가 두려워 계류를 꺼려할 정도였다. 매일 아침 6시 기상하여 아침 청소 시 해수로 뒤덮인 갑판을 더운물로 닦아 내기 때문이었다. 조금이라도 녹슨 조짐이 보이면 바로 청락, 도장을 하여 부식 확대를 방지했다. 주로 수병들이 했는데 언제나 선임수병이 걸레를 잡고 닦으면 상병은 걸레를 빨아서 짜 주고, 일병과 이병은 물통을 나르는 식이었다. 선임인 병장들이 대우받으려 하지 않고 모범을 보이면 함장이 책임지고 챙겨 주겠다고 한 약속을 철석같이 믿었던 것이 분명하다.

매일 행사가 이어지는 함정에서 정박 중이든 항해 중이든 함 정비 및 청소상태를 항상 A급 수준으로 유지하는 게 습관이 되어 있지 않으면 행사준비로 인해 고유과업 수행은 불가능할 것이고 중압감에 의한 사기 저하도 불 보듯 뻔했다. 그래서 시스템을 그렇게 만들어

충남함장 재임 중 실시한 120여 회의 행사 중에는 승조원 가족 초청행사(1997.5.3.)와 해사 31기 동기생의 임관 20주년 기념 시승행사(1997.5.10.)도 있었다.

차라리 일을 즐기도록 하는 수밖에 없었는데 기대보다 효과가 컸다.

수병들이 발령 날 때마다 애를 먹었다. 가지 않겠다는 것이었다. 다른 함정보다 훨씬 바쁘고 힘은 들어도 스스로 일하는 보람이 있고 자기가 소속한 함정이 자랑스럽기 때문이라고 했다. 처음 몇 번은 작전사 인사처장에게 부탁하여 인사명령을 취소해 주기도 하였으나 인사정책상 해·육상 교류인사에 우리 함정만 예외를 둘 수 없는 노릇이라 나중에는 어쩔 수 없이 떠나보내야만 했다. 한번은 부친이 행정 준위인 행정병이 해군본부로 발령이 나 떠났다. 본인의 반대에도 불구하고 부친이 그렇게 조치했던 모양이었다. 그러나 그 수병은 배를 떠난 지 6개월 만에 다시 돌아와 전역 시까지 같이 근무했다. 그는 우렁찬 목소리로 전입신고를 했다.

"우리 해군의 으뜸인 충남함에서 제가 한몫했다는 것이 너무 뿌듯하여 돌아왔습니다!"

수병들이 전역·전출할 때면 기수별로 10여 명씩 신고를 하고 떠났다. 떠나기 전날 저녁에 주임상사 배석하에 전역·전출 예정 수병들을 시내 음식점으로 불러내어 환송 회식을 열어 주었다. 어떤 경우는 2차를 건의 받아 주점에서 노래와 함께 즐거운 자리를 같이하기도 했다. 다음 날 신고 시엔 기념품과 함께 한 사람씩 나와 같이 사진을 찍고 금분 펜으로 온갖 미사여구를 총동원하여 업적을 치하한 글을 쓰고 서명을 한 다음 예쁜 액자에 넣어 귀향지나 차기 근무지로 보내 주었다. 떠난 후에까지 충남함을 못 잊고 자랑으로 여긴다는 것을 남아 있는 수병들도 알고는 전임자들을 본받아서 더욱 솔선수범하여 잘하고 싶다는 생각을 하였다고 한다.

해군에서 구타 및 가혹행위가 끊이지 않자 작전사령관님의 특명에 의해 입체적 암행감찰이 이루어졌다. 그 결과, 모든 부대에서 구타 등이 발견되었다. 그러나 구타 및 가혹행위가 0%인 부대가 하나 있었다. 충남함이었다. 사유를 분석하여 보고하라는 지시를 수명하여 1998년 1월 23일 작전사령관님에게 보고했다. 〈충남함 병 관리 실태 분석〉은 사령관님 지시에 따라 전 부대에 전파되었다.

하사관 중심의 업무도 활성화했다. 권한과 아울러 책임을 대폭 확대하는 대신 장교들의 불필요한 업무 부하를 경감시켰다. 장교들이 피상적으로 수행하던 신상파악 및 관리책임을 함장 직권으로 직별장들에게 이관했다. 현장에서 자주 접촉하여 부하들을 가장 잘 알 수 있는 위치에 있는 간부임에도 이전까지는 행정적 책임과 권한이 없었기 때문이었다. 1997년 5월 15일 작전사령관님에게 보고드렸는데 7월 12일 〈하사관 지휘 및 관리능력 향상 지침〉이 작전사령부에서 시달되어 전 부대에 확대 시행되었다.

어디에서 근무하든 가장 역점을 둔 분야는 부하들과의 소통이었다. 규정에 따라 매월 개최하는 부대단결회의는 빠짐없이 직접 참관한 후 선발된 모범장병을 현장에서 표창하고 특별 휴가를 내려 주었다. 전달에 건의한 사항에 대한 조치결과를 소상히 설명하고, 금번 달에

매월 실시한 '부대단결회의' 장면인데 함장도 부대원으로서 빠짐없이 참가하여
수평적 소통을 위한 소중한 기회로 활용하였다.

새로 건의한 사항에 대한 조치계획을 알려 주었다.

한번은 한 수병이 용기를 다해 10여 건의 건의를 쏟아 내었는데 주위의 불편한 시선이 내 눈에 들어왔다. 마지막 순서인 함장 훈시 시간을 이용해 불러내었다. 특별 휴가증과 함께 "이런 부하들이 있기 때문에 우리 충남함이 산다"고 격려해 주었다. 눈치를 주던 승조원들까지 박수를 쳤다. 여러분들도 할 이야기를 다했으니 나도 하겠다는 식으로 지난달의 성과에 대해 격려하는 한편 함 운용계획에 대해 자세히 설명하고 함장의 지휘의도를 전파했다. 그 외에도 계층별 간담회를 비롯하여 공식, 비공식 모임에 자주 등장하여 격의 없이 대화하고 격려했음은 물론이다.

나는 훈시를 할 경우 가능한 한 각본을 쓰지 않았다. 이·취임식 등의 공식적인 행사인 경우 사전에 연설문을 정성들여 준비하였다. 항상 직접 작성하여 현장 상황에 맞는 연습을 거쳐 사용했다. 그런 경우를 제외한 경우에는 즉석연설(*free speech*)을 즐겨 했다. 각본에 의하든 아니든 듣는 사람들의 감정에 불이 당겨지지 않으면 헛수고한 것이다. 나는 훈시 전에 내가 할 이야기의 핵심 단어를 뽑아서 최대한 간결하고 강렬하게 훈시하는 걸 좋아했다. 단도직입적으로 결론부터 들어가되 필요한 것은 반복해서 강조했다. 늘어진 소리는 젊은 사람들에겐 수면제다. 재미가 없으면 집중도가 떨어진다. 몇 개월이 지나더라도 나를 보면 그 순간 몇 개의 단어는 자동적으로 튀어나올 정도로 연설이 부하들 마음에 남아 있지 않으면 훈시를 위한 훈시, 즉 무의미한 훈시를 한 것으로 봐야 한다는 생각이었다.

774일을 재임했다. 42%에 달하는 324일 동안 5만 5천 마일의 항적을 남기며 동·서·남해와 중부 태평양을 내달렸다. 7회에 걸친 정기 출동경비작전, 9회에 걸친 미국, 영국, 호주 해군 등과의 연합훈련 한국 측 지휘함, 타군과의 합동훈련 및 관함식 등 20여 회에 걸친 각종 기동훈련 지휘함, 1998년 환태평양 다국적 연합훈련 등을 숨가쁘게 수행했다.

정박 중엔 2회에 걸친 해사 졸업식 예포 발사함 임무와 120여 회에 걸쳐 4천여 명의 귀빈 방문행사를 수행했다. 고유 업무에 부가하여 개인적으로 〈해군 작전술 수행개념〉(1997. 12. 15.), 〈연합성분훈련지침서〉(1997. 12. 31.), 〈중·장기 기동전단 발전방향〉(1998. 2. 4.), 〈대잠전대 전시 대비책〉(1998. 5. 11.), 〈신세계전략 번역〉(1998. 6. 18.) 등의 연구를 의명, 수행하였다.

부하들 스스로 리더가 되어 감동적으로 임무를 수행한 결과 충남함은 1997년도 해군작전사령부 최우수 1급함이 되어 1998년 1월 15일에 표창을 받았다. 뿐만 아니라 사상 최초의 'Bench-mark Ship'(기준함)으로 선정되어 1997년 5월 22일에 해상지휘관 회의 시 작전사령관에 의해 직접 선포되었는데 현재까지도 유일하다고 한다. 당시 충남함은 3함대 정기 출동경비작전 중이라 영광스러운 기준함으로 선포되는 해상지휘관 회의 현장에 없었다.

함장으로서 할 일이 남았다. 재임 내내 절감한 것이 있다면 업무의 질과 양은 비교할 수 없더라도 임무수행의 신뢰도가 가장 높았던 계층은 오히려 수병들이라는 것이었다. 그 다음이 하사관, 그리고 마지막이 장교 집단이었다. 1998년 2월 20일부터 3월 1일까지 재임 중 마지막으로 한·미 연합훈련(SHAREM[20] 127)의 한국 측 지휘함 임무를 수행했다. 장교들에게 수없이 해준 말들이 맴돌았다. 연합훈련 틈틈이 재임 중 내가 강조했던 기억을 더듬어 장교들에게 마지막으로 전할 말을 종합, 요약했다. 사관실에 비치된 〈함장 지시 메모철〉을 재확인하고 보완하여 17개 항의 〈충남함 장교 근무수칙〉[21]

---

20 수상함 및 항공기의 잠수함 탐지 및 추적 성능을 측정하는 한·미 연합훈련 종목으로 Ship Antisubmarine Warfare Readiness Effective Measuring의 약어다.

21 충남함 장교 근무수칙(1998.2.22.)
　① 소리 없는 전쟁의 한가운데에 있는 대한민국 해군장교에게 '안보의 3대 악'(무지, 나약, 태만)은 용납되지 않는다. ② 장교들은 '오늘을 경영하고 내일을 창조하는 집단'이다. ③ 정직한 처신과 정확한 업무처리는 신뢰 쌓기의 첫걸음이다. ④ 나의 존재가치는 임무완수에 있음을 명심하고 자존을 걸고 온 힘을 다해 자기

으로 작성해 장교들에게 나누어 주었다. 떠나는 함장의 마지막 선물이라면서.

한 달 전에 내가 직접 작성한 후 관련자료를 찾아 완성하도록 지시한 〈지휘관 복무결과소견서〉는 이임 하루 전에도 보고되지 않았다. 디스켓에 저장해 둔 것이 다 날아가 버렸다는 것이었다. 이임 전날 장교들 주최 환송 회식이 해군회관에서 부부 동반으로 있었다. 회식 후 2차 제의를 마다하고 배로 돌아왔다. 기억을 더듬어 가면서 소견서를 다시 작성하였다. 12쪽 분량의 마지막 보고서가 담긴 디스켓을 당직사관에게 주어 프린트해서 전대본부, 전단본부, 작전사령부 등에 아침 출근 전까지 제출하도록 지시하고 퇴근했다. 774일의 마지막 날 새벽 6시였다.

자신을 던져라. ⑤ 매사에 정성을 쏟지 않으면 결과는 무의미하고 감동도 없다. ⑥ 항상 새로운 시각으로 일하지 않으면 미래를 열 수 없다. ⑦ '위국헌신 군인본분'이므로 장교의 업무시간은 무제한적이다. ⑧ 진정성과 자기희생을 바탕으로 다양한 부하들의 신뢰를 획득하지 못하면 진정한 리더십은 발휘될 수 없다. ⑨ 전략적 사고로 조직의 효율과 효과를 극대화하여 부하들에게 헛고생을 시키지 말라. ⑩ 충직한 부하들은 진실된 마음으로 부하를 지키는, 능력과 신의를 겸비한 상관을 존경한다. ⑪ 진정한 상관은 충직한 마음으로 임무에 충실하고 줄기차게 다시 일어서는 용기를 가진 부하를 아낀다. ⑫ 하늘이 내려 준 사람이라도 인화에 역행하면 무용지물에 불과하다. ⑬ 밝고 스마트한 용의와 예의바른 태도는 장교의 기본 모습이다. ⑭ 헛된 욕심으로 남의 잘됨을 시기, 음해, 이간하는 소인배의 거짓된 언행은 영원한 추락의 지름길이다. ⑮ 창의력, 학습력, Network, 국제감각은 기본적인 생존요건이다. ⑯ '위대함은 행복이 아니라 시련에서 옴'을 알고 끊임없이 새롭게 도전하라. ⑰ 가장 이상적인 부대는 '솔연'처럼 임무 앞에 저절로 움직인다.

함교 현측에 새겨진 글자 중 가운데 '수'자가 최우수 1급함 표식이다.
각 글자 및 부호는 각 분야를 의미한다. '전'은 전투력, '정'은 정신전력, '화'는 화생방전,
'경'은 경제적 운영, '종'은 종합정비, '실'은 부사관 실기평가, 'ㄷ'는 대잠전을 뜻한다.

1999년 3월 4일 진해군항 2부두에서 거행된 함장 이임식 장면이다.
774일간 재임 중 같이 근무하다 전출되었던 50여 명의 승조원도 함께하였다.

1999년 3월 4일 아침 9시에 이임식을 했다. 같이 근무하다 떠난 장병들이 50여 명 참석했다. 유례없이 승조원 열 중간에 접철식 의자를 비치하여 행사에 참석시켰다. 참석 외빈 위주로 통상 사관실에서 하던 리셉션도 승조원들을 고려하여 외부갑판에서 참석범위를 넓혀 실시했다. 밤을 새우고 이임하는 자리였지만 '위대함은 유종의 미에 있다'는 말이 떠올랐다.

한국군 정보작전 창시와
효과기반작전

2002년 새해 벽두에 인사명령을 받았는데 예상 밖이었다. 해군본부 전략기획처장, 인사운영처장 등이라는 소문을 많이 들었으나 아니었다. 내가 과장으로 부임해서 일할 합참 지휘통제전과에서 새로 부하가 될 해군중령(해사 35기)으로부터 전화가 왔다. 어떤 일을 하는 과인지 물었다. 의외로 대답이 없었다. "주별로 부장실에서 회의가 있을 텐데 회의안건으로 주로 어떤 내용이 들어가느냐?"고 물었다. 그때서야 시원한 대답이 돌아왔다. "실은 그것 때문에 항상 고민입니다." 또 다른 도전이 날 기다리고 있었던 것이다.

2002년 1월 21일 부임한 합동참모본부 작전본부 작전기획부 지휘통제전과는 과장을 포함하여 7명의 인원이 근무하는 조그마한 과였다. 과 명칭은 전자전과와 지휘통제전과 등으로 변해 왔는데 현재까지 육·해·공군을 막론하고 진급자가 전혀 나오지 않은 유일한 과였다. 몇 해째 합참의장 대면보고 실적이 전무할 정도로 별 볼일 없는 과라는 인식이 지배적인 상황이었다.

제일 먼저 한 일은 조직 개편이었다. 1991년의 걸프전은 '효과적인 정보작전(IO, *information operations*)으로 전쟁 주도권을 장악하여 승리한 것'으로 알려졌으나 누구도 진지하게 우리의 문제로 받아들이는 것 같지 않았다. 직속상관인 작전기획부장(육군 소장, 육사 27기)과 작전본부장(육군 중장, 육사 25기, 육군참모총장 역임, 대장 예편)의 중간결재를 거쳐 부임 후 한 달여 만인 2002년 2월 27일, 당시 합참의장님(육군대장, 육사 23기)에게 처음으로 대면보고 했다. 〈정보작전(IO)과 개편(안) 보고〉가 그것이었다.

기존의 전자전, 심리전, 물리적 파괴, 작전보안, 군사기만 등의 지휘통제전(C2W, *command and control warfare*) 기능에 민사작전, 공보작전, 정보보증, 컴퓨터네트워크작전 등의 기능을 추가하여 동시·통합작전이 가능한 형태인 정보작전을 창시하는 것이었다.

과 기능이 확대됨에 따라 정원이 3명 늘어났다. 당해 연도 8명을 포함하여 향후 5년간 42명의 합참근무 중견장교를 감축할 계획임에도 불구하고 나의 건의에 따라 합참의장님이 뚜껑을 닫았던 만년필을 다시 열고는 "가능한 조기에 필요인원을 충원해 줄 것!"이라고 메모해 주면서 힘을 실어 주었다.

과원들이 기다리면서 내 표정을 살폈다. 그날 저녁 회식 소집을 지시했다. 과의 숙원사업이 신임과장 부임 1개월 만에 해결되었으니 자축하여 보람을 공유함이 당연했다. 몇 개월 내에 해군 중령, 육군 및 공군 소령 각 1명이 부임하였다. 판은 이미 크게 벌어졌으므로 내 책임 아래에서 틀을 어떻게 짜서 해나갈 것인가가 과제였다.

나를 포함하여 새로운 작전형태인 정보작전에 대한 전문가는 없었다. 내가 먼저 개념을 잡고 선도하여 차고 나가는 수밖에 없었다. 인터넷이든 연합사든 개인 소장의 미 국방대학원 자료든 가리지 않고 우리 과에서 통제하는, 합참 내부전산망의 초기화면에 나오는 '정보작전방호태세'(INFOCON, Information Operations Condition) 란을 클릭하면 관련자료가 쏟아져 나오게 만들었다. 과원들은 물론 합참과 육·해·공군의 모든 부대가 접속하여 관련자료를 공유할 수 있도록 시스템을 만든 것이었다.

《합동정보작전교범》 연구를 선도하고, 《정보작전기획편람》을 작성하고, 기능별 작전계획을 발전시켜 전·평시 작전계획에 반영하고, 전쟁연습에 적용하는 등 바쁜 가운데 보람이 느껴졌다. 직속상관인 작전기획부장과 작전본부장이 바뀌어 후임 부장(육군소장, 육사 28기)과 본부장님(육군중장, 육사 26기, 합참의장 및 국방부장관 역임)이 새로 부임하였다. 상·하간에 가치와 개념이 더욱 일치해 가면서 업무에 가속도가 붙어 갔다.

그러던 중 6월 29일 10:00시부터 1시간 동안 일어나지 말았어야 할 사건이 하나 터졌다. '서해교전'(2004년 4월부터 제2연평해전으로 명명)이었다.

부장님의 긴급 호출이 있었다. 본부장님 지시인데 정보작전과 업무는 아니지만 금일 저녁 긴급 소집된 국회 국방위원회에 대비, 예상

질의·답변서를 작성하라는 것이었다. 급히 상황을 파악하여 작성해 보고했다. 10가지였다. 11가지 질문이 있었는데 한 가지를 빼고는 보고서에 다 들어 있어 좋았다는 이야기가 들려왔다. 추가지시가 떨어졌다. 서해교전과 관련하여 합참의장 지휘서신을 기안하여 보고하라는 것이었다. 7월 7일 본부장 보고를 마치고 다음 날 녹음기 통합방위태세 점검 차 육·해·공군의 전방부대를 순시하던 중 7월 10일 15:00시경 육군 7사단의 GP 통문을 통과할 즈음 부장님의 전화를 받았다. 중단하고 즉각 복귀하라는 지시였다. 열차편으로 청량리를 경유하여 사무실로 들어와 보고하니 20:30시였다. 침몰 고속정 인양관련 군사대비계획과 한·미 군사위원회(MC, Military Committee) 상설회의 대비 한·미 군사협의사항 작성에 협조해야 한다는 것이었다.

7월 11일 개각 발표가 있었다. 국방부장관도 김동신 장관님에서 이준 장관님으로 바뀌었다. 서해교전이 남긴 5개 항의 교훈과 군사적 대응방향을 포함한 6쪽 분량의 지휘서신은 7월 13일 의장님의 서명을 받아 여단장급 이상의 전군 지휘관 및 참모에게 배포되었다. 한·미 합의하에 침몰 고속정에 대한 인양작전도 성공적으로 완료되었다. 다음 해 합참 주관 전쟁연습에 최초 적용하는 것을 목표로 '합동 전역계획'(Campaign Plan)도 최초로 나의 선도적 참여하에 작성되었다. 북한군의 취약점을 분석하여 처음으로 공격작전 위주의 계획으로 작성되었다. 합참으로서는 가장 의미 있는 개념과 계획의 발전이었다.

2003년 3월 20일 이라크전이 터졌다. 억제 및 개입 단계 이후 불과 21일간의 주도권 확보 및 결정적 작전으로 전쟁이 조기 종결되어 전환단계로 이행되었다. 합참의장님의 지시에 의해 합참의 전 과는 이라크전을 분석하여 보고하게 되었다. 평소에 모아 둔 각종 자료를 체계화하여 보고서 작성에 활용했다. 약 2주간의 야근을 거쳐 내가 직접 작성한 초안으로 과원들에게 임무를 부여했다.

파워포인트로 작성한 A4용지 58쪽 분량의 보고서는 부장님과 신임 작전본부장님(육사 27기, 육군 중장, 육군참모총장·국방부장관·국가안보실장 역임) 보고를 거쳐 6월 11일 합참의장님(육사 25기, 육군 대장)에게 제일 먼저 보고되었다.

〈이라크 전에서의 정보작전〉 전훈분석 보고였다. 정보작전 중심의 효과기반 신속결정작전(RDO, *rapid decisive operations*)으로 전략적 중심인 후세인의 리더십을 조기에 와해, 제거하여 적의 저항의지를 말살함으로써 전쟁목적인 이라크 국민 해방을 성취할 수 있었다는 내용을 중심으로 작성된 보고서였다. 보고 후 보고서는 의장 지시에 따라 합참의장 집무 책상에 상시 비치되어 여타 보고서의 기준이 되기도 했다고 하는데 그날 소개된 '효과기반작전'(EBO, *effect based operations*) 개념은 합참의장님의 의지를 싣고 전군으로 급속히 확산되어 적용되었다.

전우가 사수한 NLL 우리가 지킨다

2004년 1월 7일 서평택에 있는 해군 2함대의 제 2전투전단장(준장)으로 취임했다. 취임사에서 '연평해전'과 '서해교전'(2008년 4월부터 '제 1연평해전'과 '제 2연평해전'[22]으로 명명)의 포연과 장렬히 산화한 전우들의 혼이 스민 서해 전방해역에서의 작전은 시행착오가 용납될 수 없는 '완전작전'을 요구하고 있음을 강조하였다. 또한 내 지휘 하에 전투전단의 모든 역량은 오로지 '공세적 임무완수'에 집중될 것임을 천명하였다.

---

22 2002년 6월 29일 연평도 부근 북방한계선 근해에서 일어난 해전. 남하하는 북한 경비정(등산곶 684)에 대한 차단기동 중이던 해군 고속정(참수리 357)을 북한 해군 경비정이 선제 기습 공격하였다. 참수리 357호는 교전 후 예인 도중 침몰하였고, 정장을 포함한 승무원 6명이 전사하고 19명이 부상당하는 인명피해를 입었다. 북한 경비정도 해군의 반격으로 13명이 전사하고, 25명이 부상당하는 등 큰 피해를 입고 피예인 도주했다.

공세적으로 전투임무를 완수하기 위해 우선 부대의 정신무장을 강화했다. '오늘 일전이 있다', '전우가 사수한 NLL 우리가 지킨다'는 전투구호를 직접 제정하여 전단본부 현관에서부터 모든 함정의 함교에 게시하여 생활화 지표로 삼았다. 2년 전에 발생한 '서해교전'의 교훈을 되새겨 자위권 행사를 제대로 하지 못하여 먼저 당하고도 현장에서 응징보복을 곧바로 하지 않은 함정은 모항으로의 귀항 자체를 불허한다고 선언하였다. 부대의 생존성 유지를 위한 자위권 행사는 국군통수권자인 대통령의 지침을 포함하여 어떠한 명령이나 지시, 의도에도 방해받지 않음을 강조하였다. 그리고 상부의 눈치를 보느라 이행에 소홀하여 부대를 잃거나 패배할 경우 그 어떤 핑계로도 용서받지 못한다고 못박았다.

예하 지휘관들과의 대화에서 평가기준을 공표했다. 부하들에게 헛고생을 시키는 지휘관은 가장 무능한 지휘관이므로 임무 수행의 효율과 효과를 주 화두로 삼고 항상 고민해야 함을 강조했다. 취임 초부터 전투임무와 관련되지 않는 일체의 불필요한 행정행위로부터 예하 지휘관들을 해방시켰다. 전단장 주관하의 주간, 월간 회의도 없애버리고, 불필요한 검토보고 지시도 가능한 한 내리지 않았다. 심지어 전단장 지시사항도 하달하지 않음으로써 모든 행정상의 비효율을 제거해 버렸다.

대신 단위 함정이나 부대별로 사안이 있어 보고할 경우와 내 주관하의 전술토의, 그리고 부대방문 등의 시간을 효율적으로 활용했다.

예하 고속정 격려 방문 후 승조원들과 기념 촬영한 장면.
재임 중 서해 북방한계선(NLL) 사수의 첨병인 고속정 승조 장병들의 사기를
최우선적으로 배려했다.

반면 전투에 긴요한 '전투임무 매트릭스'는 전단과 전대용까지 추가하여 전면적으로 재작성했다. 기존의 유형함 별 '전투임무 매트릭스'는 실제 예상되는 상황을 재설정하여 전면적으로 보완했다. 지휘관에서 말단 수병에 이르기까지 '전투 임무카드'를 항상 소지하고 다니게 하여 생활의 일부로 만들어 버렸다. 각종 점검 시 최우선적으로 확인하여 평가에 반영하였음은 물론이다. 철저히 '임무형 부대관리' 체계로 전환한 것이었다.

각종 악성 사건·사고가 끊이지 않아 해군본부의 특별 감찰조사까지 받는 등 위상이 말이 아니었던 부대에 새 기운이 움트기 시작했다. 사건·사고가 없어진 자리에 긍지와 자신감이 되살아나고 밝은 표정과 진취적 기백이 전 부대를 채웠다. '필승 워-게임' 연습과 '호국 해상 기동훈련' 시 유례를 찾기 힘들 정도로 조기에 적을 궤멸하여 승리했다. 공세적으로 수행한 완전작전으로 전우가 사수한 NLL을 이상 없이 지켜 냈음은 물론이었다.

교육이 있어야 미래가 있다

제 2전투전단장 임무를 마치니 해군본부 교육훈련감으로 발령이 났다. 해군의 교육과 훈련 정책을 총괄하는 직책이었는데 업무를 파악하면서 장교들에게 제일 바쁜 일이 뭔지 물어 보니 전화 받는 일에 시간을 제일 많이 소비한다는 것이었다. 의외의 답변이었다.

해군 내 각종 교육과정에서부터 국내·외 위탁교육과 해외 순항훈련에 이르기까지 모든 교육과 훈련에 관계되는 것은 주로 전화로 물어본다는 것이었다. 파악해 보니 그럴 만도 했다. 온라인으로 교육훈련을 검색할 수도, 교육훈련감실을 찾을 수도 없게 되어 있었기 때문이다.

'교육훈련지식 관리체계'를 인트라넷에 구축하고 예하의 전 부대에 공표하였다. 전화로 문의하는 모든 사항을 포함하여 해군의 제반 교육·훈련 계획을 체계화하여 게시하였다. 폭주하던 전화는 당연히 잦아들었다.

연도별 교육·훈련 계획을 수립하면서도 근거가 없었다. 전년도 계획과 참모총장 지시 및 관심사항 정도를 근거로 삼는 식이었다. 창군된 지 60년이 다 된 해군 교육훈련에 관한 중·장기 계획조차 없었다. 군사교육에 관한 종합적인 안내 책자 하나 없었다. 그때그때 땜질식의 행정이 만성화된 듯했다.

과장들을 불러 모아 대책을 논의했더니 별도의 TF 팀을 구성하여 작성할 수밖에 없다고 이구동성으로 말했다. 예하 부대에서 장교들을 파견 받아 팀을 구성해야 한다는 것이었다. 해군 교육과 훈련 정책을 총괄하는 교육훈련감실의 과장들보다 전문성과 책임감을 가진 장교들이 어디에 있느냐고 물어보니 대답을 못 했다. 장·절 편성을 하고 참모총장님에게 계획보고를 하여 승인을 받았다.

외부 도움 없이 교육훈련감실 자체에서 《해군 교육훈련 중·장기 발전계획》을 작성하여 2005년 12월 12일 발행했다. 해군 역사상 처음인 것도 신기한 일이지만 육군본부와 공군본부에서도 이를 참고하여 비슷한 계획안을 작성하게 되었다. 뒤이어 작성하여 2006년 3월 31일 발행한 방대한 분량(661쪽)의 《국외 군사교육 소개》 책자도 해군 역사상 처음이었다.

교육훈련의 청사진도, 지침서도, 안내서도, 지식관리체계도 없이 '교육이 있어야 미래가 있다'고 말로만 강조하는 것은 위선이요 태만이라는 생각을 지울 수 없었다.

제 4 장

★

진중陣中 일기

유종의 미

시작은 위대하다. 그러나 더 위대한 것은 유종의 미에 있다.

환태평양 다국적 연합훈련
RIMPAC-98

1998년 8월 1일(토, D-day), 의미 깊은 도전이었던 RIMPAC-98 훈련은 성공적으로 끝났다. 그해 7월 11일부터 시작된 2단계 해상훈련을 포함하여 비교적 장기간에 걸쳐 진행된 복잡한 훈련이었지만 단 한 건의 장비고장도, 조그마한 안전사고도 없이 보람 있게 막을 내렸던 것이다.

22일간 하와이 제도 근해에서 밤낮과 휴일을 가리지 않고 실전과 같이 진행된 훈련을 통해 우리는 우리의 공동목표를 훌륭히 달성했다. 오렌지국은 굴복하고 블루국은 우리와 같이 희망의 21세기를 맞게 되었다.

내가 지휘했던 충남함도 다국적군의 믿음직한 일원으로서 우리의 공동목표 달성을 위해 최선을 다했다. 비록 상대적으로 작은 크기와 제한된 성능을 지닌 함정이었지만 대한민국 해군의 주력함이자 기함으로서 우리 해군을 대표한다는 자긍심으로 무장하여 조국의 명예를 드높이고자 혼신의 힘을 다하였다. 자랑스러운 충남함 승조장병들은 극동 아시아의 진주와 같은 희망의 한반도로부터 4천여 마일의 태평양을 횡단하여 이곳까지 와서 훈련하는 참된 의미를 찾아 작은 고추가 매운 것과 같은 투지와 용기로 끊임없는 도전을 슬기롭게 극복하였다.

그러나 한편으로는 본 훈련을 통해 아쉽게 느낀 점도 적지 않았음을 부인할 수 없다. 〈일일 작전개요보고서〉(OPSUM, *operational summary*)의 함장 의견란을 이용하여 단편적으로 언급한 적은 있으나 요점을 간추려 되짚어 보면 우선 대양에서의 다자간 안보협력이 가능한 수준으로 함정 크기와 성능이 증대되어야 할 필요성을 절감했다. 1,500톤급의 전투함으로는 황천하에서의 기동작전과 해상보급 및 인원이송 등 전투·비전투적 제반 임무수행에 많은 제한을 받지 않을 수 없었다. 그 외에도 완전한 연합 C^4I 체계의 미비와 해상작전헬기의 미탑재로 인한 비효율 문제 등을 들 수 있겠으나 그 모든 문제들이 참가세력 간의 적극적인 이해와 협조에 의해 순탄하게 해결되었음을 고맙게 생각했다.

한국 해군은 발전하고 있다. 그 목표와 수준은 대양에서의 다자간 안보협력이 가능한 수준의 입체적 해군력을 우리의 지리·경제적(GEO-ECONOMIC) 여건에 따른 국가이익과 북한으로부터의 군사적 위협을 동시에 고려하여 적정하게 갖추는 것이다. 자원의 해외 의존도가 높은 세계 10대 무역국이자 3면이 바다로 둘러싸인 대한민국의 지리·경제적 여건과 미래 안보환경의 불확실성을 고려할

RIMPAC-98에서 미국 해군의 핵추진 항공모함 칼빈슨함과 기동훈련 중인 모습.

시 국제적 안보협력을 위한 한국 해군의 대양화와 역할 증대는 필수
적이다. 환태평양의 평화와 번영, 그리고 동맹 및 우방국들의 공동
이익을 위한 한국 해군의 역할은 대양해군을 지향하는 우리의 해군
력 구조개선 노력에 대한 동맹 및 우방국의 공감과 지지가 공고할
때 더욱 충실해질 것이다.

　다국적 연합훈련을 훌륭히 기획, 계획하고 집행한 미국 해군 제3
함대사령관 브라운 제독(Vice Admiral Brown)을 비롯하여 마지막까
지 성공적으로 훈련을 실시한 호주, 캐나다, 일본, 칠레, 미국 해군
의 지휘관 및 참모 여러분들에게도 경의를 표한다. 참가국 함정들의
높은 전비태세와 끈질긴 도전정신에 찬사를 보낸다. 아울러 대한민
국 해군의 해상·해중·항공의 입체전력을 임무지향적으로 지휘한
51전대장 김영옥 대령을 비롯하여 참가세력인 전남함과 이종무함

함장들과 제 613 P-3 비행대대장의 노고에도 경의를 보낸다.

끝으로 함장을 믿고 일치단결하여 불굴의 투지와 용기로 임무 앞에 저절로 움직여 대한민국의 기상과 명예를 유감없이 떨쳐 준 충직한 부하들과 파견승조 장병들에게 고마움과 함께 뜨거운 격려를 보낸다.

시작은 위대하다. 그러나 더 위대한 것은 유종의 미에 있다.
Great is the art of beginning, but greater the art is of ending.

이 말을 깊이 실감한 훈련이었다.

"뱃놈, 두 번 배에 오르다"
병장

1999년 2월 6일, 나는 그간 28개월이란 세월속의 충남함을 가슴 속에 묻어둔 채 다시는 볼 수 없는, 기억 속에서만 살아 있는 그런 인연으로 남긴 채 떠나야 한다. 전역을 며칠 앞둔 내 머리 속은 수많은 상념들로 복잡하다. 그래도 흔들리지 않고 지금까지 살아온 것처럼 또여기 충남함에서 배운 모든 것을 가지고 열심히 길을 터 나갈 것이라고 스스로 다짐해 본다.

1996년 12월 30일, 충남함에 첫 승조를 명받았다. 설레는 마음, 조금의 두려움과 함께 군 복무의 첫날이 충남함에서 시작되었다. 이병으로 무엇도 모르던 시절, 추운 겨울날 힘들었던 일들 … 아마도 남자들이 술잔 기울이며 밤새 이야기한다 해도 다하지 못할 이야기 중하나가 군대 이야기일 것이나 나의 군대 생활을 회고해 본다.

업무에 익숙해지고 사람들과 친해지면서 나는 충남함의 일부가 되었다. 그것을 새삼 느낀 것은 해군본부로 전출명령을 받았을 때였다. 당시 계급은 일병이었지만 첫 육상근무인지라 그곳에서는 이병이나 다름없는 신참이었다. 고달픈 생활이 다시 시작되었고 난 매일 충남함을 잊지 못했다. 비록 힘들게 생활했어도 진정한 멋이 있었던 함상근무를 그리워했다. 내가 꿈꾸어 왔던 진정한 군 생활은 전투함 근무를 통해 누구보다 강해지는 것이었기 때문이었다.

나는 충남함으로의 재전출을 요청했고 힘들게 1997년 12월 30일, 1년 전 그날처럼 그리워하던 충남함에 다시 승조할 수 있었다. 다시 왔으니 다른 승조원들보다 더 열심히 해보려는 노력으로 누구보다 의욕적으로 근무를 다했다고 자부한다.

충남함에 승조하여 군 생활의 2/3를 보낸 것이 자랑스럽다. 충남함이 각종 행사, 연합훈련을 성공적으로 해내고 대한민국 해군의 으뜸으로 존재하는 것이 자랑스럽다. 그리고 나 자신이 충남함이 으뜸이 되는 데 한몫했다는 것이 뿌듯하다.

나는 행정병으로서 모든 업무를 처리하는 데 있어 직별장과 호흡이 잘 맞아야 된다고 생각했고, 맡은 직무에 대한 공부를 통해 타 함정 행정병들보다 더 능력 있는 행정병이 되려고 노력했다. 그 결과 함장님 이하 전 장병의 도움으로 나는 건강하고 보람차게 전역을 할 수 있게 되었고 돈 주고도 배울 수 없는, 눈물과 웃음이 적절히 섞인 진짜 사나이의 인생을 배울 수 있었다.

함장님, 그리고 충남함의 모든 선, 후배님 감사합니다. 함장님! 지금처럼 항상 부하 장병들을 생각하고 이끌어 주시기를 바랍니다. 항상 저와 충남함 대원들을 아껴 주심을 다시 한 번 감사드립니다.

― 행정병장 허영진

"불가능은 없다"
상사

RIMPAC-98 훈련 참가 장도에 오르기 하루 전 오후 일과정렬이 끝나고 파견장교를 포함한 승조원 총원이 식당에 집합하여 함장님으로부터 직접 이번 RIMPAC 훈련의 개요와 유의사항에 대한 훈시를 들었다. 특히 국가 경제적으로 어려운 IMF 외환위기 상황에서 많은 외화를 투자하여 참가하는 의의에서부터 외국인에 대한 예의범절과 기항지 주의사항은 물론이고 대한민국 해군만이 보유한 특장점을 마음껏 발휘하여 대양에서의 다국적 연합작전능력을 배양하고 국위를 선양하자는 말씀에 모두가 공감하고 굳은 의지를 다지는 모습이 역력해 보였다.

행사부두인 진해군항 2부두 주변은 더없이 들뜨고 분주하다. 출항 환송행사를 앞두고 일사불란하게 정렬한 대원들과 예행연습, 각급 지휘관들의 도착에 이어 임석상관인 작전사령관님께서 나타나시자 분위기는 단번에 진지해진다.

"친애하는 내외귀빈 여러분, 그리고 각급 지휘관과 림팩훈련 참가 장병 여러분!"

사령관님의 훈시가 본론으로 이어짐에 따라 차분한 분위기에 고무되어 카메라 셔터소리까지 청력에 감지된다. 환송행사가 끝나고 가족과의 이별의 순간도 잠시 대한민국 해군의 기준함인 우리 충남함이 마스트에 최우수함의 '수'자 기를 자랑스레 휘날리며 미끄러지듯 부두를 벗어나는 순간 출항의 힘찬 방송이 진해군항을 휘감고 메아리친다. 전남함이 뒤따라 출항하는 가운데 부두에서는 군악대의 주악과 환송하는 장병들과 가족들의 모습이 아스라이 멀어지는 가운데 진해모항을 벗어나 장도에 오른다.

가덕도를 지나 외해로 나오면서 현저히 거칠어진 파도는 함수는 물론이고 중갑판과 함미갑판에도 부딪혀 물보라를 만들어 뿌린다.

"기상악화에 따른 안전사고 예방과 황천 준비에 만전을 기하라!"

이런 방송이 이어진다. 이미 완벽한 황천 준비를 했지만 그래도 한번 더 점검하며 거칠어지는 파도를 바라보는 전우들의 눈길에는 염려보다 오히려 한번 부딪혀 보자는 도전적 각오가 역력해 보인다. 이번 임무 수행을 위해 얼마나 많은 땀을 흘리고 심혈을 기울였던가! 오후 일과정렬 시 앞으로 중점일과와 주의사항을 재삼 지시 받고 각자 항해당직 위치로 배치한다.

지금 시간이 자정이 임박한 23시 50분. 이제 출항첫날의 오늘을 되돌아보고 내일을 설계하며 조용히 묵상기도를 드린다.

"주님! 여러 날 동안 준비하는 가운데 늘 함께 하시고 인도하셔서 이처럼 많은 사람들의 축복 속에 순조로이 RIMPAC-98 훈련의 첫날을 보내게 됨을 깊이 감사드립니다. 바라옵건대 사령관님과 함장님을 비롯한 지휘부에 계시는 모든 분들께는 솔로몬과 같은 영적인 지혜를 주시어 지휘통솔하시는 데 부족함이 없도록 하시고 대원들 모두의 가정과 가족에겐 건강과 은혜를 내리사 감사하는 가운데 맡은 바 직무에 최선을 다하도록 항상 함께 하소서!"

고국 진해항을 출항한 지 며칠이 지나자 그간 파도에 적응코자 애쓰던 몇몇 대원들의 안쓰러운 표정도 무척 밝아 보여 직별장으로서 더없이 반가웠다. 변기를 안고 있던 당시의 고통스런 모습은 간데없이 서로 간의 따스한 미소가 상쾌한 커피향 속에서 번진다.

오늘은 실제 사격훈련을 실시했다. 함내 경보에 이은 전투배치! 총원 신속 정확한 동작으로 자동반사적으로 임무를 수행한다. 우리는 수리반으로서 배치 후 전화수를 통한 인원보고와 함전반의 기재태세 설정 및 완료보고 절차가 일사불란하게 진행되고 자체교육을 실시한다. 그 순간 꽝! 76mm 주포의 육중한 포성과 함께 매캐한 화약내음이 코끝을 지나가는가 싶더니 충남함을 뒤흔드는 포성이 연속하여 온 바다를 들볶는다. 요란한 굉음 속에서 느끼는 시원함을 어디에다 비유하랴.

실제 사격장면을 보기가 불가능한 보수본부의 수리반 요원들에게 반가운 방송이 귓전을 스친다.

"잠시 후 격파사격이 있을 예정. 당직자를 제외한 함 총원은 함교 및 O-4 갑판에서 참관할 것!"

이러한 배려는 처음이었다. 한창 수리반원을 대상으로 화생방 교육을 실시하다 중지하고 반원을 인솔하여 함교에 당도하자 이미 많은 대원들이 운집해 있고 모든 함포들은 거리가 멀어 육안관측이 어려운 표적을 예리하게 조준하고 있다. 잔뜩 긴장한 우리들에게 함장님의 한 말씀에 심적 여유와 웃음을 되찾기도 했다.

"함포사격 장면도 못 본 승조원은 해군이 아니라 그냥 촌놈이다."

웃으면서 전투하는 군함에 자부심이 생기는 순간이다. 잠시 후 각 포대에서 불을 뿜는다. 1차 원거리 76mm 주포사격이 끝나고 2차 근거리 30mm 부포사격이 연속적으로 실시되었는데 정신이 없었다.

미국 해군 군수지원함으로부터 해상 유류수급이 있었다. 문제는 수급장치가 설치되어 있는 주갑판의 흘수가 너무 낮아 조금만 파도가 높아도 주갑판 위로 쉽게 파도가 덮쳐와 현장 작업요원들의 안전을 위협했다. 일정한 간격을 유지한 채 일정한 속도로 항진하는 공급함인 미 군수지원함과 수급함인 본 함 사이로 3~4미터의 높은 파도가 밀려와 주갑판의 작업현장을 수없이 덮쳤다. 작업요원의 안전벨트와 함 구조물을 묶은 밧줄에 지탱하여 해상추락을 방지할 수밖에 없는 지경에 이르게 하였는데 황천 상황에서의 불가피한 유류수급 내내 가슴을 졸이게 하였다.

파도는 높고 어두워 유난히 힘들고 어려웠던 유류수급 당일 저녁에 직별장실로 찾아온 함장님께서 오늘 있었던 유류수급에 대해 언급하신 대목 중에 진정 가슴에 와 닿는 말씀이 있었다. 약간 격앙된 어조였다.

"주갑판이 너무 낮은 본 함의 특성과 작업안전을 등한시한 채 황천시 유류 공·수급을 강행한 관계 지휘관에게 항의하고 재발 방지 약속을 받아 내었다."

나는 나름대로 조용히 되뇌어 보았다. 강력한 의사표현의 주 요인은 무엇일까? 힘들어서? 아니다. 어두운 야간에 하는 유류수급이 귀찮아서? 아니다. 어쩌면 둘 다 어느 정도는 맞을지도 모른다. 그러나 궁극적으로 가장 깊은 내면에는 어떤 목적달성보다도 부하들의 안전과 생명이 더 중요하였기 때문이었으리라! 함장님의 가슴에 부착된 지휘관 마크를 한동안 묵묵히 바라보았다. 크기를 따지자면 직경 5cm나 될까 하는 저 조그만 마크의 이면에 내포되어 있는 책임감과 사랑의 한계는 끝이 없다는 사실을 새삼 떠올려 본다.

지난번 유류수급 시 함교로 나를 직접 불러 지시하신 함장님의 아이디어가 머리를 떠나지 않는다. 해상 유류수급 시 건 라인(gun line) 당김 작업을 용이하게 할 수 있도록 활차를 연구제작하여 활용해 보라는 지시를 받고 처음엔 난감했으나 반드시 해결해야만 했다. 지금까지 공급함에서 쏜 건 라인을 당길 시 라이프라인 지주대에 걸어 당기는 원시적인 방법에 의존하다 보니 시간도 많이 걸리고 위험하기까지 한 것이 사실이었다.

전 직별을 수소문해도 없는 활차, 이 바다 위에서 어떻게 해결할 것인가? 자리에 누워도 활차 구상이요, 자고 일어나도 활차 구상이다. 활차를 만들어도 어떻게 장착할 것인가? 어떤 때는 새벽 2시가넘어 불현듯 스치는 아이디어가 있으면 급히 노트에 스케치하기를 여러 번. 수직이어야 하고, 요동치는 건 라인을 제어해야 하고, 유류수급 시에는 부착하되 평소에는 분리하는 탈착식이어야 하고, 편리하고 견고한데다 미관뿐만 아니라 해수에 부식되지 않는 재료까지 고려하여 제작해야 했다. 종이를 이용하여 수없이 모형을 만드는 과정을거쳐 결국 지금의 활차를 자체 제작하였다. 제작과정상의 어려움은많았지만 유류수급 시 지주에 부착하여 건 라인을 당길 때마다 '좌르르 좌르르' 경쾌한 소리를 내며 작동되는 모습을 보면 깊은 보람을 느끼는 한편 기발한 아이디어를 내어 현장작업요원의 안전을 보장하고작업효율을 높인 함장님을 다시 보게 된다.

대양을 누비게 되면 흔히 치르는 행사 중 하나가 적도제나 날짜 변경제다. 6월 29일이 두 번째 겹치는 날에 우리는 날짜 변경제 파티를했다. 부서 대항 연극, 장기자랑, 사물놀이 공연을 즐기며 마음껏 먹고 태평양의 싱그러움을 만끽하며 끈끈하고 훈훈한 전우애를 다졌다. 계급과 신분을 떠나 오직 자기 맡은 분야에서 스스로 최선을 다하는 충남함의 아마추어 연예인들 덕분에 실컷 웃을 수 있었다. 함미에선 오늘만큼은 우리가 서비스한다면서 직별장들이 뜨거운 태양 아래에서 숯불을 피우며 고기를 손수 굽고 있었다. 오늘 같은 날 굳이순위를 따질 필요가 없지만 그래도 우리 기관부의 '새우사건'을 소재로 한 연극이 우승을 차지해 나의 기쁨도 갑절이 되었다.

괌(Guam) 출항 후 열흘 남짓의 항해를 마치고 7월 2일 이른 아침에 하와이 근해로 접어들며 도선사가 승함하고 천연요새 진주만(Pearl Harbor)을 미끄러지듯 들어가니 호주, 캐나다, 일본 등 RIMPAC-98 참가국들의 군함들이 정박하여 저마다 그 나라 국기와 해군기를 나부끼며 위용을 과시하고 있었다. 우리가 정박한 부두 반대편 부두에는 먼저 도착한 잠수함 이종무함이 함미에 태극기를 나부끼고 있었는데 옛날 미국에서 인수한 구형 구축함 근무시절이 떠올랐다. 15년 전인 1984년에 순항훈련 차 재래식 구축함인 경기함을 타고 이곳 진주만에 기항하였을 때였는데 제2차 세계대전 때 사용한 후 폐선한 함정을 한국 해군이 인수해 잘 수리하여 새 배처럼 만들어 운용하는 걸 본 미국 해군의 예비역 해군상사 세 부부가 찾아와 자기들이 쓰던 침대를 가리키며 "이 배를 타고 어떻게 태평양을 건너 왔느냐?"고 놀란 표정을 지으며 엄지손가락을 치켜세우던 모습이 떠오른다.

수많은 종목의 연합훈련을 완벽히 수행함으로써 한국 해군의 위상을 더 높이고 RIMPAC-98 훈련을 마무리하고 4천여 마일 떨어진 고국을 향해 출항 홋줄을 거두기 1시간 전에 우리와 무척 인연이 깊었던 진주만 인근의 한국식당 주인과 종업원들이 꽃목걸이와 선물을 들고 찾아와 아쉬운 작별의 시간을 나누었다. 무수히 많은 한국 해군 함정들이 이곳 하와이를 다녀갔지만 이번에 처음 온 충남함 장병들처럼 신사답고 단정하며 믿음직한 경우는 처음이었다며 정말 자부심을 느낀다고 하였다. 지난번 함장님께서 전 장교 및 직별장들을 위한 격려 파티를 그 식당에서 열어 주셨는데 칼같이 예의를 지키면서도 군인다운 씩씩한 모습이 인상적이었다고 했다. 그 뒤에 온 다른 함정 승조원들과는 확연히 비교가 되어 충남함에 대해 특별한 호의를 갖게 되었다고 했다. 우리에게 고마움을 표시하였으나 오히려 우리가 그 분들에게 더 고마움을 느꼈다.

출항시간이 임박했다.

"출항 15분 전!"

"출항 5분 전!"

현문이 철거되고 출항 방송과 함께 충남함은 진주만을 미끄러지듯 벗어나 귀국 장도에 올랐다. 기관부는 고국 진해항에 정박할 때까지 방심은 금물이다. 각 기관실의 열기는 숨이 콱콱 막힐 정도로 뜨겁다. 웃옷을 벗고 있어도 비 오듯 흐르는 땀은 그칠 줄 모르고 요란한 엔진 굉음은 정신을 혼돈에 빠트린다. 그런 와중에서 예방정비와 사고처치 및 수리는 언제나 필요하다. 플레이트 바닥 하부 파이프 사이를 비집고 거꾸로 들어가 위를 쳐다보며 하는 용접이기에 용접 불똥을 온몸으로 받으며 뜨겁고 힘든 것을 오로지 어금니를 물고 완수해 내는 고통, 한참 밥을 짓는 도중 파이프 균열로 스팀이 새는 것을 석면장갑과 비닐을 뒤집어쓰고 파공 및 균열 개소를 수리하는 어려움은 겪어 보지 않고는 알 수 없다. 한창 취사중이라 밸브를 차단할 수도 없고… 아프리카 원주민이 와도 형님이라 부를 정도로 까맣게 기름과

땀을 흠뻑 뒤집어쓰고도 닦고 훔칠 겨를도 없이 몇 시간씩 지속되는 마라톤 수리의 연속 속에서도 기관부 대원들의 표정은 찌들지 않았다. 진지하면서도 오히려 밝았다. 늘 함장님이 강조했듯이 임무 앞에 스스로 움직이고 충실했기 때문이다.

오늘이 8월 17일, 이제 고국 진해항을 밟을 날도 1주일 남았다. 우리는 RIMPAC 훈련을 끝내고 그냥 쉬러 가는 것이 아니다. 우리 충남함과 우리에게 주어질 또 다른 임무를 성실히 성공적으로 완수하기 위해 에너지를 충전하러 가는 것이다. 끝없는 태평양의 푸른 파도와 수평선을 가르며 오늘도 쉼 없이 항해하는 한국 해군의 기준함 충남함의 마스트엔 태극기와 우리의 자부심인 최우수함기인 '수'자 기가 힘차게 펄럭인다.

— 기관상사 김영철

"부모형제 나를 믿고 단잠을 이룬다"
지휘 서신

자랑스러운 부모님과 가족 여러분께 드립니다. 가족 여러분은 건강하시오며 가내 두루 편안하시리라 믿습니다. 연초에 닥친 우리 역사상 초유의 국가경제난 속에서 어려운 가계를 꾸려 나가시느라 이 한해 동안 얼마나 고생이 많으셨습니까? 와중에 귀한 자제분을 군에 보내 놓으신 상태에서 한시도 걱정이 떠나지 않으셨을 것입니다.

저는 귀댁의 사랑스런 자제분이 몸담고 있는 해군의 충남함 함장입니다. 내년 1월이면 함장으로 재직한 지 만 2년이 되지요. 바람처럼 지나간 2년은 귀댁의 자제분과 함께한 너무나 소중하고 보람찬 기간이었습니다. 부임 초부터 임기가 거의 다 된 오늘에 이르기까지 부족한 함장과 마음을 나란히 하여 잘 따라 준 부하 승조원들이 고맙기 이를 데 없습니다.

재임 중 2회에 걸친 대통령에 대한 예포 발사 임무에서부터 금년 6월에서 8월 사이에 중부 태평양 하와이 제도 근해에서 실시된 환태평양 '98 다국적 연합훈련과 독수리 '97, '98 한미 연합 해상훈련 등 6회에 걸친 미국, 영국, 호주, 캐나다, 일본, 칠레 해군과의 연합훈련 한국 측 지휘함 임무, 6회에 걸친 출동 경비작전, 10여 회에 걸친 해군 작전사, 함대, 전단 및 전대 기동훈련 지휘함 임무 등 이루 헤아릴 수 없을 정도의 막중한 임무를 단 한 건의 사건·사고 없이 완벽하게 수행하였을 뿐만 아니라 평소의 높은 전비태세를 인정받아 작년 5월에는 우리 해군의 '기준함'(benchmark ship)으로 선정됐답니다. 이어 금년 1월에는 '해군 작전사 최우수 1급함'으로 선발되는 영예를 안기도 하였습니다.

그러한 영광스러운 결과가 있기까지는 부족한 함장의 지휘방침을 잘 따라 준 귀댁 자제분과 같은 충성스럽고 성실한 부하 장병들이 저와 함께 해준 덕분이라 생각하며, 지면을 빌어 이렇게 훌륭하게 키우시고 저와 함께 있는 이 순간까지 끊임없는 관심과 애정을 보내주신 가족 여러분께 진심어린 감사의 말씀을 드립니다.

고마우신 가족 여러분, 흔히들 이야기합니다. 충남함은 함장과 병장이 제일 힘든 배라고 말입니다. 그리고 충남함을 방문해 보면 왠지 기분이 좋고 편하다는 말들도 합니다. 그렇습니다. 저희 충남함은 군대 생활을 오래 한 사람일수록, 계급이 높을수록 더 열심히 솔선수범하고 있답니다. 신병을 비롯하여 경험이 부족한 부하들을 사랑으로 이끌고 부하들은 그러한 상관을 진심으로 존경하면서 열심히 배워서 또 상관이 되면 솔선수범하는 전통을 가진 군함이랍니다. 그리고 언제나 밝은 표정과 열린 마음으로 임무 앞에 저절로 움직이는 최상의 부대라고 승조 장병 모두가 자부하고 있답니다.

최근 언론보도를 통해 가족 여러분들께서도 잘 아시고 실망과 함께 많은 염려를 하셨을 것으로 사료됩니다. 일련의 군 관련 사건·사고로 인하여 얼마나 걱정이 많았습니까? 다행히 우리 해군이 지난 18일 새벽에 남해안에 침투한 북괴의 반잠수정을 격침하여 다소 위안이 되셨을지 모르겠습니다만 최일선 지휘관의 한 사람으로서 연대적 책임감을 통감하고 죄송한 마음 금할 길 없습니다.

하오나 귀댁의 자제분이 근무하고 있는 본 충남함에 대해서는 안심하셔도 좋을 것입니다. 부하들에 대한 최대의 복지는 전투에서 승리를 안겨 주는 것임을 명심하고 바다에서 오는 적은 반드시 바다에서 막을 수 있도록 '준비된 충남함' 건설을 위해 자제분과 함께 최선을 다할 것입니다. 더불어 자랑스러운 부하들의 애로사항을 찾아 해결하고 사기를 진작하여 자율적 기강을 확립함은 물론 상황별, 주기별 안전관리체계를 확립하여 어떠한 유형의 사건·사고로부터도 부하들의 안전과 생명을 지켜 드릴 것입니다.

존경하옵는 가족 여러분, 한결같은 애정으로 저희 충남함을 아끼시고 믿어 주시는 데 대하여 항상 고마움을 느낍니다. 저는 내년 초에 함장 임기를 마치고 미국 국방대학원에서 국가안보전략에 관해 수학할 예정입니다. 해군에서의 마지막 함장을 귀댁의 자제분과 함께한 것을 큰 보람으로 여기며 감사의 인사를 드립니다. 행여 지휘에 참고가 될 수 있거나 귀댁 자제분에게 도움이 될 수 있는 말씀이 있으면 언제나 연락 주시기 바랍니다. 가족 여러분의 건강과 가정에 행복이 충만하기를 기원드립니다.

1998년 12월 23일 충남함장 드림

함장 이임사

존경하옵는 전단장님, 전대장님, 그리고 내빈 여러분! 이른 아침 시간인데도 본 식전에 참석하시어 자리를 빛내 주신 데 대하여 깊이 감사드립니다. 또한 재임 중 저와 함께 생사고락을 같이하다 헤어져 다른 부대에서 근무하면서도 잊지 않고 찾아 주신 충남함의 전우들과 가족 여러분께도 고마운 인사말씀 드립니다.

충남함 전우 여러분! 본인은 오늘 명에 따라 2년 여 동안 저와 마음을 나란히 하여 생사고락을 같이해 준 정든 여러분 곁을 떠나게 되었습니다. 충남함의 자랑스러운 여러분과 함께한 해군에서의 마지막 함장 재임 2년은 저에게 있어서 영원히 잊지 못할 최고의 직책이었습니다. 우리 모두 진실된 마음으로 하나로 뭉쳐 최선을 다함으로써 후회보다 보람이 컸던 진정 가치 있는 기간이었습니다.

부족한 본인이 함장으로 있는 동안 우리들은 모든 차이를 극복하고 임무 앞에 하나가 되었습니다. 마치 철광석을 녹여 시뻘건 쇳물을 쏟아 내는 용광로같이 오로지 임무와 전우들 서로를 향해 열정적이며, 신바람 나는 충남함 문화를 창조하였습니다. 거대한 물살이 바닥에 박힌 돌까지 띄워서 거침없이 흘러가듯이 우리들은 진정 싸워서 이길 수 있는 높은 전비태세와 도도한 기세를 유지하며 임무 앞에 저절로 움직였습니다.

충남함은 병장이 제일 힘든 배라는 이야기도 있었습니다. 충남함에 가면 언제나 깨끗하고 편안하다는 말도 들었습니다. 그럴지도 모릅니다. 우리 충남함에서는 상급자가, 먼저 경험한 사람이 앞장서 소매를 걷어 붙이고 일했습니다. 그런 가운데 배 전체에 자율과 긍지의 신바람이 일어났습니다. 무엇보다 우리는 항상 밝은 표정으로 지냈습니다. 상하좌우의 전우들을 진심을 다하여 인간적으로 생각하면서 사랑과 존경으로 하나가 되어 임무에 임했습니다. 그리하여 우리 스스로 보람을 창조하고 거기에서 긍지를 느끼면서 새롭고 가치 있는 전통을 쌓아갔습니다.

사랑하는 충남함 전우 여러분! 우리는 주어진 임무에만 허겁지겁 매달리지 않았습니다. 우선 군인으로서의 본분과 최정예 주력 전투함 승조원으로서의 기본에 충실하고자 노력했습니다. 사소한 것 같은 복명복창의 생활화에서부터 안전통제 문제에 이르기까지 우리 스스로 기본을 확립하고 매사를 철저히 하려고 애썼습니다. 그런 가운데 우리는 항상 모든 것을 새롭게 보았습니다. 우리에게는 '왜?'라는 물음표가 항상 따라 다녔습니다. 효율과 효과란 두 단어는 모든 업무기획의 지침으로 자리 잡았습니다. 그리하여 사소한 것 같은 작은 일에서부터 비생산적인 고정관념과 업무관행을 고쳐나갔으며 본보기가되기도 했습니다.

정보 · 지식 공유체계를 확립하여 일과진행의 효율성을 높이는 일에서부터 하사관 중심의 업무활성화를 기하여 해군규정을 바꾸도록한 일에 이르기까지 우리 스스로가 필요로 하여 개선한 일을 어떻게다 열거할 수 있겠습니까? 그러나 우리는 마냥 최고가 되려고는 하지않았습니다. 남보다 나아지려고 의식하지도 않았습니다. 타인을 배려하되 남을 눈치를 보아 가며 이른바 튀는 생각과 행동을 두려워하지도 않았습니다. 단지 우리의 터전인 충남함이라는 공동운명체의명예와 자존을 향한 발전적인 생각과 용기로 우리 스스로에게 충실했을 뿐입니다. 헌신적으로 노력했을 뿐 그 결과에 연연하지도 않았고큰 관심도 기울이지 않았습니다. 우리는 스스로의 만족을 위해 기분좋게 노력을 다했을 뿐입니다. 또한 남을 의식하기에는 사실 우리 모두가 너무 바쁘기도 했습니다.

1997년 1월 23일 이후 우리 충남함은 단 한 건의 사건 · 사고 없이6만여 마일에 달하는 항적을 남기며 재임 770일의 42%에 달하는324일 동안 동 · 서 · 남해와 중부 태평양을 누볐습니다. RIMPAC-98 다국적 연합훈련을 비롯하여 1997년, 1998년 FOAL EAGLE 한미 연합 및 합동훈련, 영국, 호주, 캐나다 해군과의 기회훈련 등 각종 연합훈련 9회, 1997년, 1998년 해사 졸업식 행사 시 대통령님에 대한 예포발사, NLL 수호 작전 등 10여 회에 걸친 출동경비작전, 수많은 해양기동전투단 훈련과 작전사, 제3함대, 전단 및 전대 기동훈련, 영국 해군참모총장 내방행사와 외국 함정 호스트십(host ship) 임무를 비롯한 140여 회에 달하는 각종 행사 등 헤아릴 수 없는 해군의 대표적 해상임무를 단 한 치의 착오도 없이 감동적으로 수행했습니다. 명실공히 해군의 '기준함', '최우수 1급함', 기함으로서의 임무를 다하였습니다.

자랑스러운 충남함의 긍지 높은 전우 여러분! 우리는 어떤 일을 할 때도 최선을 다했습니다. 항상 정성을 기울였습니다. 그리하여 우리 스스로가 성취하고 그로부터 새로운 힘을 얻었습니다. 군인의 진정한 사기는 전투에서 승리하는 데 있음을 확신하게 되었습니다. 그리고 충직한 공복으로서 조국과 국민에 대한 도리도 생각할 줄 알게 되었습니다. 그러나 우리는 자만해서는 안 됩니다. 본인은 이 자리에서 자랑스러운 여러분을 이끌었던 영광스러운 역할을 후임 함장께 넘깁니다만 엄숙한 이 자리에서 다시 한 번 냉철히 우리 자신을 되돌아보고 이 정도면 진정 실전에서 싸워서 이길 수 있는지 생각해야 합니다.

우리를 둘러싼 안보환경은 한 치 앞을 내다볼 수 없을 정도로 불확실한 상황에 처해 있습니다. 변함없는 주적 북괴는 더욱 교활하고도 집요하게 도발을 자행할 것입니다. 우리 충남함은 한 순간의 방심과 일호의 자만도 허용되지 않는 소리 없는 전쟁의 한가운데에 있음을 인식해야 합니다. 물러나는 본인은 이 순간을 기하여 어차피 제11대 함장이라는 과거의 인물이 되는 것입니다. 여러분들은 새로운 지휘관을 정점으로 진정으로 하나가 되어 끊임없이 새롭게 도전하고 준비해야 합니다. 그래야만 여러분 자신과 사랑하는 가족, 그리고 국민의 자존이 지켜지고 충남함의 명예도 보전될 수 있는 것입니다.

정들었던 전우 여러분! 스스로 X세대를 부정하고 편한 육상근무마저도 하나같이 거부하며 끝까지 저와 생사고락을 같이해 준 데 대해 진정으로 감사드립니다. 진심을 다해 함장을 따라 준 남기헌 병장을 비롯한 수병 여러분, 높은 전문성과 충남함 맨으로서의 자긍심으로 허리 역할을 다해 준 정천현 주임원사를 비롯한 하사관들, 위대함은 행복이 아니라 시련에서 온다고 생각하고 항상 새로운 각오와 용기로 소임을 다해 준 한종수 부함장을 비롯한 장교 여러분들에게 감사와 함께 치하와 격려를 보냅니다.

존경하는 전단장님, 전대장님! 충남함장 재임 중 끊임없는 관심과 애정으로 믿어 주시고 진심어린 지도를 주신 데 대해 이 자리를 빌려 감사드립니다.

이 자리에 만장하신 역대 충남함 가족 여러분! 부족한 함장과 충남함을 위하여 재임 중 충성을 다하고 떠난 후에도 잊지 않고 떠나는 자리까지 찾아와 참석하여 주신 데 대하여 진심으로 고마운 마음 숨길 수 없습니다. 그리고 공사다망하신 중에도 참석하여 자리를 빛내 주신 내빈 여러분께 다시 한 번 감사드리며, 새롭게 전진하는 충남함에 더욱 깊은 애정과 도움을 주시기를 바랍니다.

충남함의 역사와 함께 영원히 그 명예를 같이할 자랑스러운 충남함 전우 여러분! 여러분은 최선을 다했습니다. 진정으로 여러분을 자랑스럽게 생각합니다. 충남함의 무운과 여러분의 건승, 그리고 가족 여러분의 행복을 바랍니다. 안녕히 계십시오. 감사합니다.

1999년 3월 4일 충남함장 대령 심동보

'머리에 뿔난' 장성

군대 생활을 오래 하다보면 온갖 일을 겪게 된다. 때로는 보람에 겨워 짜릿한 전율 속에 행복에 도취되기도 하고 어떨 땐 황당하다 못해 자기가 처한 처지에 대해 송두리째 회의를 갖게 되는 경우도 있다. 특히 엉뚱한 모함을 당해 직접적 피해가 현실이 되어 나타났을 경우의 심정은 당해 보지 않은 사람은 이해할 수 없을 것이다.

멸사봉공(滅私奉公)이란 말을 들먹일 것도 없이 34년을 군에서 헌신하며 지내고 보니 자기도 모르게 '몸에 털 나고 머리에 뿔 돋은 짐승'으로 본인이 둔갑해 있다면 어떨까. 그것도 경쟁자의 교묘한 모함으로 인해서 말이다.

설악산 신흥사와 백담사 회주(會主)인 조오현(曺五鉉) 스님이 〈정지용 문학상〉을 받는 자리에서 자신을 피모대각(披毛戴角)이라고 했다는데, 모든 것을 포기하고 내다 버려야 사람이 상 받고 신문에 나오는 걸 빗대어 스스로를 낮춘 표현이라니 아름다운 경지의

전군 대표 모범장병으로 선발된 필자가 2001년 국군의 날 기념식 후
대통령 내외분이 주최한 오찬행사에서 축배 제의를 하고 있다.
군 수뇌부가 모두 앉은 테이블의 김대중 대통령 내외 옆자리에서
귓속말 같은 대화를 대통령과 나눌 수 있었다.
필자는 나음 해 장성 진급 선발 시에 탈락했는데
대표적 모범장교라 평가한 기준과 장성 진급 기준은 다른 모양이다.

말임에 틀림없다.

"심 제독님에 대해 좀더 자세히 알아보고 직접 뵙기 전에는 '머리
에 뿔난 사람'인 줄 알았습니다. 제일 경쟁력 있는 아까운 장성이라
고 해군 스스로 이야기하면서 집중적으로 견제하고 끊임없이 음해
하여 돌이킬 수 없는 실제 피해를 입혔으니 문제가 보통이 아닙니
다." 전역 전 국군기무사령부의 모 장군(육군소장)이 한 말이다.

오로지 진급을 위해 근무하는 장교야말로 조직의 가장 경계해야
할 해악이라고 했던가. 본인의 진급을 위해 경쟁대상자들에 대한 온
갖 파렴치한 음해를 상습적으로 일삼아 지탄의 대상이 되어 왔던 모

동기생 제독이 임관 30주년 기념 동기생 모임에서 다른 동기생으로부터 구타를 당했다느니 어쩌니 하면서 한동안 시끄러웠다. 결국 소장으로 전역 후 방산비리 혐의로 검찰소환 조사를 몇 번 받더니 행주대교에서 한강에 투신하여 자살하는 것으로 본인 스스로 생을 마감했다는 뉴스를 접하였다. 참으로 정정당당한 삶의 가치를 깊이 절감하였다. 슬프고 만감이 교차했다.

전역사 "임무"

친애하는 사관생도 여러분!

"풀잎 위의 이슬도 무거우면 떨어지게 마련"이라는 어떤 유훈이 생각납니다. 저는 오늘 자랑스런 여러분들과의 만남을 끝으로 오랜 세월 열정을 다 받쳤던 사랑하는 해군과 헤어져 수평선 너머의 새로운 세상을 향해 떠나려고 합니다.

조금 전 모교의 교정으로 들어서면서 입구에 세워진 교훈탑을 보았습니다.

'진리를 구하자. 허위를 버리자. 희생하자.'

추적추적 내리던 겨울비를 맞으며 이곳 옥포만을 처음 찾은 지 35년 6개월 만이었습니다.

처음 접한 교훈은 솔직히 저에게 감동을 주지 못했습니다. 좀더 거창한 조국, 민족, 통일 등의 큰 명분이 담긴 단어가 생각나기도 했습니다. 그러나 군 생활을 마무리하면서 절감하는 해군장교가 지녀야 할 지고의 가치는 바로 이 교훈에 있음을 깨닫게 되었습니다.

경황없이 해군 생활을 하면서 솔직히 교훈을 의식할 겨를도 없었습니다. 대신 주어진 현실에 최선을 다하지 않으면 나 자신의 존재가치도 없게 됨을 자연히 알게 되었습니다. 지나고 보니 그렇게 최선을 다한 순간순간이 모여 오늘의 저를 있게 하였고 후회를 덜 하도록 만들기도 하였습니다.

잔인할 정도로 엄격하고 불합리하게 느껴졌던 사관학교 생활을 마치고 졸업, 임관하여 실무에서 마주친 장교로서의 생활은 더욱 가혹하였습니다. 한마디로 생도시절보다 더한 전쟁터에 나 자신이 내팽개쳐진 기분이었습니다.

구축함 충북함의 통신관으로 처음 근무하면서 밤낮과 계절을 잊고 오로지 임무에만 몰입하였습니다. 한·미 연합훈련 시엔 출항 시부터 입항 시까지 줄곧 함교에 서서 밤샘 근무를 수없이 하기도 했습니다. 1년 후 중위로 다른 함정에서 근무 시엔 하루 가수면 2시간으로 한 달 동안 철야로 일해 보기도 했습니다. 소령으로 해군본부 장교인 사담당으로 근무 시엔 부임 일부터 일주일 간 밤샘근무를 시작으로 재임 내내 철야근무가 다반사였으며, 그러한 경우는 저의 군 생활 내내 비일비재 계속되었습니다.

이유는 단 하나였습니다. 애국도, 충성도, 출세도 아니었습니다. 오직 저 자신의 '자존'을 위해 전 임무에 최선을 다했던 것입니다. 국가가, 해군이, 상관이, 부하가 저에게 기대하는 모든 것은 임무를 완벽하게 해내는 것이라고 생각했기 때문입니다. 임무를 통해 저의 명예가 드높아지고 상관과 국가에도 충성할 수 있으며 부하들에게도 보람을 줄 수 있다고 생각했던 것입니다.

임무를 더욱 잘 완수하기 위해 전 항상 새로운 길을 모색했습니다. 전부터 그렇게 해왔다고 무조건 그대로 따라 하는 법은 저에겐 없었습니다. 항상 새로운 시각으로 업무를 개척하고 앞장서 추진하였습니다. 상관이든 부하들이든 저를 믿고 긍지와 희망으로 삼을 수 있도록 남들보다 몇 배의 헌신적 노력을 경주하였습니다. 창조적이며 열정적인 임무수행은 저의 자존심 그 자체였습니다.

결과는 항상 최고였습니다. 저와 같이 근무한 부하들은 보람과 긍지로 항상 행복했었고, 부대는 필적할 상대가 없을 정도로 언제나 최강이었습니다. 대위 때는 수십 척의 군함이 총 출동하여 에워싼 포위망과 칠흑 같은 밤을 뚫고 도주하는 무장간첩선을 유일하게 접촉하여 단 몇 발의 함포사격으로 격침한 전공을 세울 수도 있었고, 대령 때는 지휘하였던 충남함이 기준함이 되고, 합참 근무 시엔 한국군의 정보작전(IO)을 창시하여 미래전에 대비한 합동작전개념을 혁신할 수도 있었습니다.

솔직히 저에겐 상위 직위에 대한 관심이나 집착은 별로 없었습니다. 순간순간에 최선을 다하여 정도를 걸어가면 정당한 평가를 받는다고 확신하고 생활하였기 때문입니다. 헌신적 노력과 정직한 처신으로 쌓은 정당한 신망에 의해서가 아니라 헛된 욕심으로 부당한 편법에만

2008년 7월 11일 모교인 해군사관학교 연병장에서 전역식을 했다.
후배 사관생도들과 교직원 및 훈육장교들에게 군을 떠나는 마지막 인사말을 했다.
현지 부대의 부담을 최소화하기 위해 가족을 제외하곤 아무도 초청하지 않았다.

능한 이기적이고 정직하지 못한 소인배들이 설 자리는, 신사도를 창군정신으로 삼고 있는 우리 해군에는 없다는 확신으로 끝까지 해군을 믿고 멸사봉공하였다고 자부합니다.

부하의 하나뿐인 생명을 담보로 하여 임무를 수행하는 신성한 집단에서 거짓된 행위는 있을 수 없는 일이라고 생각했기 때문입니다. 군인은 우선 정직하고 깨끗해야 하는 이유가 바로 여기에 있는 것입니다. 교훈에 나와 있듯이 허위를 버려야 하는 것입니다.

조국이 여러분을 교육하여 임관하게 하는 목적은 단 하나입니다. 여러분에게 지워질 '임무'가 바로 그것입니다. 임무 수행을 잘하기 위해선 우선 자신의 역량이 받쳐 주어야 합니다. 새로운 임무에 대한 적응력도 평소 쌓아온 기본역량이 바탕이 되는 것입니다. 그러므로 끊임없이 새로운 지식을 스스로 학습하여 자신의 역량과 지혜로 키워가야하는 것입니다. 교훈에 나와 있듯이 쉼 없이 진리를 구해야 하는 것입니다.

부하들 없이 임무 수행은 불가능합니다. '부하들에 대한 최대의 복지는 승리를 선물로 주는 것'이라는 말이 있습니다. 부하들은 승리를 선물로 줄 수 있는 상관을 믿고 따릅니다. 승리는 지휘관의 솔선수범과 희생에서 나옵니다. 희생은 기적을 낳습니다. 부하들로 하여금 헛고생만 시키는 무능하고 희생할 줄 모르는 상관은 절대 전투에서 승리할 수 없습니다. 따라서 장교는 항상 자기희생을 전제로 임무수행의 '효율과 효과'를 주 화두로 삼고 항상 고민해야 합니다. 교훈에 나와 있는 희생은 승패의 책임을 진 장교의 특권과도 같습니다.

사관학교의 교훈은 여러분이 생도 생활을 하는 기간뿐만 아니라 해군 생활 전체의 지표가 되어야 합니다. 고속도로의 차선처럼 지켜야 할 준칙인 것입니다. 당장은 차선을 무시하고 갓길 운전을 일삼는 몰염치한 경쟁자에게 속고 손해를 보더라도 한결같이 정직한 마음으로 정정당당하게 처신하면서 믿고, 베풀고, 희생하여 임무를 완수함으로써 진정으로 보람 있고 행복한 삶을 개척해 나가시기 바랍니다.

존경하는 전우 여러분!

지금 해군이 절실히 필요로 하는 것은 구성원 간의 신뢰이며, 그것을 바탕으로 한 자긍심과 힘찬 기백의 회복입니다. 윗사람의 믿음과 약속이행은 조직을 강화하는 반면, 믿음을 저버리면 조직의 힘은 빠지고 건전성은 사라지게 되는 것입니다. 우리 모두 군인으로서, 인간으로서 기본 도리에 충실한 가운데 서로에 대한 믿음과 해군에 대한 자긍심을 가지고 타인에 대한 배려와 임무에 대한 열정을 즐거운 마음으로 행하시기 바랍니다.

"세상의 모든 꽃과 잎은 더 아름답게 피지 못한다고 안달하지 않습니다. 자기 이름으로 피어난 거기까지가 꽃과 잎의 한계이고 그것이 최상의 아름다움입니다"라는 시 구절이 떠오릅니다. 부족한 본인이 오늘에 이르기까지 저를 믿고 중요한 임무를 부여해 준 해군에 감사드립니다. 부덕한 저에게 높은 가르침과 과분한 성원을 보내 주신 존경하옵는 선배님들과 사랑하는 동기생, 그리고 어떠한 어려움이 있어

2008년 7월 11일 해군사관학교에서 거행된 전역식.
생도 연대를 사열하고 생도식당에서 사관생도들과의 오찬을 마지막으로
36년간 정들었던 해군의 모항인 옥포만을 떠났다.

도 오로지 나를 믿고 따라 임무 앞에 저절로 움직여 준 옛 부하 전우 여러분께 진심을 다해 감사를 드립니다.

본인의 전역식을 알뜰히 주선하여 주신 해사 교장님을 비롯한 관계관 여러분께 심심한 사의를 표합니다. 아울러 오늘날까지 어떠한 어려움이 있더라도 저를 지키고, 보살피고, 힘을 북돋아 준 사랑하는 아내와 두 딸에게도 가장으로서의 고마운 마음을 보냅니다.

선진해군의 희망인 자랑스런 사관생도 여러분!

도종환의 〈산을 오르며〉란 시의 한 구절을 끝으로 마지막 인사를 드리고자 합니다.

"가장 높이 올라설수록 가장 외로운 바람과 만나게 되며, 올라온 곳에서는 반드시 내려와야 함을 겸손하게 받아들여, 산 내려와서도 산을 하찮게 여기지 않게 하소서."

젊음은 용기입니다. 어려움이 있더라도 용기를 갖고 끊임없이 새롭게 도전하여 참다운 해군장교가 되시기 바랍니다. 언젠가 오늘의 고난을 기쁘게 회상할 날이 올 것입니다. 우리 해군의 밝은 미래는 여러분에게 달려 있습니다. 여러분의 건승과 해군사관학교의 발전, 그리고 우리 해군의 영광을 위해 기도하겠습니다. 감사합니다.

2008년 7월 11일
해군사관학교에서 준장 심 동 보

군 생활의 특성상 자주 이사를 할 수밖에 없어 아끼던 소장품이 많이 없어졌지만
화랑무공훈장을 비롯한 3종의 훈장과 각종 기장, 계급장, 명패, 지휘도 및 삼정도 등은
'개인사 박물관'에 보관하고 있다.

약력보고

실전에서 무공을 세운 참 군인으로서 우리 해군과 국군 발전에 큰 업
적을 남기고 오는 7월 31일 군문을 떠나게 되신 심동보 제독님의 약
력을 보고 드리겠습니다.

제독님께서는 1954년 7월 15일 경남 함안에서 출생하여 군내 4개 초
등학교와 마산중·고등학교를 거쳐 1973년 해군사관학교에 제31기
생으로 입교하였습니다.

1977년 본교를 우등으로 졸업 및 임관한 후 당시 한국 함대의 기함이었던 구축함 충북함의 통신관으로 군 생활을 시작하셨으며, 이후 위관장교로서 경남함 전탐관, 영동함 부장, 한국함대사령관 전속부관, 백구-58함 포술장, 참모총장 수행부관, 미 해군 구축함부서장과정 유학, 고속정 인수정장 등의 직책을 역임하면서 무장간첩선을 격침하는 등 최고의 임무수행성과를 달성하였습니다.

영관장교로서 백령도 전탐감시소장, 마산함 인수포술장, 고속정 편대장, 해군본부 장교인사 담당, 제주함 부장, 군산함 함장, 참모총장 수석부관, 합참 전략본부 해상전력기획 담당, 국방부 21세기국방태세발전위원회 및 한국국방연구원 연구위원, 작전사 충남함장, 미 국방대학원 유학, 해사 생도연대장, 초대 합참 정보작전과장 등의 해·육상 요직을 두루 역임하면서 한국군의 정보작전(IO)을 창시하는 등 혁신적으로 임무를 수행하였습니다.

2004년 제독의 반열에 오르신 후 제2전투전단장, 해군 교육훈련감 직책을 거쳐 국방대 국방관리대학원장 직책을 마지막으로 아쉬운 고별을 고하기에 이른 것입니다.

군문에 계시는 동안 제독님께서는 초인적인 의지와 열정으로 임무수행에 헌신한 일화와 함께, 언제나 창조적 사고로 개척적으로 업무를 수행한 것으로 정평이 나 있습니다. '간첩선 초탄 격침, 전투전단 전투수행지침서인 〈초전대응전술교범〉 최초 작성, 21세기 통일대비 국방태세발전방향 입안, 한·미 연합훈련지침서 최초 작성, 최초의

전역 후 2015년 5월 16일 큰딸 결혼식에서 촬영한 가족사진.
뒷줄 왼쪽부터 사위, 큰딸, 막내딸이다.

기준함 함장 선정, 해군 중·장기 교육훈련 발전계획 최초 작성 및
온라인 자율 영어학습체계 최초 구축, 한국군 정보작전의 창시 및 효
과기반작전 개념 최초 도입, 합동 전역계획 최초 작성 주도, 전투임
무 메트릭스 개발' 등 혁신적 업무추진으로 실용적 부대발전을 선도
한 사례는 헤아릴 수 없을 정도입니다.

청렴결백하고 공명정대한 가운데 인간미와 열정적 리더십을 지닌
제독님께서 지휘하신 모든 부대는 필적할 상대가 없을 정도로 항상
최강이었고 구성원들은 믿음과 긍지로 임무 앞에 저절로 움직여 가장
이상적인 부대상을 구현하였습니다.

화랑무공훈장에 빛나는 장교의 표본이자 우리 해군의 보배일 뿐만
아니라 선진 국군의 희망과 같은 존재로서 후배들로부터 '가장 닮고
싶은 선배'로 불릴 정도로 존경을 한 몸에 받아 오신 제독님께서는 오

늘 여러분들과의 만남을 끝으로 한 평생 헌신하셨던 군문을 떠나게 되었습니다.

우리 해군사관학교의 전 교수와 훈육장교, 그리고 사관생도들은 심동보 제독님과 같은 창조적 핵심인재를 이곳 옥포만에서 배출한 것을 더없는 자랑으로 생각하면서 제독님께서 못다 이루신 신념을 계승하여 구현할 것을 굳게 다짐 드립니다.

한평생 오직 조국과 군, 특히 해군을 위해 헌신하신 제독님 개인의 자유가 더욱 신장되고 건강과 함께 늘 행복하시기를 기원합니다.

2008년 7월 11일 해사 생도연대장

진중에서 나온 '전설의 전우'

32년(사관학교 4년 포함 36년) 간 복무했던 해군을 나와 사회인이 되다 보니 나를 '독립투사'로 불러 준 가족에게 미안했다. 군에 있을 때는 인사명령에 따라 이태가 멀 정도로 잦은 이사가 불가피하고 대부분 15평 이하의 소형 아파트라 4인 가족이 살기엔 불편하긴 해도 집 걱정은 하지 않고 살 수 있었으나 전역 후엔 내 집이 필요했다. 얼마 안 되는 저축금과 퇴직금으로 전세 아파트를 겨우 구해 입주했는데 얼마 후 장모님께서 뇌수술을 받은 데다 장인까지 치매 증상을 보여 모시게 되었다. 2012년 2월과 2015년 6월에 각각 돌아가실 때까지 같이 생활하면서 예비역 생활의 보람과 인간적인 도리를 한 번도 친부모님을 모시지 못했던 데 대한 보상의 기쁨과 함께 느낄 수 있었다.

가족들의 안거를 책임지는 것 못지않게 중요하고 먼저 해야 할 일이 있었다. 바로 내 마음을 비우는 것이었다. 진급에 대한 미련을 떨쳐 버리고 새로운 인생을 준비해야 했으나 군에 있을 때보다 훨씬 늘어난 시간과 자유에 오히려 절제와 균형을 잃어가는 가는 듯했다. 자주 만나지 못했던 이런저런 인연의 지인들과 친구들로부터 연락이 오면 사양하거나 미룰 이유가 없었다. 거의 매일 술자리가 이어졌다. 근 한 달을 그렇게 지내다 혼자서 간편한 차림으로 배낭을 메고 무전여행을 떠났다. 전라북도와 남도의 명산고찰과 해인사를 거쳐 부모님 산소에 성묘하고 3주 만에 돌아오니 해군충무공리더십센터에서 전화가 왔다.

센터 창설 후 처음으로 〈해군리더십논총〉 창간호를 발간하였는데 실무에서 잘 읽지 않는다는 것이었다. 리더십 관련 논문만 수록하다 보니 생긴 현상으로 분석되어 제2호엔 실제 사례를 포함해 출간하기로 결정하여 연락했다는 것이 요지였는데 나에게 기고를 요청하였다. 후배들에게 교훈이 될 사례가 없다면서 정중히 사양했다. 그날 이후 2008년 11월 중순까지 두 번의 추가 전화를 받고는 해군에 귀감이 되는 예비역 제독들이 많은데 하필 나에게 요청한 이유가 무엇인지 물어 보았다. 대답은 간단했다. 특히 위관 장교들이 내가 쓴 사례를 읽고 싶어 한다는 것이 중론이라는 것이다. 옆에서 운전 중 통화 내용을 듣고 있던 아내가 한마디 거들었다. 전역 후 매일 사람들 만나 술만 먹지 말고 후배들에게 필요한 경험을 써 주는 게 더 좋지 않느냐는 이야기였다. 일리가 있었다.

다시 전화하여 원고 마감이 언제냐고 물어봤더니 연말 발간 일정을 고려하여 12월 초까지 원고를 보내야 한다는 것이었다. 계산해 보니 보름 정도밖에 시간이 없었다. 일체의 약속을 미루고 매일 글쓰기에 전념했다. 리더십 원칙을 추출하고 원칙별 사례를 생각나는 대로 노트북에 입력했다. 옛날 일기장에서 구체적 날짜 등을 확인하여 수정 보완하니 150쪽 분량의 원고가 완성되었다. 제한된 논총의 지면에 맞추어 다시 절반 이하로 분량을 줄여 보냈더니 퇴고를 거쳐 2008년 12월 30일에 발행되었다. 내가 쓴 내용은 〈해군 리더십 논총〉 제2호의 마지막에 "해군 리더십 사례", "심동보_실전 리더십 10계명"이란 제목으로 64쪽(379~443쪽)에 걸쳐 실려 전 해군부대와 타군 및 관련 기관에 배포되었다.

전역 후 8개월이 지날 무렵 대기업에서 연락이 와 면접을 보고 취직을 했다. 27년째 부동의 세계 1위 조선소인 현대중공업이었다. 조선사업본부 특수선사업부의 상무 직책이었다.

입사하니 회사 사정이 좋지 않았다. 연봉도 30% 반납하게 되어 있었다. 그래도 군에 있을 때의 봉급과는 비교가 되지 않을 정도로 고액이었다. 대학생 자녀에 대한 등록금에서부터 고액의 휴가비, 명절 상여금, 성과급 등이 수시로 나오고 연말에는 우리사 주식이 배당되었다. 난생 처음으로 법인카드를 소지하고 다니면서 접대경비로 사용할 수 있었고, 가족과 떨어져 근무하는 임원은 호텔식 숙소에서 기거하면서 현대호텔 등 여러 곳의 회사 지정 식당에서 무료로 식사가 가능했다.

2012년 연말까지 3년 8개월을 울산 본사와 서울사무소에서 각각 절반씩 근무하였다. 과분한 혜택 덕분에 결혼 생활 내내 '누워 있는 옷'만 사 입은 아내에게 처음으로 '서 있는 옷'을 사 줄 수도 있었다.

입사할 때의 현대중공업 주가는 20만 원대였지만 퇴사할 때는 50만 원대로 성장하였고 연봉도 오른 상태에서 반납 없이 정상적으로 수령할 정도로 호황을 맞았었다. 그러나 이후 세계해운시장의 침체와 저유가 등으로 십수 년 만에 최저 수준을 기록하여 10만 원 대까지 주가가 폭락하고 경영난을 겪었다고 한다.

다행히 내가 서울사무소 근무 시 서울사무소장(부사장)으로서 직속상관이었던 권오갑 부회장의 비상경영 혁신이 성공하여 2016년 영업이익이 2012년(2조 55억 원) 이후 처음으로 1조 원을 넘어 1조 6,419억 원을 기록했다고 하는데 개인적으로는 과감한 인력 구조조정으로 '썩은 사과'[23]와 같은 임원들을 정리하여 신나게 일할 수 있

---

[23] 우리 회사 '또라이' 떠나는 날, 그날이 제 2창립기념일

《당신과 조직을 미치게 만드는 썩은 사과》 미첼 쿠지, 엘리자베스 홀로웨이 지음, 서종기 옮김.

상자 속의 썩은 사과를 방치했다가 다른 사과까지 전부 못 먹게 되어 버린 경험이 있는가? 직장에서의 '썩은 사과'도 마찬가지다. 업무에 괜한 트집을 잡고, 남의 공적을 가로채는, 이른바 회사 내의 '꼴통', '또라이'로 통하는 인물들 … 직장 분위기를 망치며, 손실을 가지고 오고, 심지어 오랜 기업을 하루아침에 파산시키기도 한다. … "많은 리더들이 충고와 조언으로 썩은 사과를 교정하려 하지만, 대부분 실패하게 된다." … 그렇다면 썩은 사과를 해고하는 게 빠른 길일까? 저자들은 조직문화와 시스템 개선에서 해답을 찾는다. 사과상자를 뜯어 고쳐 썩은 사과가 붙어 있을 공간을 만들어 주지 않으면 된다는 것이다. … 특히 이 문구는 마음을 울린다. "그 인간 떠나는 날이 제2의 창립기념일이다" ─ 〈중앙일보〉 2011. 11. 5. 손해용 기자.

는 여건을 조성한 것이 주효했던 것으로 보인다.

특수선사업부 영업을 기본으로 조선사업본부, 플랜트사업본부 및 엔진기계로봇사업본부 서울 영업을 담당하면서 울산의 본사와 서울 사무소에서 근무하였다. 군대와 기업은 닮은 점도 있지만 기업에서 이해되지 않는 부분도 없지 않음을 느낄 수 있었다. 가장 두드러진 차이는 임직원 개인의 후진 양성 노력이 잘 보이지 않는 것이었다. 군대처럼 자기 일같이 부하들을 가르치지 않는 것이었다. 잘 가르쳐 놓으면 가르친 본인의 자리를 위협할지도 모른다는 피해의식이 있는 것 같았다. 대신 무조건 실적만 따지는 업무관행이 문화처럼 굳어 있어 보였다.

처음부터 직속상관이었던 특수선사업부장(전무, 조선사업본부장 사장 역임)은 특이한 인재였다. 2011년 3월 11일에 거행된 이지스구축함 3번함인 서애류성룡함(DDG-993) 진수식 행사에 참석한 해군 참모총장에게 내가 건의하여 '명예해군'이 되기도 한 인물인데, 회사의 장래보다 본인의 야심이 우선인 것처럼 보였다. 유능하고 평판이 좋아 장차 자신의 경쟁 상대가 될 소지가 있는 인물은 교묘히 도태시켰다. 계약직 여비서는 몇 개월만 지나면 그만 두고 퇴사하는 것이 다반사였다. 심지어 주점 화장실에 비누, 수건, 휴지 등이 비치되어 있지 않으면 종업원 대신 동행한 부하 상무를 불러 질책하는 사람으로 알려지기도 했다. 대통령 직속 국가안보총괄점검회의 겸 국방선진화 추진위원회에서 장관급 의장과 위원 20여 명이 어려운

2011년 3월 11일 현대중공업 특수선사업부에서 서애 류성룡함 진수식이 거행되었다.

시간을 내어 회사를 방문해도 최고경영진에 보고하지 않고 임의로 본인이 행사를 독단적으로 주관하면서 무례한 태도를 보여 오히려 역효과를 초래하기도 하였다. 2012년 2월 22일 입찰한 영국 해군 군수지원함(6척) 사업에 입찰하면서 경쟁사 동향과 영업담당 상무의 건의를 무시한 채 독자적으로 가격을 품의하여 경쟁사인 D사(4.52억 유로)에 0.6억 유로 차이로 밀려 탈락함으로써 회사에 큰 손실과 이미지 추락을 일으켰는데도 몇 년 후에는 사장이 되기도 하였다.

　군이든 기업이든 정부든 조직 내의 '썩은 사과'는 패배와 망조의 원흉이다. 특히 위에는 잘하면서 부하들에게 잔인한 편집증적 비인격자가 승승장구하고 있지 않은지 잘 살펴봐야 한다는 생각을 지울 수가 없다. 과감하게 정리하지 않으면 조직 전체가 병들어 경쟁력을 상실하기 되기 때문이다.

국가안보와 국민안전과 관련된 문제를 다루는 여러 방송에 출연하여 나의 견해를 밝힐 기회가 100여 차례 있었는데 2016년 3월 24일엔 국방TV 〈진군가, 전설의 전우〉에 출연하여 실전 리더십에 관한 인터뷰를 한 적이 있었다. 해군 출신으로는 내가 처음이라고 하였는데 첫 방송엔 김태영 전 국방부 장관, 2회 김상기 전 육군참모총장, 3회 임관빈 전 국방부 정책실장, 4회 이충국 유닉스전자 회장, 5회 박성국 전 합참차장에 이은 6회째 출연이었다.

국방TV 〈신군가, 전설의 전우〉 인터뷰 전문(2016.3.23.)

국방TV MC: 바다를 지키는 충무공의 후예! 오늘의 주인공, 심동보 해군 예비역 제독을 자리로 모시겠습니다.

전설의 전우에 해군 제독을 모신 건 처음인데요. 광활한 바다에서 우리 군을 진두지휘 하신 거잖아요. 딱 뵈니까, 하얀색 제복 입으셨을 때 모습이 정말 멋지셨을 것 같아요. 전역 후에도 해군을 위한 일로 바쁜 시간을 보내고 계시다면서요?

심동보 제독: 내세울 만큼 거창한 일은 아닙니다만 고마운 국군장병들과 주한 미군장병들에 대한 위문활동과, 순직장병들의 자녀들에 대한 장학활동, 국방정책과 군사발전에 이바지하기 위한 연구와 예비역 지원활동 등을 하고 있는데, 주로 제가 공동대표나 임원을 맡고 있

는 나라사랑후원회를 비롯하여 한국군사문제연구원, 대한민국해군협회, 해군사랑장학회 등을 통해 하고 있습니다.

국방TV 리포터: 특히나 제독님께선 SNS 활동을 활발히 하고 계시더라고요. 특별한 이유가 있으신가요?

심동보 제독: 돌이켜 보면 국가로부터 많은 혜택을 입어 군에서 32년간을 봉직할 수 있었고 전역 후에는 대기업 임원으로 근무할 기회가 있었는데 소중한 경험을 재능기부 차원에서 SNS를 통해 공유하는 의미가 큰 것 같습니다. 조직을 통한 사회봉사 활동에 추가하여 SNS를 통해 특히 안보, 안전 및 리더십 관련 노하우를 효율적으로 공유하여 행복한 사회와 자유통일국가 건설에 기여할 수 있다면 보람 있는 일이 아니겠습니까? 참고로 현재 운영 중인 SNS는 '심동보 전략리더십센터'라는 공식 사이트와 '닮고싶은 리더 이야기'라는 블로그 외에도 페이스북 페이지인 '위대한 조국을 위한 자유의 리더십'과 '위대한 조국을 위한 스마트군대', 서 페이스북 타임라인, 트위터, 카카오 채널과 스토리, 20여 개의 밴드 등이 있습니다.

MC: 저보다도 SNS 잘 하시는데요. 제독님 덕분에 우리 군의 이미지가 더 좋아질 것 같습니다. 해군하면 이순신 제독과 리더십을 빼놓을 수 없잖아요. 심 제독님께서 최고로 꼽는 충무공의 리더십은 어떤 건가요?

심동보 제독: 너무나 훌륭하여 다 옮길 수가 없을 정도입니다만 제가

생각하는 이순신 제독의 리더십 요체는 정직, 희생, 창의 정신을 들 수 있겠습니다.

특히 개인적으로 인상 깊게 느낀 부분은 매일 군율 위반자들에 대한 처형을 단행할 정도로 기본은 엄격하게 확립하면서도 본인 스스로 부하들이 갖는 존경과 자부심의 중심에 서서 남이 하지 않는 새로운 방법을 끊임없이 추구하고 숙달하여 싸우면 반드시 이겨 나라를 구했다는 것입니다.

MC: 제독님께서도 실전리더십 10계명을 담은 저서가 있으시잖아요. 어떤 내용들을 담고 있습니까?

심동보 제독: 해군충무공리더십센터에서 2009년에 발행한 〈해군리더십논총〉 제2호에 실린 내용을 말하는데 제가 직접 체득하고 실전에서 성공적으로 적용한 리더십 원칙이 실려 있습니다.

제목만 소개하면 ① 일부터 장악하여 본보기가 되라. ② 열정을 다하여 무조건 헌신하라. ③ 부하를 믿고 위임하고 후원하라. ④ 위기 앞에 깨어나 온몸으로 맞서라. ⑤ 기본이 흔들리면 모든 것이 무너진다. 단호히 행동하라. ⑥ 부하들로 하여금 스스로 리더가 되게 하여 임무 앞에 저절로 움직이게 하라. ⑦ 꿈과 감동을 창출하고 부하들의 장점과 기를 살려라. ⑧ 진심으로 소통하고 믿음에 부응하여 임무형 운명공동체를 형성하라. ⑨ 전략적 사고로 효율과 효과를 극대화하여 헛고생을 시키지 말라. ⑩ 겸손하게 배워라, 그래야 의미 있는 변화의 주체가 될 수 있다 등입니다.

리포터: 조선시대에 이순신 제독이 있었다면, 21세기에는 심 제독님이더라고요. 제가 듣기로는 심 제독님을 해군 후배들이 가장 닮고 싶은 선배로 꼽았다고 합니다. 정말 좋으실 것 같아요. 어떻게 생각하세요?

심동보 제독: 좀 과장된 평판 같습니다만 해군사관학교에서 생도연대장 근무를 마치고 떠날 때 사관생도 총원이 편지를 써서 저에게 선물한 적이 있었는데 집에 와서 읽어보니 의외로 저를 닮고 싶다는 표현이 많더군요. 심지어 이순신 제독보다 더 존경한다는 글도 보이더군요. 신기하게도 사관학교 역사상 생도총원이 편지를 써서 선물한 경우는 현재까지 유일하다는 말도 들었습니다.

　전역 후엔 해군충무공리더십센터로부터 기고요청을 받는 과정에서 실무 부대의 후배 장교들이 저의 리더십이 연구대상이라고 하면서 제가 쓴 리더십 사례를 가장 읽고 싶어 한다는 조사결과를 전해 듣고 제가 실전에서 체득하여 적용한 리더십 원칙을 정리하여 기고할 수밖에 없었던 기억이 나는군요.

MC: 제독님, 군 시절이야기를 여쭤볼게요. 32년간 전투병과 장교로 복무하시면서 실전에서 신화와 같은 무공을 세우셨던 것으로 알고 있는데 가장 기억에 남는 일을 꼽으라면 어떤 이야기를 해주실 수 있을까요?

심동보 제독: 실제 치른 전투에서 기적적으로 승리한 것을 비롯하여 한 달 간의 철야 근무, 저를 떠나지 않는 부하들, 1년 만에 미국 국가안

보전략석사학위 취득, 한국군 정보작전(IO) 창시 등 생생한 기억이 많습니다만, 뭐니 해도 36년 전 칠흑같이 어두운 야간의 겨울 바다에서 공작원 6명이 탄 북한 무장간첩선을 76mm 함포사격 첫 발에 격침하여 화랑무공훈장을 탄 영웅 대접을 받은 기억이 아직도 생생합니다. 정말 '신념은 기적을 낳는다'는 말을 실감한 잊을 수 없는 전투였습니다.

1980년 12월 2일 새벽에 일본 영해에 근접한 대마도 서남방 해역과 남해도에서 각각 해상전투와 육상전투가 벌어졌었는데 우여곡절 끝에 북한의 무장간첩선이 격침되고 특수 공작원 9명이 간첩선과 함께 수장되거나 육상에서 사살되고, 육군 39사단 남해대대의 8중대장을 포함한 아군 3명이 전사한 작전이었는데, 세부적인 내용은 저의 공식 사이트와 앞서 말씀드린 SNS에 "기적을 낳은 전투: 북한 무장간첩선 격침 35주년의 회고"라는 글로 소개된 바 있으니 참고하시기 바랍니다.

MC: 첫 발의 격침이라! 우리 해군의 전투력이 정말 대단합니다. 늘 훈련을 하지만, 연습과 실전은 다르지 않습니까?

심동보 제독: "강한 파도는 강한 어부를 만든다"는 속담이 있습니다만 평소의 실전과 같은 교육훈련이 전승을 보장하는 열쇠임이 틀림없습니다. 앞서 이야기한 신화와 같은 해상 대간첩작전의 경우에도 수많은 참가세력 중 유일하게 제가 지휘한 함포가 북한 무장간첩선을 첫 발에 맞추어 격침할 수 있었던 것도 평소 당장 싸워도 이길 수 있도록

상하가 혼연일체가 되어 매진한 교육훈련 덕분이었던 것으로 생각합니다.

리포터: 해군의 작전은 군함에서 진행되는 거죠? 그만큼 지휘관의 리더십이 중요할 것 같은데요. 어떤가요?

심동보 제독: 육지를 떠나 바다에서 작전하는 군함은 그 자체가 전장이자 국가입니다. 따라서 항상 '오늘 일전이 있다'고 생각하고 모든 승조원들이 스스로 임무를 찾아 철저하게 대비하지 않으면 실제 전투에서 승리할 수 없습니다. 당연히 함장은 이와 같은 임무형 운명공동체의 중심에서 '부하들에 대한 최대의 복지는 승리를 선물로 주는 것'임을 명심하고 사심 없이 지휘해야 하는 것입니다.

MC: 늘 긴장의 연속이라, 함정 생활이 쉽지는 않을 것 같아요. 그만큼 해군의 전우애 또한 남다를 것 같은데요?

심동보 제독: 고사성어에도 나오는 이야기입니다만 상관과 부하가 욕심이 같아야 전우애가 생기고 승리도 할 수 있습니다. 상관의 솔선수범은 부하들이 갖는 믿음과 추종의 근원입니다. 평생 교훈이 된 중위 때의 잊을 수 없는 경험에 의하면 솔선수범의 중요성을 실감하게 됩니다. 호위구축함 전투정보관으로 근무하면서 함장님으로부터 부여받은 특수임무 완수를 위해 한 달 간을 철야로 근무하면서 전 승조원을 혹독할 정도로 교육, 훈련하여 주변 장교들이 걱정할 정도로 원성을 산 적이 있었는데 오히려 고생한 장병들의 대부분이 저를 가장 존

경한다는 설문조사결과를 전해 듣고 리더십의 비결을 확신한 적이 있었습니다. 장병들은 사심 없이 임무에 충실하고 솔선수범하는 상관에 대해 자부심을 가지고 기백 있게 스스로 임무에 충실하다는 것이었습니다. 또한 저와 같이 근무한 병사들은 발령이 나도 떠나지 않겠다고 저를 찾아와 호소하는 경우가 많아 오히려 애로를 겪을 정도였는데 어떤 병사는 준위인 부친의 성화에 못 이겨 누구나 선호하는 해군본부로 발령 나 떠났다가 6개월 후 다시 돌아와 전역할 때까지 저와 함께 전투함에서 근무한 경우도 있을 정도였습니다.

리포터: 그렇다면, 제독님이 생각하는 해군의 매력은 무엇인가요?

심동보 제독: 한마디로 가장 충직하고 희생적인 집단이라는 것입니다. 한 예로 1990년 중령으로서 호위함의 부장으로 근무할 때였습니다. 해군 2함대 작전해역에서 출동 경비작전 수행 중인 저희 군함에 중소기업중앙회 산하 기업의 노조위원장 200여 명이 편승하여 함정을 견학한 후 승조원들과 대화하고 같이 식사하는 행사가 있었는데 그들의 반응이 의외였습니다. 가족들과 떨어진 열악한 근무환경 속에서 상시 긴장된 임무를 수행하는 전문가들의 봉급이 자기들보다 훨씬 적으면서도 직업과 소속 부대에 대한 자부심과 근무의욕은 비교가 되지 않는다는 것이었습니다. 연봉 인상 및 처우 개선을 위한 그간의 데모를 접고 자숙해야겠다고 다짐할 정도였습니다. 이와 같은 일화는 중소기업중앙회 신문에 일주일간 연재되어 소개된 적이 있었습니다.

2016년 3월 23일 국방TV 〈진군가, 전설의 전우〉에 출연하여 인터뷰한 장면이다.

MC: 해군 역사상 전무후무하게 제독님이 지휘한 군함이 벤치마크십으로 선정됐다고 하던데요. 벤치마크십 선정이 갖는 의미는 무엇인가요?

심동보 제독: 1997년 5월 22일 연례 해상지휘관 회의 시 제가 지휘하던 군함이 출동 중이라 저도 참석하지 않은 상태에서 해군작전사령관이 선포하였는데, 모든 것을 제가 함장으로서 지휘 관리하는 군함이 하는 대로 모든 군함들은 따라서 하라는 메시지가 담겨 있었다고 합니다. 선정된 이유는 해군에서 '구타 및 가혹행위 없는 유일한 부대'로 조사되어 모든 부대에 전파되고, 전비태세 평가결과 해군 작전사 최우수 1급함으로 선정되는 등 해군의 기함으로서 작전, 교육훈련, 정비, 병사관리, 부대관리, 행사 등 모든 분야에서 귀감이 되었기 때문으로 보입니다. 전비태세 우수함은 매년 선발하지만 벤치마크십 선정은 해군 역사상 전무후무한 사례라고 합니다.

MC: 해군 역사에 혁혁한 공을 정말 많이 세우셨는데요, 제독님의 뒤를 이를 후배들에게 당부 말씀 부탁드리겠습니다.

심동보 제독: 군인만큼 거창한 명분을 지닌 신분은 없습니다. 국가와 국민을 위해 목숨까지 바치는 군인보다 신성한 직업은 없습니다. 당연히 자부심을 가지고 당당하게 근무하고 생활하시기 바랍니다. 어떠한 직책에서 어떤 임무를 수행하던 자기 자신과 부하들의 존엄을 지키시기 바랍니다. 자존을 위해 우선 임무 앞에 솔선수범하시기 바랍니다. 모든 부대원들의 자랑이 되도록 항상 분발하시기 바랍니다. 지휘관과 소속 부대에 대한 자부심이 높은 병사는 절대로 문제를 일으키지 않습니다. 그렇게 하면 전역 후에도 인생의 주인공이 될 수 있습니다.

MC: 마지막으로 앞으로 계획에 대해 말씀 부탁드리겠습니다.

심동보 제독: 한국군사문제연구원, 대한민국해군협회, 나라사랑후원회, 해군사랑장학회 등의 임원으로서, 또 링컨사상연구소 링컨아카데미의 발기인으로서 국가안보와 국민안전, 그리고 정직한 리더십의 지킴이가 되고, 나아가 자유통일의 씨앗이 되겠습니다. 내년에 발간할 저서를 통해 제가 체득한 필승의 리더십 원칙과 사례, 그리고 국가 리더십과 안보전략 등을 소개할 예정입니다.

— http://youtu.be/aATCCIZMoYM

제3부

국가 리더십과 안보전략
결심우세

남북한 최고리더십 전쟁의 승자가 통일한국의 주인공이다.

제 1 장

★

최고리더십 전쟁과 자유통일

노블리스 오블리제,
사실 투사

국가 지도층의 정직과 헌신이 자유통일을 견인한다.

국가안보전략 기조

정부는 2014년 2월 3일 국가안보전략을 구현할 수 있는 최상위의 국가의사결정체계를 가동했다. 2013년 12월 11일 국가안보실 직제 개정 후 박근혜 정부 출범 1주년을 3주 남겨 놓은 시점에 국가안전보장회의(NSC, National Security Council) 사무처장 겸 국가안보실 1차장을 내정함으로써 국가안보전략을 종합적으로 수립하고 총괄할 수 있게 한 것으로 보인다.

만시지탄이나 '통일은 대박'으로 상징되는 남·북 통일 담론의 와중에 북한의 핵·미사일 위협과 주변국 간 패권경쟁이 도를 넘어가고 있는 이 엄중한 시기에 종합적인 안보지휘체계가 출범한 것은 여간 다행이라 아니할 수 없다. 우리에 앞서 미국의 NSC와 유사한 기구를 일본(국가안보회의 — 국가안보국)과 중국(국가안전위원회)이 경쟁적으로 설립한 사례가 웅변하듯이 이번에 출범한 국가안전보장회의는 국가이익 구현의 최고 사령탑 역할을 맡아 첨예한 국가이익이 부딪히는 국내외 정세를 주도하여 자유평화통일을 견인할 것으로 기대한다. 또한 국가안전보장회의의 핵심 기능과 국가안보전략이 지향할 방향과 범위를 제시하고자 한다.

국가안전보장회의는 대통령 자문기구로서 안보정책을 통합관리하는 기능을 주로 수행하지만 핵심적인 역할은 대통령의 결심우세24(decision superiority)를 확보하는 것이다. NSC에서 수립하여 대내외적으로 천명해야 하는 국가안보전략은 국가이익을 지키고 증진하기 위하여 국력을 구성하는 모든 요소의 통합적 사용을 기획하는 것이나 국토방위 및 국민의 생명과 재산 보호라는 물리적 안보개념에 안주하여서는 안 된다. 대한민국의 헌법정신과 국정기조가 투영된 국가이익이 종합적으로 체계화되어 일관성 있게 구현될 수 있어야 한다.

학문적으로 국가안보전략의 근원인 국가이익은 물리적 안보(physical security), 번영(prosperity), 가치 보존 및 투사(value preservation & projection), 유리한 국제질서(favorable world order) 등이다. 미국 오바마 행정부의 국가안보전략(National Security Strategy, May 2010)이 추구하는 국가이익도 "안보(Security), 번영(Pros-

---

24 결심우세란 지휘자나 조직이 상황을 지속적이고 정확하게 인지함으로써 대립한 상대보다 양질의 결정을 더 빠르게 내리고 실현하는 데에서 발생하는 상대적 우위를 뜻한다.

perity), 가치(Values), 국제질서(International Order)" 등이다.

대한민국은 대외적으로 공표한 국가안보전략은 없으나 4대 국정 기조(경제부흥, 국민행복, 문화융성, 평화통일 기반구축)에 국가안보 전략이 구현해야 할 핵심적인 국가이익이 포함된 상태라고 생각한 다. 차제에 최상위의 국가안보전략에 포함되어 추진되어야 통합효 율성을 제고할 수 있을 것으로 보인다.

국가안보전략은 '① 안보: 북한의 비핵화 및 도발 억제, 평화통일 기반 구축. ② 번영: 경제 부흥, 문화 융성 및 국민행복 보장. ③ 가 치: 대북 사실투사, 비정상의 정상화, 헌법 수호 및 자유민주적 법 질서 확립, 국가정체성 재확립 및 국민적 자부심 고양. ④ 국제질 서: 대(對) 주변국 해양권익 및 영토주권 확보, 국제평화 유지 기여' 를 지향해야 할 것으로 판단되는바 최우선적으로 구체적인 입안을 하여 대통령 명의로 공표하여 시행함으로써 대외적으로 전략적 주 도권을 장악하고 대내적으로 총력안보태세 확립을 위한 일관되고 통일된, 최상위의 전략 지시로 활용해야 할 것이다.

— 2014. 2. 11. 심동보 전략리더십센터

김정은을 발가벗기는 수밖에 없다

북한 핵미사일 위협에 백가쟁명이 한창이나 문제의 본질을 놓치고 있는 것은 아닌지 냉정히 돌아볼 필요가 있다. 개성공단 폐쇄와 국제적 대북제재 강화, 방어용 사드 배치, 핵·미사일 시설 정밀타격, 김정은 참수 작전, 한국의 핵무장, 그리고 여전한 대화와 협상에 이르기까지 다양한 대책들이 혼재하나 위협의 근원을 없앨 수 있는, 실현성 높고 결정적인 비책은 보이지 않는다.

북한 핵문제에 대한민국과 국제사회가 직면한 지도 벌써 20여 년이 지났으나 금번의 4차 핵실험(수소탄)과 장거리 탄도탄 시험발사(광명성 4호)로 그동안 우리가 쏟아부은 모든 노력이 의미가 없음은 분명해졌다.

결정적 기회가 없지는 않았다. 1994년, 필자가 중령으로 합참에서 근무하였을 때 한·미 연합으로 함께 검토했던 영변 핵시설에 대한 정밀타격이 실행되었더라면 핵위협이 제거되는 것은 물론 이미

한반도가 자유통일이 되었을지도 모른다.

이 문제에서 제네바 합의 타결의 주역인 로버트 갈루치(Robert Gallucci) 전 미국 북핵 특사가 이미 2013년 3차 핵실험 직후 "지난 20년간의 북핵 정책은 총체적으로 실패했다"고 밝히기도 하였으나 신뢰회복에 연연한 우리의 대북정책은 악화되는 북한의 도발에도 불구하고 위협의 근원에는 접근하지 않았다. 그 결과 "지난 10년간의 유엔 대북제재는 실패했다"는 유엔 기밀보고서가 최근 다시 밝혔듯이 지금까지 우리 정부와 국제사회가 기울여 온 모든 노력이 허사였다는 사실이 명백해진 것이다.

연이은 도발을 하고도 김정은은 우리와 국제사회의 제재와 압박을 비웃고 있다. 집권 5년 동안 핵실험 두 번, 장거리 탄도 미사일 시험 세 번이 이루어졌는데, 정작 강도는 더 큰소리를 치고 매번 얻어맞은 피해자는 위협의 근원엔 접근조차 못한 채 전전긍긍하는 모습이다. 앞으로도 핵을 포기하면 살고 계속 버티면 죽는다는 사실에 직면하지 않는 한 김정은은 계속 우리를 조롱할 것이다.

'북핵의 근원'이자 북한의 전략적 중심은 신격화된 김정은 세습독재리더십이다. 기를 쓰고 지키려는 이른바 '최고 존엄'의 우상화 포장이 벗겨지는 순간 북한 전체주의체제는 붕괴될 수밖에 없다. 북한 주민들에게 '최고 존엄'이 '최악 괴물'로 인식되기 전에 김정은은 둘 중 하나를 선택해야 한다. 핵이냐 목숨이냐.

만악의 근원인 김정은 최고리더십을 피 한 방울 흘리지 않고 우리 힘으로 와해할 길이 있다. 연성작전(*soft kill*)의 일환으로서 공세적

정보작전(*information operation*)에 의한 사실투사(事實投射, Truth Projection)를 전면 시행하면 된다. 작년의 목함지뢰 도발에 대한 응징으로 이미 효과가 입증된 대북 확성기 방송에 추가하여 대북 전광판 가동, 전단작전, 물포작전, 공보작전, 사이버전, 전자공격, 예방적 정밀타격 등을 선별적으로 통합하여 효과 위주로 전면 시행하기만 하면 된다.

실패했으면 바꿔야 한다. 목표도 정책도 사람도 다 바꿔 위협의 근원을 제거하는 데 집중해야 한다. 그 주역은 김일성 정권 때부터 속아 온 북한 주민들이다. 그들 자신이 우상화된 거짓 리더십의 노예 신분임을 자각하고 자유민주주의 시장경제체제에 동화될수록 위협의 근원도 비례하여 소멸될 것이다.

대북정책의 패러다임을 한반도의 근원적 위협인 '김정은 우상화 최고리더십 와해'로 전환해야 한다. 평양에 삐라가 눈처럼 뿌려지는 날 김정은은 울게 될 것이다. 대한민국이 주도하는 효과 기반 전략과 단합된 의지가 관건이다.

— 2016. 2. 10. 심동보 전략리더십센터

북한 핵 무장 해제에 국가의 운명이 걸렸다

민주적 서양문명의 원천을 제공하고 고대 아테네 제국의 전성기를 이룬 페리클레스(Pericles, BC 495~429)가 말하길 "안보의 3대 악은 무지, 나약, 태만"이라고 했다.

온 국민의 생존과 국가의 존망이 걸린 적의 절대무기에 속수무책으로 노출된 국가가 전범 집단을 믿고 대화를 통해 거짓 평화를 추구하면서 공동의 번영과 평화통일의 환상에 빠져 있는 행태야말로 '안보의 3대 악'의 전형이다.

북한 핵개발과 전력화에 무지하고 나태했던 역대 정부의 대북정책은 총체적으로 실패했다. 그 결과 대한민국은 특단의 대응책을 강구하지 않는 한 핵·미사일을 앞세운 북한 세습독재집단의 적화통일 시도 앞에 무릎을 꿇는 치욕을 당할지도 모르는 위기상황을 맞고 있다. '삼전도의 굴욕'과도 비교할 수 없을 정도의 먹구름이 몰려오고 있는 것이다.

미국 국무부 북한담당관 출신이자 인터넷 매체인 '38노스' 대표인 조엘 위트(Joel Wit)는 2월 24일 북한이 현재 보유한 핵무기 규모를 10~16개로 전제하고 2020년이면 최대 100개의 핵무기를 보유할 것으로 추정했다.

북한은 이미 핵무기를 전력화하였거나 실전배치 직전단계에 진입한 엄중한 상황인데도 국가안보 수뇌부는 국민들에게 사실을 제대로 알리지 않고 북한 독재집단의 선의와 요행에 의지함으로써 북한 핵무장 해제를 위한 근본적 대책을 제시하지 못하고 있다.

킬 체인(kill chain, 선제타격 체제)과 한국형 미사일 방어체계(KAMD)가 구축되는 2023~2024년이면 북한의 핵·미사일에 대한 대응은 이미 불가능하다. 수백기의 이동식 발사대(TEL, transporter erector launcher)를 완벽하게 탐지하여 발사 전에 선제 타격할 수도, 동시에 발사되는 핵 탄도미사일을 완전하게 요격할 수도 없다.

1962년 쿠바 핵 탄도미사일 위기 시 미국 케네디 대통령은 공식성명을 통해 "쿠바 미사일 기지의 완공을 강행한다면 이를 선전포고로 받아들일 것이며, 제3차 세계대전도 불사하겠다"고 천명하고 쿠바에 대한 해상봉쇄를 통한 압박과 비밀공작(covert action)을 통해 위기를 극복했다.

미국의 U-2기에 의해 쿠바에 건설 중이던 소련 미사일 기지가 발견된 1962년 10월 14일부터 소련이 미국에 미사일 철거결과를 최종 통보한 12월 7일까지 불과 한 달도 걸리지 않았다.

반면 우리는 1982년 미국의 정찰위성에 의해 북한 영변의 비밀 핵무기 개발시설 건설현장을 처음으로 포착한 후 33년, 북한의 핵확산금지조약(NPT, Non-Proliferation Treaty) 탈퇴와 IAEA의 유엔안보리 회부로 대두된 '북핵 위기'가 발생한 1993년으로부터는 22년이나 지났다.

물론 1994년 10월 북·미 간 제네바협정에 의해 북한이 핵개발을 포기한 적도 있지만 '고난의 행군'으로 체제유지가 급선무였던 북한 독재집단의 속임수였다. 대화와 지원은 해결책이 되지 못하며 오히려 핵무기 고도화와 대량 생산에 필요한 시간과 재원만 제공하는 결과를 초래했음이 분명한데도 우리 정부는 여전히 미련을 버리지 못하고 있다.

북한의 핵 무장을 해제시키는 것보다 급선무는 없다. 국가의 존망이 걸려 있기 때문이다. 엄중한 상황에 대한 국민들의 인식과 거국적 협조를 바탕으로 국제사회와 협력하여 위기를 극복해야 한다. 특단의 대책을 제시한다.

① 대통령은 특별 대국민 특별성명을 통해 북한 핵위협의 심각성을 사실대로 국민들에게 알리고 비상하게 대처해야 한다.
② 북한 김정은 정권을 직접 겨냥한 비대칭적 압박과 함께 체제유지를 보장하는 조건으로 개발한 핵무기의 전면 폐기와 개발 및 생산 시설의 철거를 시한부로 요구해야 한다.

③ 불응 시 김정은 세습 우상화 리더십을 와해하여 체제를 전환시켜야 한다. 그 방법은 북한에 대한 '사실투사'로 체제 수호 핵심세력으로부터 엘리트층과 북한 주민들을 분리시켜 체제 붕괴의 원군으로 삼아 내부 변혁을 촉발시키는 것이다. '사실투사'는 정보작전으로 가능하다.

④ 내부로부터의 북한 체제 전환을 지원하고 북한의 군사적 도발을 억제하기 위해 국제사회와 협력하여 초강도의 대북제재와 함께 군사적으로 대북 봉쇄를 단행해야 한다.

⑤ 국내적으로는 믿고 싶은 북한만 보려는 인지부조화 현상과 이를 부추기는 집단을 발본색원하고 총력안보태세를 구축하여 북한 핵무장 해제를 위한 전열을 갖추어야 한다.

우리가 하기에 따라 분단 70년이 자유통일의 해가 될 수도 있다. 정직하고 용기 있는 국가 최고리더십과 함께 온 국민이 희생과 용기의 '3·1 정신'으로 재무장하면 북한의 핵무장을 해제하고 자유통일 한국을 건설하여 세계적 강국으로 도약할 수 있다.

— 2015. 3. 1. 심동보 전략리더십센터

최고리더십의 승자가
통일한국을 건설한다

핵전쟁 위협을 일삼는 한편으로 "핵은 민족 공동의 보검"이라고 주장하는 북측과 대화를 통해 핵문제를 해결하기란 불가능하다. 북핵 개발 초기에 과감하게 제거하지도 못한 상태에서 오히려 순진한 '햇볕정책'으로 결과적으로 북핵 고도화를 방조한데다 요격할 수 있는 방어체계도 완비하지 못하여 '거부적 억제력'도 갖추지 못한 상태에서 미국이 제공하는 '확장억제'와 '핵우산'에 의존하고 있는 대한민국이 민족의 공멸과 주변국에 위협을 초래할 핵을 가진 북한과 어떻게 평화통일을 이룰 수 있을지 의문이다.

북한이 핵과 미사일로 무장한 이유는 체제유지가 전부다. 3대 세습 유일독재체제 유지를 위한 핵심 수단을 스스로 포기하는 것은 북한정권 입장에선 자살행위나 다름없을 것이지만 무리하게 보유한 핵이 오히려 체제붕괴를 가속화할 수 있음을 인식하게 되면 손에 잡은 뜨거운 감자를 내던져 버리듯 북한 스스로 핵을 포기할지도 모른다. 핵 보유가 아니라 체제유지가 지상목표이기 때문이다.

북한 체제는 핵이 아니라 우상화 리더십에 속고 공포에 주눅 든 북한 주민이 떠받치고 있다. 북한의 3대 세습 유일독재체제를 떠받치는 힘의 원천, 즉 전략적 중심 (strategic center of gravity) 은 핵이 아니라 김정은 최고리더십이다. 이것이 와해되면 북한체제는 붕괴된다. 우상화로 조작된 최고리더십은 진실 앞에서는 취약이므로 북한 주민이 각성하기만 하면 필연코 와해될 수밖에 없는 것이다.

물리적 파괴 위주의 강성작전 (hard kiil) 이 아니라 연성작전 (soft kill) 으로 북한 주민을 깨워 체제에 저항하도록 할 수 있다. 대북 심리전을 포함한 정보작전에 의한 사실투사로 이른바 '최고 존엄'을 발가벗겨 북한동포들 앞에 세워야 한다. 정보작전의 제 기능인 전자전, 공보작전, 민군작전, 심리전 (전단작전, 물품작전), 사이버전 (컴퓨터네트워크작전), 군사기만 등을 통합·동시화하여 사실을 투사하면 각성된 북한 주민과 저항세력에 의해 김정은의 조작된 리더십은 와해상황에 직면할 수밖에 없게 될 것이다.

2004년에 철거한 휴전선의 대북 확성기 방송과 전광판부터 재설치하고 북한 전역에 대한 공세적 정보작전태세를 구축하여 북핵 폐기를 시한부로 압박해야 한다. 북측의 즉각적이고 가시적 조치가 없으면 휴전선에서부터 북한 전역에 걸쳐 전단, 라면, 초코파이, 달러 지폐, CD 등을 눈처럼 뿌리고 방송, 인터넷, 휴대폰 메시지, 전화, 군 통신망 등 모든 가용 수단을 총동원하여 핵 포기를 선언할 때까지 전 방위로 진실을 알려 북한정권을 압박해야 한다.

2014년 5월 15일 채널A 〈뉴스특급〉의 안보진단 프로그램에 출연하여
대북 사실투사로 김정은 리더십을 와해하고 북핵을 제거할 수 있다고 주장하였다.

'핵만 포기하면 대한민국 국민처럼 자유롭게 잘살 수 있다'는 메시지를 접한 북한 주민들은 스스로 저항세력으로 변할 것이다. 북한정권은 조직적 저항기반이 구축되기 전에 핵으로 지킬 수 없는 유일독재체제의 붕괴를 막기 위해 핵을 포기하고 개혁개방정책을 펼치게 될 것이다. 결국 그들이 말하는 '최고 존엄'을 와해할 수도 있는 우리의 의지와 결단이 '통일 대박'을 만들 수 있는 것이다.

결국 한반도는 최고리더십 전쟁의 승자가 원하는 방향으로 통일이 될 수밖에 없다.

— 2014. 5. 15. 채널A 〈육·해·공 안보 진단〉

국가의 근본과 전략적 중심에
국운이 걸렸다

나라가 잘 되려면 우선 근본이 바로 서고 국력의 원천인 전략적 중심에 흔들림이 없어야 한다. 국민이 안거낙업(安居樂業) 할 수 있는 토대다.

국가의 운명이 걸린 엄중한 상황임에도 나라는 분열되고 국가 최고리더십이 훼손되고 있다. 믿고 싶은 것만을 근거로 분열이 심화되고, 끝없는 소모전이 국력을 깎아 먹어 번영을 가로 막고 있다. 김현희의 KAL기 폭파 음모설, 광우병 촛불난동, 천안함 폭침 및 세월호 침몰 음모론, 제주해군기지 건설 방해, 북한 인권법 표류, 이석기 일당의 내란음모… 시대착오적 인지부조화 현상에 함몰된 이적세력을 발본색원하지 않는 한 국가의 근본을 바로 세우기 힘든 형국이다.

북한의 핵미사일을 머리에 이고도 이해할 수 없을 정도로 여유롭다. 우리 힘만으로 안 되면 동맹국인 미국과 협조하여서라도 요격체계를 구비함이 급선무임에도 중국의 눈치를 보느라 망설인다. 우리 나라에 필요한 고고도 미사일 방어체계인 사드(THAAD, *terminal high altitude area defense*)는 북한 핵미사일 요격용일 뿐 중국과는 무관한데도 중국의 반발을 빌미로 배치에 소극적이다.

그러나 중국은 오히려 북한 핵을 강대국 외교의 지렛대로 활용하여 영향력을 확대하려고 한다. 중국이 북한에 대한 영향력을 행사하여 핵을 포기시키지 않았기 때문에 우리는 사드를 배치하여 자위적 요격체계를 구비하지 않을 수 없다고 압박할 용기도 없단 말인가? 사드 배치는 북한 핵미사일 위협에 대처하면서 중국을 통해 북핵 폐기를 압박할 수 있는 수단이 될 수 있다.

러시아 정부가 초청한 이른바 '전승기념식'에 우리 대통령이 참가해야 하느니, 말아야 하느니 의견이 분분하다. 이 사안도 나라의 근본이 걸린 문제다. 독일군의 침공을 물리친 전쟁을 기념하는 자리에 우리 대통령이 참석하여 6·25 침략전쟁의 지원국이자 우크라이나 침략전쟁의 전범국가에 면죄부를 주는 행위는 자유 대한민국을 부끄럽게 하는 일이다.

과거사에 대한 진정성 있는 반성과 사죄가 없는 일본 정부의 패권주의가 도를 지나치고 있다. 그러나 중국에 대한 경제적 의존도에 못지않은 경제안보적 이익이 일본과의 관계에 있음을 간과해서는 안 된다. 해양을 주 무대로 한 한미일 협력관계에 따라 중국과 러시아에 대한 우리의 입지에 결정적인 영향을 미칠 수 있음을 인식해야 한다.

대부분 수명주기를 초과한 노후 무기체계의 취약점을 극복하기 위해 핵미사일 위주의 비대칭전력에 의존한 단말마적 무력시위로 연명하고 있는 북한 세습독재집단은 대한민국 주도의 자유통일을 전제로 다루어야 한다. 김정은과 유일체제를 결사옹위하는 핵심지지층으로부터 엘리트집단과 북한 동포들을 분리하여 자유통일의 원군으로 삼아야 한다. 방송, 휴대전화, 인터넷, 전단 및 생필품 투하, 휴전선의 대북 확성기 및 전광판 등 다각적인 방법을 총동원하여 북한에 외부 정보를 유입되도록 하여 우상화 리더십을 와해해야 한다. '사실투사'로 북한 주민들이 깨어나야 자유통일 기반을 구축할 수 있다.

미국은 우리의 유일한 군사동맹국이다. 유일 초강대국이자 세계 질서의 중심에 있으면서 해방 후 70년과 미래를 담보할 힘의 원천이다. 미국과 멀어지면 중국도, 러시아도, 일본도, 북한도 우리를 함부로 대할 가능성이 높아진다. 반대로 미국이 우리와 함께하면 그 반대다. 한미동맹이 대한민국의 전략적 중심인 이유다.

— 2015. 2. 23. 심동보 전략리더십센터

사실투사로 김정은 리더십과
핵을 무력화하자

절대무기인 북한 핵에 대한 대응전략의 패러다임 전환이 긴요해 보인다. 북한 전체주의 세습독재집단의 주장을 그대로 믿지 않더라도 여러 정황상 북한 핵미사일 위협은 이미 우리의 대응능력을 초과한 것으로 보인다. 그러나 대응전략과 수단은 미흡하다 못해 무력해 보일 정도다.

북한이 기를 쓰고 핵과 투발수단 개발 및 고도화에 매달리는 이유는 상식이 된 지 오래다. 세습독재체제 유지와 적화통일 수단으로 그만큼 효과적인 수단이 없기 때문이다.

2006년 10월 9일 제1차 핵실험 당시 김정일은 비공식 대변인인 김명철 조미평화센터소장을 통해 "적화통일의 원동력을 구축하기 위한 것"이라고 단언했었는데 공포정치로 체제유지에 혈안이 된 김정은은 더 말할 것도 없이 핵만이 대한민국을 압도하고 체제위기를 벗어나는 유일한 길이라는 확고부동한 전략을 가질 수밖에 없을 것이다.

반면, 우리의 경우 1991년 12월 31일 남북 간에 합의한 '한반도 비핵화에 관한 공동선언'은 휴지 조각이 되어 버렸고, 1994년 10월 21일 미·북 간의 '제네바 합의'도 참담한 실패로 막을 내렸다. 북한의 전략적 본질을 놓친, 순진한 거짓평화주의는 대한민국을 핵미사일의 위협을 머리에 이고 지내는 신세로 전락시켜 버렸다.

북한이 핵무기 소형화 기술을 완성한다면 1천여 기의 탄도미사일에 핵탄두를 탑재할 수 있는 능력을 갖추게 된다. 더욱이 북한은 실전 배치된 탄도미사일을 신속히 이동해 어느 곳에서나 발사할 수 있도록 하는 이동식 발사대(TEL) 100~200대를 보유하고 있다.

사악한 전범집단의 절대무기에 노출된 대한민국의 현행 대응전략은 세 가지다. 핵미사일을 제거하는 것이 첫 번째요, 감히 핵공격을 하지 못하도록 보복 핵공격력으로 확실하게 억제(확장억제)하는 것이 두 번째요, 우리 땅에 핵미사일이 떨어지기 전에 요격(미사일 방어, MD)하는 것이 마지막 전략이다.

북한이 스스로 폐기하게 하거나 무력으로 파괴하거나, 핵미사일 제거에는 우리의 적극적인 의지가 관건이다. 미국의 핵우산(핵 보복 억제력)에 의존한 확장억제는 미국의 보복 핵공격 실행과 김정은의 리더십이란 불확실성이 완전억제를 제한하는 요소로 작용한다. 미사일 방어를 위한 킬 체인, 한국형 미사일 방어체계, 고고도 미사일 방어체계(THAAD) 및 함상요격체계(SM-3)는 적의 핵미사일 실전

배치 전에 전력화 및 실전배치가 제한될 뿐만 아니라 수많은 이동식 핵미사일 발사대를 완벽하게 탐지하여 짧은 시간에 전부 요격하기도 쉽지 않다.

북한이 미사일 탄두에 탑재할 수 있을 정도의 핵무기 소형화 기술을 개발하고 있다는 판단에 따라 지난 4월 14일에 제7차 한·미 통합국방협의체(KIDD) 회의를 통해 4D(Detect, Defense, Disrupt, Destroy) 작전개념을 구체화해 작전계획 수준까지 발전시키기로 합의하여 '한미억제전략위원회'(DSC)가 출범되기는 하였다. 그러나 2020년대 초에나 구축될 한국형 미사일 방어체계와 킬 체인을 통해 북한 전역에 분산 배치된 이동식 발사대를 완벽하게 탐지해 파괴하기는 쉽지 않을 것으로 판단되는 것이다.

단 한 발만 우리 땅에 떨어져도 치명적인 북한 핵미사일은 기존의 대응전략으로 완전하게 무력화할 수 없다. 국가의 존망이 걸린 문제 해결을 위해 국가안보전략의 패러다임 전환이 긴요한 이유다. 대응전략의 핵심은 북한의 전략적 중심(重心)인 우상화된 김정은 최고리더십을 직접 겨냥한 '비대칭적 적극억제 전략'이며 구현방법은 피 한방을 흘리지 않는 연성작전인 정보작전이다.

서두에서 언급한 대로 체제유지와 적화통일의 원동력으로 삼기 위해 보유한 핵미사일이 오히려 체제유지의 최대 방해물이 되면 북한정권은 스스로 핵을 폐기할 수밖에 없을 것이기 때문이다.

북한정권이 그토록 과민반응을 보이는 대북 전단실포를 포함한 심리전, 사이버전(CNO, *computer network operation*), 전자전, 공보작전, 민사작전, 군사기만 등을 통합한 정보작전에 의한 사실투사가 핵무기보다 강력한 우리의 비대칭적 무기다.

다행히 금번 북한의 지뢰 및 포격도발에 대한 우리의 강경대응이 국민의 자부심과 기백을 드높이고 결전의지를 결집시키고 있다. 전역대상 장병들이 스스로 전역을 연기할 정도로 총력안보태세가 굳건해지는 긍정적 현상을 낳고 있다. 우리가 하기에 따라 차제에 김정은의 우상화 최고리더십을 와해할 수 있는 기회가 될 수도 있다.

금번 사태는 북한 김정은의 자승자박이 분명한데도 또다시 우리의 입장을 약화하기 위한 북한의 지연전술에 이용당하는 우를 범하면 안 된다. 공산전체주의자에겐 오로지 우리가 행사하는 힘의 논리가 통할 뿐임이 증명되었기 때문이다.

이번 사태를 적당히 미봉해 버리면 위협의 근원을 제거할 수 없다. 협상의제를 적의 도발위협 제거로 단순화하여 도발에 대한 사과와 책임자 처벌 및 재발방지 약속이 없으면 협상종료를 선언해야 한다. 대신 대북 심리전 등 사실투사를 강화하여 그들의 '최고 존엄' 와해를 압박하여 핵을 폐기시켜야 한다. 그것이 도발의 원천을 제거하여 북한동포를 해방시키고 자유통일기반을 구축할 수 있는 길이다.

차제에 재가동한 대북 확성기 방송뿐만 아니라 2004년도에 철거한 휴전선 일대의 대북 전광판도 재설치하여 가동하고, 대북 전단 및 물품작전을 민군합동으로 전개하여 진실을 알려야 한다. 진실에

눈뜬 굶주린 북한군을 비롯하여 핵심 계층과 주민의 이반이 걷잡을 수 없게 되면 김정은 스스로 핵을 폐기할 수밖에 없을 것이다. 그렇지 않으면 북한체제는 붕괴될 것이기 때문이다. 자유통일의 길까지 열 수 있는 일거양득의 북핵 대응전략으로 '비대칭적 적극억제전략'을 제시한 이유다.

— 2015. 8. 24. 채널A 〈뉴스특급〉
"남북고위급 접촉 사흘째 강행군 '총력전'"

의사내전에서 승리해야
자유통일을 할 수 있다

사드 배치를 둘러싼 분열과 혼란을 보면 나라가 제정신인지 아연실
색할 지경이다. 도저히 상식과 순리가 통하지 않는 막무가내 천지
다. 이러고도 나라가 온전하고 미래의 희망을 보장할 수 있을까?

기억에도 선명한 광우병 괴담과 평택 미군기지 건설 반대에서부
터 제주 해군기지 건설 반대와 천안함 폭침 및 세월호 의혹 조작에
이은 사드 배치 반대에 이르기까지 이 나라에 만연한 거짓선동과 난
동은 나라의 운명을 걱정해야 할 정도가 되어 버렸다.

북한의 핵미사일에 대한 종말단계 고고도 지역방어체계인 사드
배치를 두고 국내외에서 점입가경으로 전개되고 있는 행태와 반대
논리는 한마디로 억지다. 특히 사드의 전자파 유해론에 주로 근거한
지역 주민들의 배치 반대 주장은 대통령 출타 중 직무를 대행하는
국무총리와 국방부 장관의 해명은 듣지 않고 물리력을 동원하여 배
치 결정 철회를 요구하며 7시간 동안이나 사실상 감금하는 지경에까

지 이르렀다.

사드 배치에 대한 중국의 위협적 반발에 이은 러시아의 반대와 북한의 적반하장식 위협은 차치하고 북한 핵미사일 위협에 직접 노출된 당사국에서 일어나고 있는 이전투구는 부끄럽고 창피한 우리의 민낯이다.

휴대전화보다 덜 해로울 정도로 인체와 생태계에 피해를 주지 않는 사드 배치 자체가 아니라 정파적 이익에 매몰된 집단과 이적 세력의 거짓 선동과 북한의 적화전략이 맞물려 님비(Not In My Back Yard) 대한민국을 의사내전(擬似內戰) 상태로 휘몰아 넣고 있다.

북한의 핵미사일의 직접적 공격 대상인 대한민국의 안위가 경각에 달려 있는 상태에서 민간 비전문가들이 필수 방어수단의 배치를 방해하고 정치권과 언론까지 나서서 부추기는 작태야말로 망국적 행위가 아닐 수 없다.

이러한 이적 행위가 공공연하고 일사불란하게 전개될 수 있는 것은 전문적인 불순세력의 사주, 선동 및 지원 없이는 불가능하다. 북한 세습독재집단에 의한 적화통일을 염원하는 반국가세력이 대한민국에 기생하면서 국론 분열과 국가 파괴를 끊임없이 꾀하고 있는 것이다.

지난 7월 12일 김동길 박사가 주관하는 토론회에서 '링컨과 전쟁'을 주제로 강연한 적이 있다. 링컨의 제16대 대통령 당선을 전후하여 남부의 11개 주가 연방을 탈퇴하고 분열과 혼란이 극으로 치닫던 상황에서 링컨은 노예해방을 명분으로 한 전쟁에 반대하는 북부의

2016년 7월 12일 김동길 박사가 주관하는 '링컨 아카데미' 월례 모임에서
'링컨과 전쟁'이란 제목으로 김옥길 기념관에서 강연하는 모습이다.

여론을 일부 지역에 계엄령을 선포해서라도 제압하고 남부연합을
무력으로 진압하여 미합중국으로 재통일하였다. 오늘날 위대한 미
국의 터전은 이렇게 만들어진 것이다.

대한민국은 계엄령을 내리고 전쟁을 이끌었던 링컨처럼 강력한
리더십을 절실히 필요로 하고 있다. 제3차 대전까지도 각오한 용기
로 1962년의 쿠바 핵미사일 위기를 단기간에 극복한 케네디 대통령
의 지도력도 교훈으로 삼을 필요가 있다.

지금 대한민국은 의사내전을 방불할 정도로 극심한 분열과 혼란
의 와중에 처해 있다. 이 소용돌이를 헤치고 나갈 특단의 용기 있는
리더십이 절실하다.

남북한은 최고리더십 전쟁 중이다. 이 전쟁에서 승리하여 자유통일을 이루기 위해선 국내의 이적 세력과 정치 모리배들과의 전쟁을 불사해야 한다. 그들에 의한 망국적 분열과 혼란을 극복하지 않고는 대한민국에 희망은 없다. 긴급 대책을 제시한다.

① 공권력 행사를 방해하고 폭력을 행사한
　불법시위 세력 의법 처단.
② 괴담 및 유언비어 유포 행위 발본색원 .
③ 북한 핵미사일 위기대응체계 확립,
　대국민 소통 및 일사불란한 대외 정책 추진.
④ 한미동맹 중심의 국가안보전략 재정립.
⑤ 북한 주민들에 의한 북한 자유화를 위한 대북 사실투사 강화.
⑥ 국내의 분열과 혼란 종식,
　북한 핵미사일 위협 제거 및 북한 주민 해방을 위해
　북한 세습독제체제 조기 와해, 자유통일.

— 2016. 7. 17. 심동보 전략리더십센터

핵 위기의 열쇠는
리더의 용단과 국민의 의지다

북한이 2016년 9월 9일 이른바 '공화국 창건' 68주년에 역대 최대 위력의 5차 핵실험을 단행하였다. 지난 8월 24일의 잠수함 발사 탄도미사일(SLBM, *submarine launched ballistic missile*) 시험발사의 성공에 이어 핵탄두의 '표준화와 규격화'를 공언할 정도로 가공할 핵미사일의 실전배치가 현실화되어 가고 있는 것이다.

실효적인 대응수단을 제대로 갖추지 못한 우리는 국가적 비상 상황을 맞았다. 진화하는 위협의 치명성과 속도에 비해 우리가 준비해온 킬 체인(선제공격)과 한국형 미사일 방어체계는 아직 미비상태에 있어 실제로는 무방비 상태나 다름없다. 방어용 사드 기지 하나도 제대로 선정하지 못할 정도로 극심한 국론분열을 겪으면서 북한의 핵미사일 위기를 극복할 수 있는 비책은 있을 수 없다. 한미동맹에 의한 미국의 확장억제(*extended deterrence*)도 스스로를 지켜낼 의지가 없는 국민을 위해 언제까지 작동할 것인지도 의문이다. 언젠가는 미국의 본토 타격능력까지 확보하여 최소억제전략(*minimum deterrence strategy*)을 구현하는 북한의 위협에 노출된 나라가 우리까지 지켜 줄 것이란 기대를 하기에 앞서 우리 스스로의 자구책을 강구하지 않으면 안 될 위급한 상황에 처해 있다.

북한 핵미사일 위기 극복을 위해 1962년의 쿠바 핵미사일 위기 당시 결전 불사의 용기로 국민의 단합을 이끌어 소련의 의지를 단시일 내에 굴복시킨 미국의 사례를 반면교사로 삼을 필요가 있다. 당시 케네디 대통령은 쿠바에 건설 중이던 소련의 중거리 ICBM 기지를 미 정찰기가 10월 14일에 발견한 8일 후 10월 22일에 TV 생중계 방송을 통해 미국 국민들과 전 세계를 향해 성명을 발표하고 쿠바 해상 봉쇄를 전격적으로 단행하였다. 그리고 소련이 쿠바에 핵미사일 기지 "완공을 강행할 경우 선전포고로 간주할 것이며 3차 대전도 불사하겠다"고 선언하였다. 그 결과 쿠바에 배치 중이던 ICBM과 건설 중인 기지가 발견된 지 13일 만인 10월 26일 소련으로부터 미사일 철수 약속을 받아 내고 실제로 55일 만인 12월 7일에 완전 철수를 통보 받음으로써 전광석화와 같이 쿠바 미사일 위기를 극복하였다.

반면 우리는 1993년 북한의 핵확산금지조약(NPT) 탈퇴에 이은 1차 북핵 위기로부터 23년, 2006년의 1차 핵실험으로부터 10년이 지나 9월 9일의 5차 핵실험에 이르기까지 역대 어느 대통령도 정식으로 특별성명 하나 발표한 적이 없었다. 오히려 북한의 핵 개발을 방조하여 결과적으로는 지원하거나 변호한 꼴이 되었다. 그 결과가 통제불능의 핵 앞에 온 국민을 발가벗겨 세워 놓았다. 이제 핵미사일 위협이 현실화되고 위중한 상황에서 편을 갈라 우왕좌왕할 때는 결코 아니다.

이번에도 잘못 대응하면 게임 체인저(*game changer*)를 확보하여 전략적 주도권을 장악한 북한의 공갈에 속수무책으로 당하는 수밖에 없으나 치명적 취약점을 지닌 위협의 근원도 엄존하고 있다. 바로 공포와 우상화로 유지하는 김정은 거짓 리더십이다. 국제사회의 강력한 제재와 압박에도 불구하고 SLBM 시험발사와 5차 핵실험을 감행하고 그 성과에 대한 대대적인 선전선동활동을 전개하는 것 자체가 재래식 전면전 수행능력을 상실한 북한군과 불안한 김정은 리더십을 은폐하기 위한 무력시위로서 김정은 체제의 취약점을 반증하고 있다고 볼 수 있다.

우리가 자신감을 갖고 결전의 의지로 분연히 대응하느냐, 아니면 끝없는 도발에도 제대로 된 응징보복 한번 하지 않고도 연명해 온 관행에 안주할 것인가? 우리의 생존과 존엄과 자유는 우리 스스로의 의지와 용기에 달려 있다. 국민의 결집된 의지와 국가 수호의 중심에 국가 최고 지도자가 있다. 지금 바로 대통령은 북한 핵미사일 위기 극복을 위한 특별성명을 발표하여 결전불사의 의지를 천명하고 국민을 하나로 뭉치게 하고 북한 주민을 깨워 일으켜야 한다.

— 2016. 9. 10. 심동보 전략리더십센터

북핵은 사생결단하지 않고는 극복할 수 없다

2016년 8월 24일의 북한 잠수함 발사 탄도미사일 시험발사와 9월 9일의 5차 핵실험으로 온 나라가 난리통이다. 그러나 끊임없는 북한의 위협은 계속 진화중이다. 위협의 근원에 대한 결전 의지와 근원적 대책 없이는 지긋지긋한 도발의 악순환을 종식시킬 수 없다.

현실화되는 북한 SLBM 위협에 대응하는 주 수단으로 핵(원자력) 추진 잠수함(SSN, *nuclear powered submarine*)을 확보하여 공세적으로 운용하는 것은 선택이 아니라 필수다. 그러나 지금 바로 국책 사업단을 구성하여 개발 및 건조에 착수해도 2025년 이후에나 확보가 가능하다. 북한의 SLBM 탑재 잠수함의 위협이 현실화된 이후 몇 년이 되는 것이다.

핵 잠수함을 비롯한 핵심적인 대응전력의 확보도 긴요하지만 대응 공백을 최소화하기 위해 지금 당장 할 수 있는 실효적 대책을 강구하는 것이 급선무다. 긴급대책의 핵심은 국민들의 결집된 의지와 결심우세의 국가 리더십이다. 총력적으로 대응해도 쉽지 않은데 지금과 같은 사분오열된 상태로는 소요 전력을 완비해도 허사다. 위기일수록 국민들에게 사실대로 정확히 알리고 단합된 대응 의지를 창출하는 것이 국가 지도자의 우선적 책무다. 그러나 아쉽게도 북한 핵미사일 위협이 현실화되고 있는 지금까지 역대 어느 대통령도 정식으로 국민과 북한과 세계를 향하여 특별성명 하나 발표한 적이 없다. 그 대신 오히려 북한 핵개발과 무장을 방조한 것은 물론이고 두둔하고 지원한 의혹에서 자유롭지 못한 경우까지 있었는데 문제는 아직까지 그 원죄에 갇힌 세력에 의한 불순한 책동이 계속되어 국가적 핵안보 태세 구축 노력을 힘들게 하고 있는 상황이 계속되고 있다.

이번에도 우리가 잘못 대응하면 북한 SLBM은 한반도의 전략적 불균형을 심화하여 북한이 주도권을 장악하도록 하는 게임 체인저가 될 수밖에 없다. 결국엔 미 본토 타격능력까지 확보하여 최소억제전략을 구현함으로써 미국의 확장억제와 한미동맹 공약 이행을 방해하는 상황까지 가정해 볼 수도 있다. 불과 1세기 전에 지도에서 사라졌던 나라가 다시 일제에서 독립한 후 건국하자마자 6 · 25전쟁으로 공산전체주의 집단에 다시 나라를 잃을 뻔하다 미국의 도움으로 기사회생하고도 아직 정신을 못 차리고 사분오열되어 스스로를 지킬 의지가 없어 보이는데도 자기 나라가 직접적으로 위협받는 상황에서도 계속 도와 줄 수 있을지 상식에 입각하여 냉정하게 자문해봐야 한다.

2016년 9월 19일, 국회의원회관에서 개최된 '안보 긴급진단 정책토론회'에서 지정 토론자로 발표하였다. 가장 오른쪽이 필자이다.

존립자체가 불투명할 정도로 불안해 보이는 북한의 내부 상황에도 불구하고 이미 표면화된 북한 SLBM 위협에 대한 가장 효과적인 대응수단은 핵추진 잠수함이라는 사실에 대해서는 거의 이론의 여지가 없어 보인다. 기술적으로나 제도적으로 한국이 핵잠수함을 보유하는 데 별 문제가 없으나 당면과제는 국제적으로 상용 거래되고 핵무기 제조를 금지한 핵확산금지조약 및 국제원자력기구 규정과 한미원자력협정에도 위배되지 않는 농축도 20% 미만의 농축우라늄이 핵추진 잠수함의 핵연료로 실제 기능할 수 있도록 범정부적 핵연료 개발 및 핵추진 잠수함 건조를 위한 국책사업단을 구성하여 시급히 추진하는 것이다. 북핵 위협에 따른 맞춤형 방위력 개선사업의 방향 전환과 함께 우리도 무려 63년 간 미국 해군에서 현역으로 복무하면서 원자력 추진 해군을 건설한 리코버 제독 (Admiral Hyman George Rickover) 과 같은 발군의 개척자가 필요한 것은 두말할 필요가 없다.

한편으로, 현실화되는 북한의 SLBM 위협에 대한 철저한 대비와
아울러 우리의 예상을 뛰어넘어 계속 진화하는 북한의 도발양상에
대한 대비책도 소홀히 해서는 안 된다. 이미 드러난 핵미사일 위협
의 이면에 잠복해 있는 치명적 위협 중엔 우리의 상수원 일부가 북
한에서 발원하는 것을 악용한 방사성 물질 유입 등의 새로운 도발
양상에 대한 안전 대책에도 소홀함이 없어야 한다.

김정은 유일세습독재체제가 온존하는 한 도발은 끝없이 진화하여
기상천외한 방법으로 우리의 생존을 다각도로 위협할 것이다. 지난
9월 4일의 SLBM 관계자 평양 초청 및 대대적 선전선동 활동에서
보듯이 최근의 SLBM 시험발사와 연이은 탄도미사일 발사는 전면
적 재래전 수행능력을 상실한 북한군의 취약점과 불안한 김정은 리
더십을 은폐하기 위한 무력시위로서 김정은 체제의 위기를 반증하
고 있으므로 차제에 위협의 근원인 김정은 최고리더십을 와해하여
도발의 악순환을 끊을 수 있는 효과적인 대책이 핵추진 잠수함과 탄
도탄방어(BMD) 체계와 같은 핵심 대응전력의 확보에 선행하여 강
구되어야 한다.

선행적 대책의 핵심은 대북 정보유입, 즉 '사실 투사'로 북한 주민을
각성시켜 스스로 체제 변혁을 주도하게 하는 것이다. 우리는 피 한
방울 흘리지 않을 연성작전으로 위협의 근원인 우상화된 김정은 거
짓 리더십을 와해할 수 있다면 하등의 망설일 이유가 없다. 2004년

부터 중단되었다 작년부터 재개한 휴전선의 대북확성기 방송에 추가하여 전광판도 재가동하고 대북 전단 및 물품작전도 감행해야 한다. 북한 방송망을 이용한 공보작전과 인터넷망을 통한 컴퓨터네트워크작전도 사실 투사에 활용하는 등 효과적으로 북한 주민을 깨울 수 있는 모든 방법을 강구할 필요가 있다. 평양에 전단이 눈처럼 내리게 되면 악마의 위협은 유령처럼 사라져 한반도에 통일강국이 출현할 수도 있다. 관건은 우리의 단합된 의지와 용기다.

 "필사즉생 필생즉사"(必死則生 必生則死), 절체절명의 결전을 앞두고 이순신 제독이 독전(督戰)한 이 말에 북핵 위기 극복의 답이 들어 있다. 사생결단(死生決斷)이 필요하다.

— 2016. 9. 19. 심동보 전략리더십센터

자유는 그냥 주어지는 것이 아니다

미국인들의 생활 속 애국심에서 그들의 저력을 느낀다. 이 글을 보니 1982년 국외위탁교육을 위해 미국 공항에 해군 대위 견장을 단 하약정복 차림으로 도착하여 입국수속을 위해 긴 대기열에 서서 기다리는 나를 제복 차림의 덩치 큰 공항 직원이 불러 별도로 먼저 수속이 되도록 배려해 준 감명 깊은 기억이 되살아나는 듯하다. 예우를 다한 "Officer, sir!"라는 깍듯한 말과 함께 제복 입은 군인에 대한 예우가 생활화되어 있는 것을 보고 부러움과 함께 자부심을 느낀 적이 있었는데 본 내용은 미국의 어느 여객기 기장이 장병의 시신을 이송하면서 겪은 내용을 SNS에 올린 것을 인용한 것이다.

비행준비를 하고 있는데 항공기 사무장이 와서 내게 말했다. "이번 비행에는 시신 이송도 하게 됩니다."
나는 군인이냐고 물었다. 그녀는 맞다고 했다. 에스코트(시신을 목적지까지 호위하는 장병)가 있냐고 물었다. 그녀는 에스코트가 있으며 이미 좌석번호를 배정했다고 대답했다. 나는 에스코트의 탑승 수속을 우선 실시하여 조종실로 모시고 오도록 했다.

얼마 지나지 않아 한 젊은 병장이 조종실로 들어왔다. 그는 매우 단정하게 군복을 차려입은 상태였다. 그는 자신을 소개했고 나는 그가 에스코트하는 시신에 대해 물었다. 이렇게 순직·전사한 군인을 호위하는 에스코트들은 마치 그들이 아직 살아 있는 것처럼 말하곤 했다. "그분은 지금 고향 버지니아로 돌아가시는 중이십니다"라고 에스코트가 말했다. 나는 몇 가지 더 물어봤고 그는 간단명료하게 대답했다. 추가적으로 더 해줄 수 있는 것이 있냐고 물어봤으나 그는 괜찮다고 대답했다. 나는 그에게 군에서 가장 힘든 일 중 하나를 하는 것 같으며 전사한 장병과 그들의 가족을 돌보는 일을 하는 것에 감사한다고 했다. 나와 부기장은 일어서서 그에게 악수를 청했다. 이후 그는 자신의 자리를 찾아 조종실을 나섰다.

우리는 비행 전 점검을 끝내고 아무 이상 없이 출발했다. 비행한 지 30분쯤 지나자 객실의 사무장에게서 전화가 왔다. "전사한 장병의 가족도 지금 항공기에 같이 타고 있는 것을 확인했습니다"라고 그녀는 말했다. 계속해서 그녀는 그들이 전사한 장병의 아버지, 어머니, 아내, 그리고 2살 난 딸이라는 것을 말해 주었다. 가족은 이륙 전 아들의 관이 항공기에 탑재되는 것을 보지 못해 속상해 하고 있었다.

다음 기착지는 굉장히 크고 부산한 연결 공항으로, 그 가족은 거기서 4시간 기다린 후 버지니아로 가는 비행기로 갈아탈 예정이었다. 장병의 아버지는 승무원에게 자신의 아들이 화물칸에 있음에도 한 번도 보지 못한 것이 너무 가슴 아프고 견디기 힘들다고 호소했다. 그리고 공항에 도착할 때 아들을 볼 수 있는 방법이 없겠냐고 물었다. 가족들은 화물칸에서 아들의 관을 꺼낼 때 이를 옆에서 지켜볼 수 있게 되기를 희망하고 있었다.

나는 이를 전하며 조치방법이 없는지 질문하는 사무장의 목소리에서 절박함을 느낄 수 있었다. 알아본 후 다시 연락을 주겠다고 했다.

비행 중 회사와의 통신은 주로 e-mail 같은 메시지로 이루어지곤 했다. 나는 이를 사용하지 않고 보조 음성통신망을 사용해서 곧바로 운항관제사에게 연락하기로 했다. 나는 운항관제사에게 직접 교신하면서 상황을 설명하고 가족의 요청사항을 설명했다. 그는 알겠다고 하고 다시 연락을 주겠다고 했다.

2시간이 흐른 뒤에도 운항관제사는 답변을 주지 않았다. 조금 있으면 바빠질 시간이 되기 때문에 그 전에 가족들에게 뭐라고 전해야 할지 확인해야 했다. 나는 문자메시지로 요청사항에 대한 진행현황을 요청했다. 운항관제사는 다음과 같이 답변해 왔다.

"기장님 답변이 늦어서 죄송합니다. 이런 상황에 대한 지침이 있어서 몇 가지 확인해야 했습니다. 항공기가 도착하면 별도의 에스코트팀이 대기하다가 마중 나갈 것입니다. 이 팀이 가족 분들을 램프를 통해 항공기 옆으로 모실 것입니다. 미니밴 한 대가 시신을 운반하고

한 대는 가족들을 태울 것입니다. 가족들은 램프에 있는 시신을 지켜볼 수 있는 터미널 안의 가족만을 위한 공간으로 에스코트될 것입니다. 연결 항공편이 도착하면, 가족들을 다시 램프로 에스코트하여 마지막 항공기에 시신이 실리는 것을 볼 수 있게 할 것입니다. 기장님, 여기 관제실 요원 대부분은 참전용사입니다. 가족들에게 위로의 말씀을 전해 주시기 바랍니다. 감사합니다."

나는 관제실에 수고했고 고맙다는 메시지를 보냈다. 또 이 메시지를 프린트하여 사무장을 통해 전사한 장병의 아버지에게 전해 주도록 했다. 사무장은 자기 일처럼 고마워하며 가족들에게 큰 위로가 될 것이라고 했다.

착륙을 위한 강하를 시작하며 바빠졌다. 착륙 후에는 바로 활주로를 벗어나 램프가 있는 곳으로 다가갔다. 램프는 15개의 게이트가 양쪽으로 줄지어 있는 바쁘고 복잡한 곳이다. 우리가 램프로 들어서며 램프 관제사와 교신하자 그는 모든 항공기가 우리를 위해 홀드되어 있다는 것을 알려 줬다. 그는 가족들을 에스코트할 팀도 대기 중이라고 했다. 모든 것이 제대로 진행되고 있었다. 그러나 나는 안전벨트 표시를 끄는 순간 모든 승객들이 일어서서 자기 물건을 챙길 것이기 때문에 전사한 장병의 가족들이 빨리 내리지 못하게 될 것이라는 것을 알아차렸다. 우리가 내려야 할 게이트에 다다르자 부기장으로 하여금 램프 관제사에게 승객들에게 방송을 하기 위해 게이트 전에 잠시 정차한다고 전달하게 했다. 램프 관제사는 천천히 해도 좋다는 답변을 보내왔다.

나는 항공기를 멈추고 파킹 브레이크를 걸었다. 곧바로 기내 방송 버튼을 눌렀다. "신사 숙녀 여러분, 저는 이 항공기의 기장입니다. 저는 특별한 전달사항이 있어 게이트 전에 항공기를 잠시 정지했습니다. 이 항공기에는 우리의 존경과 존중을 받아야 마땅한 승객이 있습니다. 그는 얼마 전 목숨을 잃은 ○○○○○○ 이병이며 지금 여러분 발 밑 화물칸에 잠들어 있습니다. 에스코트는 ○○○○○ 육군병장이 맡고 있습니다. 또한 ○○○○○○ 이병의 아버지, 어머니, 아내, 그리고 딸도 우리와 함께하고 있습니다. 이 가족분들이 먼저 내릴 수 있도록 항공기가 멈추더라도 잠시 자리에 앉아 계셔 줄 것을 부탁드립니다. 감사합니다."

우리는 계속해서 게이트로 향했고 완전히 멈춘 후, 시동을 끄기 위한 절차를 진행했다. 몇 분 후 나는 조종실의 문을 열었다. 2명의 전방 객실 승무원들이 울고 있었다. 항공기가 멈춘 후 모든 승객들이 자리에 그대로 앉아서 가족들이 내리기를 기다렸다고 했다.

가족들이 일어서서 짐을 챙기기 시작했을 때 한 승객이 천천히 박수를 치기 시작했다. 한 두 사람이 따르기 시작하더니 잠시 후 모든 사람들이 박수를 치고 있었다. "신의 가호가 있기를", "고맙습니다", "미안합니다", "자랑스러워 하세요"와 같은 위로의 말들이 내리는 가족들을 향해 터져 나왔다. 가족들은 에스코트를 받아 램프를 내려가 장병의 시신 곁으로 갔다. 비행기에서 내리는 많은 승객들은 나에게 방송을 해준 것에 대해 감사하다고 했다. 나는 그것은 언제라도 반복할 수 있는 말일 뿐, 그 용감한 이병을 되살릴 수 있는 방법은 없다고 했다.

이 글을 읽으시는 모든 분께 미국의 자유와 안녕을 위해 희생한 수백만을 위해 감사하고 응원하는 마음을 가져주실 것을 부탁드린다.

국가 리더십의 조건

자존심 상한 국민들이 공분하고 있다. 온 나라가 패닉에 빠져드는 모습이다. 이른바 '비선 실세 최순실 국정개입 사건'을 통해 드러나고 있는 대통령의 민낯에 평소의 지지 여부와 정파를 떠나 국민 대부분이 큰 실망과 함께 나라의 앞날을 걱정하고 있다.

대통령이 국회 시정연설을 통해 임기 중 개헌추진을 천명한 날 (2016년 10월 24일) JTBC가 단독 보도한 최순실 파일 의혹과 연이어 봇물 터지듯 새로 밝혀지는 인사 및 정책 개입 등 무소불위에 가까운 국정개입 정황은 실로 점입가경이다.

국가 리더십의 와해를 보면서 《효경》(孝經)에서 강조한 겸손과 절제의 미덕을 다시 생각하게 된다.

재상불교고위불위(在上不驕高而不危)

제절근도만이불일(制節謹度滿以不溢)

시왈전전긍긍(詩曰戰戰兢兢)

여임심연여리박빙(如臨深淵如履薄氷)

윗자리에서 까불지 않으면 높은 자리에 있어도 위태롭지 않고

절도가 있고 절제하면 차도 넘치지 않는 법이니

시경에 이르기를 조심하고 두려워하여

마치 깊은 못 위의 살얼음을 밟듯이 하라!

대한민국 역대 대통령들의 공과를 다 열거하려면 한이 없을 것이다. 물론 현 박근혜 대통령과 다음 대통령이 되려고 하는 정치 지도자들도 공과와 장단점이 있게 마련이다. 그러나 선진국 문턱에서 자유통일을 지향하는 대한민국 대통령은 최소한 다음과 같은 리더십 요건을 갖추고 중단 없이 헌정을 지속해 나가야 한다.

첫째, 대통령은 국민과 역사 앞에 우선 정직해야 한다. 재임기간 중에 발생한 허물을 모두 감추기가 불가능한 자유 대한민국에서 거짓말은 언젠가는 반드시 밝혀져 돌이킬 수 없는 불행의 씨앗이 되기 때문이다.

둘째, 마음을 열고 다양한 사람들을 만나 폭넓게 소통하여 통합적 국정수행의 중심에 서 있어야 한다. 사람을 믿지 못하고 자신이 잘 아는 특정인에 의존할수록 스스로 고립됨으로써 국가적 의사결정을 그르쳐 국익을 저해하고 국민의 의욕을 저하시키기 때문이다.

셋째, 공조직을 통해 정정당당하게 대통령 직무를 수행해야 한

다. 국민으로부터 경멸을 받는 비선 조직의 사인들이 실세로 행세하면 대통령에 대한 국민들의 자부심은 사라지고 리더십도 발휘될 수 없기 때문이다.

넷째, 대통령에 대한 국민의 자부심이 대통령 리더십의 원천이자 국운융성의 비결임을 명심하고 매사를 공명정대하게 처리하고 올바르게 처신해야 한다. 국민의 눈높이에서 널리 유능한 사람을 편견 없이 구해 쓰고 같은 욕심으로 같이 가도록 끊임없이 노력해야 한다. 보신과 출세 지상의 기회주의자들에게 중책을 부여하고 힘을 실어 줄수록 국민의 마음은 대통령을 떠나가기 때문이다.

다섯째, 전략적 사고와 적아 식별력을 갖추고 결심우세를 확보하여 북한과의 리더십 전쟁에서 승리할 수 있어야 한다. 핵으로 무장하고 변함없이 공산적화통일을 추구하는 북한의 세습공산독재집단으로부터 나라를 지키고 평화통일을 이뤄내야 하는 절체절명의 과제를 안고 있는 국군통수권자의 숙명이기 때문이다.

여섯째, 리더십에 위기가 닥치면 상황을 직시하고 자신을 객관화해 국민에게 용기를 불어 넣을 수 있어야 한다. 국민은 전화위복(轉禍爲福)으로 국가 리더십이 회복, 강화되어 더욱 안정되고 평화로운 생활을 원하기 때문이다.

헌정은 중단 없이 계속된다. 누가 대통령이 되어 나라를 이끌든 대통령이 바로 국운이다. 최고리더십 위기에 처한 대한민국은 자유민주적 헌법가치에 충실하면서 정직하고 정정당당한 대통령의 주도적

국정운영을 필요로 하고 있다. 보다 열린 마음으로 소통하고, 국민적 자부심의 중심에 서서 통일한국 시대를 열어 갈 실력 있고 용기 있는 대통령이 절실히 필요하다.

— 2016. 10. 27. 심동보 전략리더십센터

제 2 장

★

스마트 군대 만들기
자부심

자부심 높은 부대는 강하고 행복하다.

행복하고 강한 부대 만들기

정말 슬프고 안타까운 일이 최근 우리 군 내에서 발생했다. 그렇다고 누구를 원망할 수도 없다. 군에 몸담고 있는 우리 모두의 자존심과 명예에 큰 구멍이 뚫렸으나 전우 아닌 전우의 총탄에 쓰러져 간 또 다른 전우들의 억울한 희생에 비할 바가 아니다.

이번 사건으로 꿈도 펼치지 못한 채 현세를 떠난 전우들의 명복을 빌면서 우리 스스로 거듭남으로써 그들의 꿈과 임무를 차질 없이 대신해 나갈 것을 다짐해 본다. 전우들이 하나뿐인 생명이 다하도록 매달렸던 하나뿐인 조국 대한민국을 지키는 최후의 보루가 바로 우리들 자신이기 때문이다. 평상시 부하들의 목숨도 제대로 지키지 못하면서 유사시 국민의 생명과 재산은 어떻게 지킬 수 있겠는가 되물어볼 때다.

어느 시대에나 독립된 사회인으로 아직 성숙해 가는 과정에 있는 젊은이들에게는 눈에 차지 않는 구석이 있다. 하물며 요즈음의 신세대 장병들은 더 말할 나위가 없다. 그들은 기성세대에 비해 훨씬 더 자기중심적이다. 귀하게 자라다 보니 주로 대우받는 데에나 익숙한 심리와 습관을 지니고 있다. 반면 그들이 몸담고 있는 군은 자기희생을 전제로 한 집단이다. 국가가 원하면 개인의 자존심이 아니라 목숨까지 내놓고 임무를 수행해야 한다.

국가가 우리에게 지워 준 절체절명의 명령인 임무를 잘 수행하기 위해서는 부대원 모두가 지휘관을 중심으로 단합, 임무 앞에 스스로 움직일 수 있어야 한다. 그 바탕에는 어떠한 경우에도 무너지지 않는 신뢰가 있어야 함은 물론이다. 서로 간의 믿음은 서로를 알아주고 서로에게 필요한 존재가 될 때 생기고 임무에 성과가 있을 때에 더욱 굳어진다. 선임자가 앞장서 어렵고 힘든 일을 즐거이 하면서 부하들의 본보기가 되고 후임자는 그러한 선임자를 진심으로 따르고 자발적으로 소임에 최선을 다할 때 살아 있는 부대가 된다.

신세대 장병들이라도 그렇게 성숙한 공동체에서는 생활이 값지고 행복할 수밖에 없을 것이다. 자연스럽게 선임자를 따르고 배워 가면서 헌신적 품성과 습관을 갖춰 강한 군인이 될 것이다. 누구나 반기는 멋진 젊은이, 따뜻하고 쓸모 있는 사회인으로 성숙해 국가의 든든한 밑천이 될 것임이 틀림없다.

가장 이상적인 부대는 임무 앞에 저절로 움직이는 부대다. 《손자병법》에 "용병(用兵)을 잘하는 자는 솔연(率然)에 비유하니, 솔연이라는 뱀은 그 머리를 치면 꼬리가 달려들고 꼬리를 치면 머리가 달려들고 그 중간을 치면 머리와 꼬리 둘 다 달려든다"고 했다.

우리 부대는 머리에 해당하는 지휘부와 꼬리에 해당하는 병사들과 허리에 해당하는 중간 간부들이 제 역할을 분명히 해 저절로 서로 도와 승리를 이끌어 낼 수 있는 정도인지 자문해 볼 일이다.

우선 모든 지휘관은 신세대로 구성된 병사 집단 내의 머리에 해당하는 선임병들을 진심과 애정, 그리고 솔선수범을 통해 장악해야 한다. 아직 군 생활에 적응이 덜 된 후임병들로부터 받는 강요된 대우를 지휘관의 직접적 관심과 배려로 메우고 믿음과 격려로 힘을 실어 줘야 한다. 그런 지휘관에 대한 존경과 신뢰, 그리고 부하들에 대한 사랑을 바탕에 둔 선임병들의 헌신적 처신이 병영 생활 저변의 모든 악성 사고로부터 병사들과 소속 부대를 지키는 첩경이 되기 때문이다.

신세대 장병들의 다양성은 우리 부대의 부담이 아니라 오히려 힘이다. 부하들의 다양성을 존중하고 임무 지향적으로 잘 통합할 수 있는 지휘관은 유능함이 틀림없다. 그가 지휘하는 부대는 필시 밝고 활기에 넘치며 행복할 것이다. 최강의 부대로서 국민들로부터 신뢰를 받는 것은 물론이다.

군인은 군인다울 때 가장 멋있는 법이다. 우리 모두 군인으로서의 기본과 임무에 충실한 가운데 변화와 자율의 날개를 다시 힘차게 펴자. 그리하여 믿음과 행복이 충만한 병영을 만들고 우리 스스로 우리의 밝은 미래를 열어 줄 국방 개혁의 주춧돌과 씨앗이 되자. 우리나라처럼 국민들의 군에 대한 관심과 애정이 넘치는 나라도 드물다는 사실에 고마움을 느끼고 보다 성숙하고 정정당당한 모습으로 국민들의 기대에 부응하자.

위대함은 행복이 아니라 시련에서 옴을 명심하고 용기를 갖고 새롭게 도전하자. 행복하고 강한 부대는 우리 스스로 새로 마음먹고 실천하기에 달렸다.

― 2005. 7. 4. 〈국방일보〉 기고문

자부심이 높은 병사는
구타하지 않는다

육군 28사단에서 복무 중 숨진 윤 모 일병이 상상을 초월한 상습적인 구타 및 가혹 행위에 시달린 것으로 밝혀져 국민들의 분노가 들끓고 있다.

군 내 구타 및 가혹 행위는 어제 오늘의 일이 아니다. 군 당국이 지난 4월 육군 전 부대를 대상으로 병사 관리 실태를 조사해 가혹행위 가담자 3,900여 명을 적발한 것으로 파악되었는데도 예방에 실패했다는 것은 기존의 대책으로는 대응이 안 된다는 것을 증명한 셈이다.

내가 경험한 바에 의하면 '구타 및 가혹 행위 예방' 자체가 병사관리의 목표가 되면 애당초 이를 근절하는 것이 불가하다. 부대의 임무목표 달성 과정에서 부수적으로 구타 및 가혹 행위도 없어지도록 하는 것이 근본적인 처방이다.

반평생 몸담았던 해군도 1980년대 초부터 구타 및 가혹 행위 근절을 위한 노력을 끊임없이 경주하였으나 사고는 끊이지 않았다. 17년 전 나의 호위함 함장 재직 당시 검찰, 헌병, 기무가 합동으로 윤광웅 해군작전사령관의 특명에 따라 전 부대를 대상으로 암행감찰을 벌인 결과 단 한 부대를 제외한 전 부대에 최소 7% 이상 구타 및 가혹행위가 있는 것으로 확인된 적이 있었다.

아무리 조사해도 구타나 가혹행위가 전무했던 유일한 부대(충남함)가 작전사령관 명에 따라 복명보고(1998년 1월 23일)하여 전 부대에 시달된 '충남함 병 관리 실태'에 따르면 해당 부대는 그 흔한 결의대회 한 번 하지 않았다.

오로지 임무목표 달성을 위해 모든 부대원들이 신바람 나게 임무 앞에 저절로 움직일 수 있도록 상급자들이 하급자들로부터 대우를 받는 대신 솔선수범으로 '존경'이라는 더 큰 대우를 받고, 상하 모든 구성원들이 '보람'과 '행복'을 공유함으로써 구타 및 가혹 행위로부터 완전 해방된 가운데 최고 수준의 전투력을 발휘하였다.

— 2014. 8. 3. 심동보 전략리더십센터

북한도발의 악순환을 끊어야 한다

치욕적인 천안함 피격사건을 기억해야 한다. 우리 해군의 초계함인 천안함은 5년 전인 2010년 3월 26일 21시 22분에 백령도 서남방 1마일 부근에서 은밀히 침투한 북한 해군의 연어급 잠수정이 기습적으로 발사한 어뢰 공격으로 폭침되어 46명의 죄 없는 승조원들이 전사했다.

애통하고 억울하고 아쉬운 마음으로 교훈을 찾아 희생 장병들의 원혼을 달래고 전화위복의 기회로 삼고자 한다. 무지하고 태만하고 나약했던 군과 정부가 치욕적 패배의 주범이고, 적아를 구분할 줄 모르는 반국가세력이 종범이다.

교훈 1: 무지하여 대비를 제대로 못 해 우리의 군함이 북한의 복수극과 독재정권 세습의 공물이 되었다. 북한은 4개월 전 참패한 대청해전(2009. 11. 10.)을 복수하고 김정은 후계 세습의 제물을 노리다

잠수정 침투권 내에서 저속 경비 중이던 천안함을 표적으로 택했다.

이미 북한은 1996년부터 잠수함(정)의 서해 침투작전을 준비하기 시작하여 대청해전 패전 후 복수의 칼날을 갈고 있었다. 인민군 총참모장인 김격식을 4군단장으로 전격 임명하여 수중전력 중심으로 전력을 집중 증강하고 기습 공격을 벼르고 있었는데 2009년 11월 주한미군과 제1연평해전을 지휘한 전 2함대사령관이 우리 합참의장에게 북한이 잠수함(정)을 이용하여 도발할지도 모른다고 수차례 경고하기도 했다. 피격사건 발생 2~3일 전부터는 상어급 및 연어급 잠수정 2~3척이 기지를 이탈한 후 미 식별되었다는 정보가 국방부 및 합참 지휘부에 보고되고 피격당일엔 해군 제2함대사령부에까지 전파되었다. 그런데도 국가안보 및 국방 수뇌부는 결정적인 정보를 무시하거나 적당히 생각하고 제대로 대비하지 않았다.

교훈 2: 태만하여 경계, 작전, 보고 및 지휘를 제대로 못 했다. 4개월 전의 일방적인 대청해전 승리에 자만한 해군은 2009년 11월 24일부터 적의 직접적 위협권 내로 구축함과 초계함을 비롯한 중대형 전투함을 전진 배치했다. 구형 소나를 장착한 천안함은 서해에서 잠수함(정) 작전은 불가하다는 고정관념에 사로잡혀 백령도를 방패로 연안에서 2~3노트로 저속 기동하여 적의 먹잇감이 되었다. 피격 후 천안함이 해군 2함대에 "어뢰피격으로 판단된다"라고 보고하였음에도 상부에서는 '원인 미상의 선저 파공'으로 정무적으로 오판하여 유언비어 양산 및 국론 분열의 빌미를 제공하는 우를 범하였다.

천안함 피격사건 5주기인 2015년 3월 26일, 〈맹찬형의 시사터치〉에 출연하여
도발에는 반드시 응징보복하여 대북 주도권을 장악해야 한다고 주장하였다.

교훈 3: 나약하여 응징보복을 기피함으로써 억울하게 순직한 장병
들의 원혼을 등지고 북한정권의 연평도 포격 등 추가 도발을 억제하
지 못했다. 폭침 후 50일 만인 2010년 5월 15일 쌍끌이 어선에 의해
북한제 음향감응 중어뢰 잔해가 인양된 후에야 북한의 소행으로 인
정한 대통령은 5월 24일 전쟁기념관에서 대북제재조치를 발표하였
다. 뒤이어 국방부 장관은 대북 심리전의 전면 재개를 선언하고 시
행 준비에 착수하였다. 군사분계선 11개소에 확성기와 전광판을 설
치하고 6개 지역에 대형기구를 이용한 전단작전을 준비하는 한편
GOP에 유사시 적 GP를 공격하기 위한 토우 미사일까지 배치하였
지만 남북정상회담에 미련을 가진 국군통수권자의 반대로 끝내 실
행되지 못했다.

북한 세습공산독재집단에 대해서는 가차 없는 응징보복 없이 절

대로 우리의 의지를 관철할 수 없다. 천안함 폭침 잠수정의 발진 기지이자 도발 원점을 응징보복 타격하고, 심리전, 사이버전, 공보작전, 전자전 등을 통합한 합동 정보작전(*information operation*)으로 우상화 최고리더십 와해를 압박해야 한다. 이것이 근본적인 재발 방지책이자 핵·미사일 무력화의 지름길이다.

— 2015. 3. 26. 연합뉴스TV 인터뷰

초전 생존성 보장은 승전의 전제다

부대의 초전 생존성은 자위권 행사를 위한 현장 지휘관의 재량권이 보장되어야 가능하다. 끊임없는 북한의 군사도발은 몇 배의 응징보복으로 억제할 수 있다. 북한 독재집단의 선의에 기댄 억지신뢰나 위협에 굴복한 거짓평화 놀음은 장병들의 고귀한 희생을 욕되게 하는 것이다. 제 2연평해전 13주년에 즈음하여 YTN에 출연하여 강조한 관련 내용을 인용한다.

앵커: 13년 전 오늘, 2002 한일 월드컵 3, 4위전이 치러지던 시각, 서해 북방한계선 근처에서는 치열한 전투가 벌어졌습니다. 북한군 사상자 30여 명, 우리 해군도 6명이 전사하고 19명이 부상했던 제 2 연평해전, 당시 월드컵 열기에 가려졌던 제 2연평해전이 최근 영화 흥행과 함께 재조명되고 있습니다. 영화 〈연평해전〉은 개봉 닷새 만에 박스오피스 1위를 차지하는 기록까지 세웠습니다. 오늘 열린 제 2연

평해전 기념식에서 한민구 장관은 국방장관으로는 처음으로 추모사를 낭독했습니다. 한민구 장관은 '제2연평해전은 승리의 해전'이라고 규정하고, 북의 도발에 대해 단호하게 응징하겠다고 강조했습니다. 한 장관은 어제 북이 10월쯤, 당 창건 기념일을 전후해 전략적 도발을 할 가능성이 있다고 밝혔는데요. 현재 북한의 동향과 제2연평해전 당시의 상황과 의미, 전문가와 함께 짚어 보겠습니다. 먼저 심동보 전 제2전투전단장님께 여쭤볼게요. 2002년 당시 합참 정보작전과장으로 계셨네요. 서해교전으로 불렸던 당시 남북 교전에 대해서 분석보고서를 작성했다고 들었는데 당시 상황에 대해서 영화를 통해서 저희가 알지 못하거나 구체적으로 설명하는 게 필요할까요?

심동보 제독: 당시에 저희들이 먼저 기습 공격을 당해서 고속정까지 침몰하지 않았습니까? 전사자가 6명 있고 승조원 31명 중 6명 정도의 극소수를 빼고는 거의 대부분 전·사상을 입었어요. 그러니까 우리가 무참히 당했는데 거기에 대해서 분석하여 합참의장이 지휘서신을 내린 겁니다. 여러 가지 아쉬운 게 많은데 한마디로 상부 지시에 문제가 있었죠. NLL은 지키되 선제공격은 하지 말라 이거 아닙니까? 그러니까 우리가 먼저 당하지 않는 한 우리가 사격을 할 수 없도록 묶어 놓은 거죠. 한마디로 뻔히 눈 뜨고 당한 전투였는데 해상전투 개념으로 전혀 맞지 않죠. 차단기동은 밀어내기거든요. 고속정 선체를 가지고 적의 경비함을 막아내라는 것입니다. 지금이 임진왜란 때입니까? 충파작전 같은 것은 옛날 조선 수군의 강한 판옥전선이 선체로 적선에 부딪쳐서 깬 거잖아요. 그때와는 다르게 지금은 비교적 무장

이 잘 갖춰져 있고 우리 같은 경우 자동화되어 있는데 왜 그런 원시적인 작전을 합니까. 밀어내기 차단기동 규정 자체가 잘못된 것이었습니다. 그리고 먼저 쏘지 마라 하는 건 있을 수 없는 거죠. 왜냐하면 적의 명확한 의도가 보이고 자위권 행사 요건이 될 때는 우리가 선제공격을 해서 생존성을 보장할 의무가 있습니다. 그런데 그걸 못 하도록 막아 놓은 것입니다. 아주 잘못된 겁니다.

앵커: 그러니까 영화에서도 나오지만 저런 무기들이 사실은 공격용이 아니라 반격용 수준밖에 안 되는 식으로 우리나라가 활용을 했군요? 먼저 공격을 할 수 없었으니까.

심동보 제독: 우리 고속정을 기습 선제포격한 북한의 등산곶 684호정은 3년 전인 1999년도에 일어난 제1연평해전 때도 투입되었던 중형 경비함입니다. 그때도 서로 밀어내기를 했는데 684호정이 25mm 기관포로 선제공격을 시작함으로써 전투가 벌어지게 된 겁니다. 그 684호정이 3년 후에 다시 나타났을 때는 두 척이 내려오다가 우리 고속정 편대가 차단기동하기 위해서 북쪽으로 올라갈 때 육도 경비정은 북상 퇴각을 했습니다. 그러나 등산곶 경비정만 계속 내려왔어요. 무장을 대폭 보강을 한 상태에서… 새로 보강한 85mm 전차포로 불과 450m 근접거리에서 조타실부터 함정 지휘부를 정통으로 공격한 겁니다. 한마디로 초전에 완전히 상황을 유리하게 집중하여 장악을 한 상태였습니다.

앵커: 한 가지만 더 여쭤보면 지금 개봉한 연평해전이라는 영화 보셨습니까? 군인별 개인적인 사정 말고 실질적으로 전체적인 흐름에서 영화는 당시 실제 상황과 어느 정도 정확하게 묘사를 하고 있습니까?

심동보 제독: 네. 연평해전 영화를 봤는데 전투 상황은 거의 실제와 유사하게 묘사가 됐고요. 그 다음에 주로 희생된 장병들의 투혼, 이런 걸 잘 그렸고요. 그리고 전술적으로는 세세하게 제한된 시간 내에 영화에 다 담기는 무리가 있었던 것 같습니다.

앵커: 그렇다면 왜 이렇게 현장의 목소리를 듣지 않고 현장과 동떨어진 교전수칙이 오랫동안 유지가 됐는지도 궁금합니다.

심동보 제독: 그게 대북정책하고도 또 연결이 되는 것 같은데 정치적인 이야기라서 제가 뭐라고 말씀드리기는 그렇습니다. 하여튼 지휘관의 재량권과 자위권이 제한된 것입니다. 옛날 5단계 교전수칙 자체가 부대의 생존성 보장을 못 한 거예요. 차단기동 하라는 것은 몸으로 때우라, 선체로 막으라는 것 아닙니까? 무장을 다 가지고 있는데 왜 그렇게 해야 됩니까? 그런데 그렇게 하도록 이미 규정화되어 있었단 말이에요. 그러니까 현장 지휘관이 잘못하면 우리 군함이 먼저 기습공격을 당해서 격침될 수도 있다, 이런 판단이 가능하거든요. 그런데 뻔한 판단을 하고도 계속 몸으로 때우는 개념의 교전수칙이 되어 있었단 말이에요.

제2연평해전 후에 개정된 교전수칙이 3단계로 줄었잖아요. 그 핵심은 차단기동을 없애 버린 거예요. 차단기동을 없애고 몸으로 때우는 건 하지 마라, 그러면서 현장 지휘관의 자위권, 재량권을 보장해 주는 것이 핵심이에요. 그것을 상징적으로 어디에서 우리가 확인할 수 있느냐 하면 김관진 당시 국방장관이 연평도 현장에 가서 그랬잖아요. "쏠까요, 말까요?"를 묻지 말아라, 그랬잖아요. 알아서 현장 지휘관이 판단해서 네가 쏴라, 이거예요. 네가 알아서 부대를 지키고 재량권을 행사하라는 거예요.

앵커: 우리가 영화 때문에 연평해전이라 하지만 실제로는 제 2연평해전인데. 왜 제 2연평해전이 일어났는지를 살펴봐야 될 것 같습니다. 그게 제 1연평해전과 관련이 있다고 봐야 합니까?

심동보 제독: 그러니까 684호정이 3년 전 제 1연평해전 때 서로 밀어내기 하다가 제일 처음에 선제공격을 한 함정이거든요. 그리고 그때 북한 함정 한 척이 격침되고 5척이 엄청 파손을 입었어요. 제 1연평해전은 압도적으로 우리가 승리한, 북한 피해가 막심한 해전이었는데 제일 크게 당한 함정이 684호정입니다. 그래서 3년 후에 이 배가 화력을 집중보강해서 전차포까지 장착하여 내려와서 복수한 겁니다.

앵커: 북한이 호시탐탐 노린 것이군요?

심동보 제독: 그렇죠. 우리는 그때 월드컵이다, 남북 화해, 이런 무드도 있었고… 그런데 그렇게까지는 하겠냐고 했는데 북한은 변한 게 없어요. 우리가 유념해야 될 건 휴전 후에 한 60년 동안 1,100회가 넘는 도발을 했습니다. 그런데 우리가 북한의 도발에 대해서 응징보

복다운 보복을 단 한 번도 제대로 한 적이 없습니다. 한번 생각을 해 보세요. 천안함 폭침 후 우리 잠수함을 보내서라도 보복을 하든지 했어야 했는데 아무것도 한 게 없어요. 그러니까 계속 악순환이 반복되는 것입니다.

우리의 의지가 중요합니다. 그냥 두면 안 됩니다. 반드시 보복을 해야 되고 그래야 저 버릇을 고칠 수가 있습니다. 그리고 제가 연평해전 영화를 시사회 때 보고 요즘의 뜨거운 반응을 보니까 우리나라의 새로운 희망을 보는 것 같습니다. 특히 젊은 20, 30대가 많이 본다는데 진짜 대한민국의 새로운 희망인 것 같고 그 희망의 주인공이 우리 젊은이들로 보여서 참 다행으로 생각합니다.

앵커: 어쨌든 만전의 대비태세를 갖춰야 될 것 같네요. 오늘 말씀 고맙습니다.

— 2015. 6. 29. YTN 〈뉴스Q〉

명예해군 복원이 절실하다

우리 해군의 명예가 끝없이 추락하고 있다. 일부 간부들의 부정부패로 인해 예비역은 물론이고 현역 장병의 신성한 제복에도 더러운 얼룩이 지고 있다. 충직한 해군장병들의 보람과 사기는 일부 고위직 위선자들의 입신영달을 위한 희생물로 전락한다는 우려까지 나오고 있다.

1993년의 해군장교 인사비리 사건으로 현역 장성 및 대령 10여 명이 구속되어 언론을 도배한 사건이 잊힐 즈음에 터진 최근의 방산비리 사건에 더하여 이번엔 해외 파병부대 지휘관에 의한 유류 및 부식비 유용사건까지 터져 나왔다.

해군장교 진급비리 사건이 해군 내부에서 누적된 인사비리가 곪아 외부로 터져 나온 역사상 가장 치욕적인 대규모 '인사부정'이었다면 최근의 방산 및 보급비리 사건은 해군을 가장 부패한 집단으로 낙인

찍은 '군수부정'이다.

필자가 참모총장 수석부관으로 재직하던 1993년에 터진 전임 참
모총장 부부에 의한 진급 뇌물 사건은 가히 충격 그 자체였다. 비리
에 연루된 장성들과 대령들이 해군본부 헌병감실 구치소에 구속 수
감되고 모든 언론에 연일 톱뉴스로 대서특필되어 해군의 명예는 끝
없이 추락하였다.

정부가 바뀌고 새로 부임한 참모총장에 의해 대대적인 개혁이 단
행되었다. 난국에 처한 해군의 지휘부에서 참모총장 수석부관으로
서 각 1년씩 참모총장 두 분을 보좌하면서 생생히 기억하는 바로는
인사제도에서부터 해군의 문화에 이르기까지 전반적이고도 강도 높
은 개혁이 숨 돌릴 겨를 없이 이어지고 대외적으로 공포되었다. 해
군 '내부여론의 설득력 있는 진정'을 바탕으로 한 해군의 주도적 대
국민 명예회복 운동은 전 장병의 일치단결된 노력으로 성과를 내어
난국을 수습하고 명예해군으로 거듭나는 계기가 되었다.

지금 위기에 처한 해군은 참모총장의 강력하고도 설득력 있는 리더
십을 절실히 필요로 하고 있다. 절대 다수가 충직한 장병들로 구성
된 해군은 단합된 용기와 의지가 있다면 얼마든지 억울하게 연루된
비리 혐의자들을 구제하는 한편으로 다시는 비리가 싹트지 않도록
개혁하여 더욱 명예로운 해군으로 거듭날 수 있다. 특단의 명예해군
복원대책을 제시한다.

① 해군참모총장은 명예해군 복원계획을 천명하고 대국민 성명을 직접 발표해야 한다. 스포츠구단에 불과한 삼성 프로야구단도 선수 2명의 해외원정 도박사건이 터지자마자 사장이 직접 대국민 성명을 발표했다.

② 해사 총동창회, 해군협회, 해군전우회를 비롯한 해군 예비역 단체들은 모군에 부담을 줄 수 있는 일체의 행위를 자제하고 해군이 명예를 회복할 수 있도록 적극 지원하고 그 각오를 국민들에게 발표해야 한다.

③ 해군은 장교근무평정제도를 상대평정으로 전환하여 인간관계보다 임무에만 매진할 수 있도록 제도를 정비하는 등 '임무형 군대'로 혁신하여 모든 장병 및 군무원들이 한눈팔지 말고 국가가 부여한 본연의 임무에만 충실하도록 해야 한다.

④ 특정 참모총장 재임 중 정치적 필요에 따라 계획도, 예산도 없이 졸속으로 단행된 작전사령부 이전을 비롯한 핵심부대 이전 및 인기에 영합한 제도적 개악을 정상화해야 한다.

⑤ 해군장교단의 가치를 정직, 희생, 명예 위주로 재정립하여 실천함으로써 부사관들과 병사들의 귀감이 되고 국민들의 믿음을 사도록 해야 한다.

⑥ 해군과 관련된 민간 업체와 각종 단체에 어떠한 명목으로도 금전적, 물질적 후원을 요구하여 받아선 아니 된다.

⑦ 최소한 국민들의 신뢰가 되돌아올 때까지 참모총장을 필두로 해군 전 장성은 영내에서 병사들과 함께 풍찬노숙을 자임하여

솔선수범함으로써 총화단결, 심기일전해야 한다.

⑧ 해군은 국민이 주인인 '국민의 군대'로서 해군에 대한 국민의 자부심이 해군 발전의 원동력임을 자각하고 창군정신으로 재무장하여 목욕재계하고 새롭게 거듭나야 한다.

— 2015. 10. 21. 해군사관학교총동창회 〈안보마당〉

결심우세가 전쟁의 승패와
국운을 결정한다

지식정보화시대 전쟁수행의 핵심개념은 '신속결정작전'(RDO, *rapid decisive operation*) 이며, 결심우세와 효과기반작전(EBO, *effect based operation*) 으로 구현된다.

병신년(1596년) 12월에 선조가 내린 '가토함대' 차단 지시에 불복한 이순신 제독의 전략적 배경도 결심우세 확보에 실패한 선조의 지시를 불복하더라도 유리한 조건에서의 효과기반작전 수행을 염두에 두려 한 것으로 보인다. 일본함대에 비해 열세였던 조선함대를 보존한 후 승리가 담보된 결정적 작전에 대비하기 위하여 함대피전을 선택한 것임이 분명하다.

동계의 황천을 극복하고 삼도수군의 전진기지인 한산도로부터 부산-대마도 간의 함대결전 해역으로의 이동 자체도 무리였을 뿐만 아니라 피곤한 상태에서 싸워야 할 전장조건도 평소 조선함대가 익숙하지 않아 우세함대의 소모전에 말려들 수밖에 없을 것으로 판단했을 것이다.

물론 함대결전을 감행했어야 할 때가 있었다. 임진왜란 발발 전
에 입수한 왜의 침략정보를 면밀히 분석하여 왜의 원정함대가 출항
하기 전에 부산포에 조선함대를 집결하여 일본함대의 침공루트를
차단, 격멸했으면 임진왜란의 참화는 겪지 않았을지도 모른다. 그
러나 때를 놓쳐 결심우세 확보에 실패한 선조가 뒤늦게 기회를 준
이순신 제독이 취할 수밖에 없었던 전략은 '현존함대'(現存艦隊,
fleet in being)로 남해 해로차단작전을 수행하여 원정 일본함대의 서
진 차단전략에 주안을 둘 수밖에 없었는데 이후의 사태로 그가 택한
전략의 주효성이 입증되었다.

선조의 명령에 불복한 이순신 제독은 결국 정유년(1597년) 2월 삼
도수군통제사에서 파직되고 후임 통제사인 원균은 선조의 지시대로
대마도에서 건너오는 일본 함대와 결전을 위해 이동하다 칠천량에
서 전멸에 가까운 패배를 당했다.

— 2015. 5. 8. 해사총동창회 온라인 세미나

한국군 정보작전 창시자의 권고

미군과 한국군의 분명한 차이는 먼저 당한 후의 반격 여부다. 무력 도발에 대한 응징보복은 차치하고서라도 북한의 수없는 사이버 공격에 대해 한국은 속수무책으로 당하기만 한 반면 미국은 단 한 번의 해킹에 대해서도 바로 응징보복한 사례가 이를 증명한다.

12년 전에 이미 현대전 양상의 변화에 따른 연성작전 능력 확보의 긴요성에 착안, 건의하여 2002년 4월 1일 창설한 합참 정보작전과와 여기서 주관한 정보작전방호태세(INFOCON) 등의 관련 기능이 정상적으로 발휘되고 있는지 의문이다.

이후에 물론 합참 정보작전처와 국군사이버사령부 등이 증·창설된 것으로 알고 있으나 컴퓨터네트워크작전, 정보보증, 심리전, 전자전, 공보작전, 민군작전, 군사기만 등의 제 기능을 통합하여 동시에 수행하는 최상위의 군사작전인 정보작전의 핵심개념에 충실한지 되짚어 보아야 한다.

차제에 적당주의와 보신주의가 한국군을 무력증에 빠지게 하여 쓸모없는 군대로 만들고 있지 않은지 엄중하게 자문해 보고 특단의 대책을 강구해야 한다. 나아가 국방부, 합참, 국가정보원, 지식경제부, 산업자원부 등 민관군에 분산된 관련 기능을 통합방위 차원에서 합참이 중심이 되어 통합하여 일사불란한 정보작전 수행태세를 확립해야 함은 물론이다.

응징보복을 할 줄 모르는 군대가 국가를 지켜 낸 전례는 없다. 특히 상대가 공산전체주의 집단일 경우 반드시 그러하다. 그중에서도 북한의 3대 세습독재정권은 유엔을 비롯한 국제사회가 규정한 반인류범죄 집단이다.

— 2014. 12. 25. 심동보 전략리더십센터

'경쟁적 국민개병제'로
경쟁력을 확보하자

선진국에 비해 평생 근로기간이 10년 가까이 부족한 대한민국의 위기를 예고하는 핵심적인 요인으로 저출산에 따른 인구의 급격한 감소와 청년실업, 그리고 급속히 진행되는 고령화를 빼놓을 수 없다. 문제는 노인빈곤 현상까지 초래하는 복합적 사회불안 요소의 중심에 남성 위주의 비경쟁적 징병제가 자리하고 있다는 사실이다.

현재 한국군의 병력규모는 62만 9천 명인데 그중 장교는 7만 1천 명, 부사관은 12만 1천 명, 그리고 병은 43만 5천 명이다. 〈국방개혁에 관한 법률〉(2010. 7. 1.) 과 〈국방개혁 기본계획〉에 따라 2022년까지 병사를 약 12만 명 감축하여 총병력을 52만 2천 명 규모로 유지할 계획이나 현재와 같은 저출산 추세가 지속된다면 2020년대 초반부터 연간 2~3만 명의 병력 자원 부족 현상에 직면할 전망이다. 급격한 병력자원 감소로 30년 전에 비해 현역 판정비율이 50%에서 91%로 배증하여 현역 복무 부적합자의 대거 입영이 불가피할 정도로 대규모 병력을 유지할 수 없는 한계상황에 직면한 것이다.

헌법 39조 1항에 "모든 국민은 법률이 정하는 바에 따라 국방의 의무를 진다", 2항에 "누구든지 병역의무의 이행으로 불이익한 처분을 받지 아니 한다"고 규정하고 있는 바와 같이 명실공히 '모든 국민'의 절반을 차지하는 여성에게도 사병 복무기회를 보장하는 경쟁적 제도로서의 국민개병제하의 병역제도로 전환을 준비하여 6년 내에 봉착할 '인구 지진' 현상과 '인구절벽' 시대에 대비하는 것은 이제 선택의 문제가 아니라 반드시 해결해야 할 불가피한 과제가 되었다.

　논란의 핵심에 남북 대치상황과 북한의 대규모 병력을 고려할 때 '모병제 도입은 시기상조'라는 견해가 많은 것이 사실이나 오히려 그렇기 때문에 모병제를 포함한 '경쟁적 국민 개병제'로 전환하여 양질의 소요 병력 충원을 보장하고, 전쟁수행 및 군 운영 방식을 효율과 효과에 기반하여 혁신하고 아울러 군을 정예화하여 더욱 강력해진 전투력으로 북한의 위협을 무력화할 수 있어야 한다.

　북한군이 핵미사일 위주의 비대칭적 수단에 의존하여 군사력의 우위를 확보하려는 것은 역으로 더 이상 병력집약형의 재래식 전면전을 수행할 수 없는 한계상황을 반증한다고도 볼 수도 있다. 따라서 우리의 병역제도를 여성 병사제도와 모병제를 가미한 '경쟁적 국민개병제'로 전환하면 한국군은 병력집약형의 방만한 소모적 군대에서 기술군 중심의 정예화된 생산적 군대로 재무장되어 오히려 북한군을 질적으로 압도할 수 있다. 아울러 남녀 청년들에게 취업기회까지 제공하여 평생 근로기간을 늘리고 저출산 문제와 노인 빈곤 문제의 근원적 해결에도 기여할 수 있을 것이므로 국가경쟁력과 전투력 강화 차원에서 발상의 전환이 필요해 보인다.

군대 내의 구타를 비롯한 가혹행위와 병영 내 부조리로 인해 관심병사가 23.1%에 달하고, 연간 70여 명의 자살자를 포함해 100여 명이 사망하고, 4천여 명이 의가사 제대하며, 병영이탈 등으로 500여 명의 전과자가 발생한다. 군 복무를 자유의사에 따라 직업으로 선택한 병사들 간에는 이러한 일이 발생할 여지가 적을 것이다. 이뿐만 아니라 양질의 소요병력을 경쟁적으로 충원하기 위해서라도 군은 부대 운영을 합리적으로 효율화하고 병영문화를 개선하게 되어 전투력 상승의 시너지 효과를 창출하는 계기로도 작용할 수 있을 것이다.

군의 적정 병력규모는 안보상황과 전쟁수행 방식에 따라 책정됨이 마땅하다. 가용 병력자원과 전쟁양상의 변화 등을 감안하여 군 병력을 30만 명 규모로 유지할 경우 사병 18만 명의 월급을 200만 원 정도로 지급하면 연간 약 4조원 정도가 소요되나 감축 병력의 운영 유지비 절감으로도 충당이 가능하기 때문에 '경쟁적 국민개병제' 유지에 필요한 예산 문제는 새로운 국방비 부담요인으로 작용하지 않을 것이다. 전문 학자의 연구에 의하면 국군의 병력 규모를 30만 명 정도로 유지할 경우 병력 운영비는 약 8조 4천억 원으로 현재의 절반 규모로 줄어들게 되어 오히려 약 8조 원의 예산이 남을 뿐만 아니라 감축병력의 경제활동에 따라 1만 명당 1조 원, 총 35조 원의

GDP 상승효과를 창출할 것으로 기대된다.

'가난한 사람만 지원, 입대할 것'이라는 우려는 입대경쟁을 통해 소요병력을 충원하는 '경쟁적 국민개병제'를 단순한 모병제로 착각하여 남녀 청년들에게 주는 공정한 혜택과 긍정적 파급효과를 간과한 데서 비롯된 것으로 보인다. 인구절벽 시대의 징병제 소요병력 충원을 위해 의무복무 기간을 오히려 늘려야 한다는 비현실적 주장과 함께 발전적 병역제도 개선을 가로막는 차별적 선동에는 창군 이후 68년 동안 유지되어 온 징병제에 익숙한 관행과 병력집약형 지상군 위주의 구조 속에 안주하여 이익을 지켜온 기득권 세력의 저항이 밑바탕에 깔려 있는 것으로 보인다.

'북한 급변사태 시 안정화 작전을 위해 현행 징집제를 유지해야한다'는 주장도 있는데 마치 통일 후 한·중 국경지대 경비 병력까지 감안하여 대규모 병력의 유지가 필요하다는 지상군의 기득권 유지 논리를 연상하게 한다. 북한 안정화 작전은 '경쟁적 국민 개병제'하의 정예화된 병사와 병행하여 발전시킬 동원 체계에 의해 효과적인 수행이 충분히 가능할 것이다.

모병제를 포함한 '경쟁적 국민개병제'는 '정의롭지 못한 정치적 포퓰리즘'이란 주장도 있으나 오히려 정의로운 반 포퓰리즘적 병역제도이다. 개인의 자유의사를 무시해 온 징병제와 비교할 수 없을 정도로 헌법정신에 충실한 제도인데도 그동안 관행에 안주해 온 징집제의 편의와 기득권 세력의 저항을 거부하기에 오히려 인기를 더 끌지 못하기 때문이다. 병역제도의 합리적 전환에 반대하는 주장은 마치 '야간 통행금지 없이는 안보와 치안이 불가능하다'고 믿었던 몽매한 시대에 안주하는 식의 무사 안일한 행태를 연상시킨다.

경쟁적 국민개병제는 자유경쟁을 통한 양질의 병력 충원을 보장하여 군 전투력 상승 유발 효과를 창출할 것이다. 군대를 통해 여성을 포함한 모든 청년들에게 자유의사에 따른 스마트 군대의 명예로운 주역이 될 수 있는 길을 열어 줄 것이다. 청년 실업을 해소하고 평생 근로기간을 늘려 저출산 및 노인 빈곤 문제 해결의 전환점이 될 것이다. 이제 한국군은 기득권 구조에 안주해 온 지상군 위주의 병력 집약형 '군의 군대'에서 개인의 자유의사에 따라 경쟁적으로 정예화된 '국민의 군대'로의 전환을 모색할 상황에 직면하고 있다.

　참고로 필자는 2014년 8월 20일 13:25시에 KBS 1 라디오에 출연하여 "잇따르는 군대 내 가혹행위 논란, 모병제 전환이냐, 징병제 유지냐? 가혹행위 근절 위해서도 소수 정예부대를 키워야(심동보 제독) VS 분단국가라는 현실에서 국방예산 감당 어려워(신인균 자주국방내트워크 대표)"라는 제목으로 병역제도의 전환에 관한 의견을 개진한 적이 있다.

— 2016. 9. 29. 닮고 싶은 리더 이야기(블로그)

나라사랑 안보교육

두 번째로 맞는 '서해수호의 날'을 맞아 서해를 지키다 전사한 호국영웅들의 희생정신을 기리면서 경의와 애도를 보낸다. 때마침 국가보훈처의 요청이 있어 대치초등학교 3학년 4반 학생 31명(남 15, 여 16)을 대상으로 40분간 '나라사랑 안보교육' 강의를 하였는데 밝고 씩씩하게 자라는 새싹들과 교감하면서 신선한 희망과 함께 보람을 느꼈다.

쉽게 말해 '안보'는 마치 힘센 친구가 내 도시락을 뺏어 먹으려고 할 때 어떻게 지켜 내느냐와 같은 것이라고 이야기해 주었다. 나쁜 친구보다 내가 더 힘이 세어 물리치던가 아니면 더 힘센 좋은 친구의 도움을 받아 합세하여 지켜내듯이 나라 지키는 것도 마찬가지라고 이야기해 주었더니 쉽게 이해하면서 강의 내내 흥미를 가지고 집중해 주었다.

13년 전에 준장으로 진급하여 서해를 지키는 해군 2함대의 전투 전단장으로 부임하자마자 내가 만들어 내건 표어가 '오늘 일전이 있다', '전우가 사수한 NLL 우리가 지킨다'였다. 지금도 일부 전투함의 함교는 물론이고 군항 부두와 '서해 수호관' 입구에 게시되어 있는 구호는 '항재전장'(恒在戰場) 의식 속에 필승의 전투의지를 함축하여 생활화하는 지표가 되고 있다.

제1연평해전(1999. 6. 15.), 제2연평해전(2002. 6. 29. 장병 6명 전사, 참수리 357 피침), 대청해전(2009. 11. 10.), 천안함 피격사건(2010. 3. 26. 장병 46명 전사, 천안함 폭침), 연평도 포격도발(2010. 11. 23. 해병 2명 전사, 민간인 2명 사망)로 이어지는 북한의 끊임없는 도발은 이제 종지부를 찍을 때도 되었다.

북한 공산전체주의세습독재 노예집단에겐 우리의 선의가 통하지 않는다. 1953년 휴전 이후 변함없이 지속된 무수한 군사도발이 이를 증명한다. 대남 무력적화에 혈안이 된 적의 도발에 대해 제대로 된 응징보복이 뒤따르지 않은데도 원인이 있지만 우리의 대비태세 상의 허점도 다시 한 번 되짚어 볼 필요가 있어 보인다.

당장 오늘 적이 도발하면 어떻게 해야 하나? 모든 부대와 장병 각자는 항상 이런 생각을 가지고 있어야 한다. 절실하게 생각할수록 부족한 부분이 드러나게 마련이다. 이렇게 도발하면 어떻게 하고, 저렇게 공격해 오면 어떻게 격퇴하며, 부지불식간에 먼저 당하면 어떻게 보복 응징하여 재도발의 싹을 자를 것인가를 구체적으로 마련해 두어야 한다. 내가 전투전단장 재임 중 만든 부대별, 개인별 '전

제 2회 '서해수호의 날'인 2017년 3월 24일을 맞이하여
대치초등학교에서 '나라사랑 안보교육'을 실시하기 전의 자유분방한 교실 모습이다.

투임무 매트릭스(*matrix*)'를 숙달하고 생활화하여 조건반사식 전투가 가능하게 항상 준비해 두어야 한다.

오늘은 2014년 4월 16일 맹골수로에서 침몰한 여객선인 세월호가 1,074일 만에 인양된 날이기도 하다. 나라를 뒤흔든 동 사건과 관련하여 70여 차례 방송에 출연하여 해설한 나로서도 감회를 지울 수 없다. 이제는 3년 가까이 온 나라에 분열과 갈등을 가져온 세월호 사건의 밑바탕에는 기본의 실종이 자리 잡고 있었음을 되새겨 볼 필요가 있다. 국가 안보든, 국민 안전이든 무지하고 나태하면 언제라도 재앙이 될 수밖에 없는 속성을 지니고 있는 것이다. 적당히 생각하면 억울한 희생을 불러오기 마련임은 아무리 강조해도 지나침이 없어 보인다.

'오늘 일전이 있다'고 생각하고 준비하는 부대는 반드시 승리한다. 부대 지휘관과 소속 부대에 대한 자긍심이 높은 부대는 행복하고 강하게 마련이다. '서해수호의 날'을 맞아 모든 지휘관과 국군 장병들에게 다음의 리더십 원칙을 당부하면서 건승을 기원한다. '부하들에 대한 최대의 복지는 승리를 선물로 주는 것이다.'

— 2017. 3. 24. 닮고 싶은 리더 이야기(블로그)

제 3 장

★

국민행복과 국운융성

안거낙업

국민의 안전과 행복 보장은 국가 지도자의 기본 책무다.

안전은 이성과 과학이지
감성과 정치가 아니다

세월호 침몰사고가 발생한 지도 1년이 되었다. 침몰 다음 날부터 여러 방송에 출연하여 실종자 수색구조와 선체 인양을 병행해야 효율적으로 사고를 수습할 수 있다고 주장했던 기억이 새롭다. 대통령께서도 4월 6일 "선체 인양을 적극 검토할 것"이라고 밝혔다.

세월호 선수가 하루 이상 물 밖에 떠 있었던 사고 발생 초기 상황은 구조와 선체인양이 비교적 수월한 상황이었다. 일거에 수면에서 사라진 천안함(2010. 3. 26.)이나 서해페리호(1993. 10. 10.)와는 비교가 되지 않는 좋은 조건이었다.

그러나 그때엔 아무도 나서서 선체인양을 주장하지 않았다. 감히 여론이 겁나 인양이란 말을 아예 꺼내지 못했는지도 모른다. 필자는 안타까웠다. 이미 현장에 와서 대기 중인 대형 해상 크레인을 이용하여 떠 있는 선수 부분이 더 이상 가라앉지 않게 붙잡고 부분 부력을 유지한 상태에서 불과 1마일 가까이에 있는 얕은 연안으로 안전하게 수평 이동, 침몰 대신 좌초시켜야 한다고 주장했다. 실행에 옮겨졌다면 세월호 사태는 이미 오래 전에 종결되었을지도 모른다.

세월호 사태 수습은 사고 발생 직후부터 시행착오의 연속이었다. 신속하고 합리적 의사결정을 그르친 근본적인 원인은 실시간 현장 상황을 제대로 파악하지 못했던 데서 기인한 것으로 보인다. 사고 현장에서 청와대 국가안보실을 거쳐 대통령까지 뒤늦게 보고된 과정을 살펴보면 첨단 인터넷 강국의 지위를 의심케 하기에 충분하다. 관련 상황 공유, 보고 및 지시 수단은 팩스와 전화가 거의 전부였음이 밝혀졌다.

그런 데다 청와대에는 사고를 주도적으로 지휘통제 보좌할 수 있는 해양 전문가가 전무하다 보니 "재난관리에 대한 컨트롤 타워 기능은 국가안보실에 없다"고 발뺌하는 어처구니없는 지경에까지 이르렀다. 해상근무 경력이 거의 없는 자들이 수뇌부를 구성하여 총체적 부실을 노정한 해양경찰과 빼닮은 모양새였다.

문제는 이후에도 계속된다. 필자가 방송에서 유일하게 주장한 대로 해경은 해체되었지만 보다 강력한 '군사형 해경'으로의 재창설 대신 국민안전처 소속의 '해양경비안전본부'로 개명되는 수준에 그쳤다. 청와대도 부분적 조직개편과 인적쇄신이 이루어졌지만 여태껏 해양 전문가는 보이지 않는다. 해양국가 대한민국 최고지도부의 이상 현상이 아닐 수 없다.

모든 일엔 때가 있다. 적기를 놓친 후 여론에 떠밀려 선체인양에 성공하더라도 수심 40미터 이상의 해저에 1년 넘게 잠겨 있던 거대한 세월호가 모습을 드러내는 순간부터 상처는 더 커질 것이다. 실종자들의 뼛조각 몇 개를 찾아내고 선체를 재조사하는 것이 세월호 트라우마를 치유하는 것보다 우선일 수는 없다.

다시 세월호와 같은 사고가 발생한다면 어떻게 될까? 재발 방지에 대한 확신이 없다면 최소한 현장 - 해양경비안전본부 - 국민안전처 - 청와대 간 실황(實況) 공유가 가능한 다자간 교차방송 시스템을 주축으로 한 물샐틈없는 해상재난관리체계부터 구축해야 한다.

후속대책의 핵심은 악전고투(惡戰苦鬪)의 부메랑이 될지도 모르는 세월호 인양 자체가 아니라 세월호 트라우마 치유와 사실에 입각한 실시간 소통체계의 구축이다. 안전은 정치적 감성놀음으로 보장되지 않는다. 과학적 이성으로 문제의 본질을 봐야 한다.

— 2015. 4. 15. 연합뉴스TV 〈시사터치〉
"세월호 참사 1년, 대한민국 안전 현주소는?"

스마트 국민안전관리체계
혁신이 긴요하다

안전은 스스로 지켜야 한다. 안전은 개인적 편리에 우선한다. 국가가 구명의 착용까지 강제하여 안전을 보장할 수는 없는 노릇이다. 자유민주시민의 자존인 자율성의 근간을 훼손하는 규제일 수도 있다. '돌고래호' 사고로 인해 귀중한 생명이 바다에서 사라졌다. 또다시 안타까운 희생을 불러온 원인은 '설마'하는 적당주의가 만연한 총체적 기본실종에 있다.

출항 전 안전점검과 교육 미 실시에서부터 엉터리 출항신고 및 관리, 무리한 악천후 출항, 황천항해 시에도 구명의 미착용 및 선상음주, 부정확한 운항 선박 모니터링, 조난신호 발신 누락, 미탑승자의 거짓말이 초래한 구조 혼선, 실종 선박 추적 오류 및 구조 황금시간 허송, 성의 없는 수색 구조 상황 설명, 정부의 구조 컨트롤 혼선 및 책임 회피 등 중구난방에 우왕좌왕하는 모습은 누구를 탓할 것도 없이 우리 모두의 복합적 잘못에 기인한 것으로 보인다.

소 잃고 외양간을 다시 고치는 어리석은 행동을 탓하기만 할 때가 아니다. 모든 문제점을 종합적으로 분석하여 내실 있는 대책을 철저하게 강구해야 할 것이다.

첫째, '오늘 재난이 있다'고 생각하고 사람 잡는 '설마' 병을 고쳐야 한다. 개인에서부터 정부까지 모두가 각성하고 안전 불감증을 치유해야 한다.

둘째, '스마트 재난상황관리시스템'을 구축하여 선박 출입항과 안전운항에 대한 관리를 혁신하고 수색구조와 정보공유 효율을 높여야 한다. 우선 모바일 실황 공유 시스템으로 출입항 신고가 가능하게 하여 관리사각지대를 없애고 통합관리 및 정보공유 효율을 극대화해야 한다.

셋째, 해양수산부와 국민안전처(해양경비안전본부)로 이원화된 선박 운항 및 안전 관리체계와 해양재난사고 수습 및 구조체계를 일원화하여 지휘 및 관리 효율을 극대화해야 한다.

넷째, 자신의 안전은 스스로 지켜야 한다. 국민의 생명을 지키는 것은 국가의 가장 중요한 우선 책무이지만 개인의 부주의와 태만까지 책임질 수는 없다. 너나없이 후진국형 안전 불감증에 갇힌 상태에서는 '안전한 나라, 행복한 국민'은 요원하다. '설마'를 딛고 선 거창한 구호가 아니라 모두가 '오늘 재난이 있다'고 생각하고 대비하고 실천하는 것이 더욱 중요한 이유다. 무엇보다 안전은 개인적 편리에 우선한다.

다섯째, 국민들이 가까운 바다에서 해양레저를 즐길 수 있도록 새마을운동을 하듯이 해양을 정화하고 어족자원을 보호, 육성할 필요가 있다.

— 2015. 9. 6. 채널A 〈뉴스특보〉
2015. 9. 6. TV조선 〈뉴스특보〉
2015. 9. 8. 연합뉴스TV 〈뉴스포커스〉

자부심 높은 나라를 위하여!

나라를 사랑하시는 모든 분들께 큰 걱정을 끼쳤습니다. 과분한 염려와 성원에 진심으로 감사드립니다.

예술적 표현의 자유를 빙자하여 증오와 적개심을 배설하기 위해 바로 쳐다보기도 민망할 정도로 여성 대통령을 알몸으로 발가벗겨 민의의 전당인 국회에 내건 행위는 있을 수 없는 일이었습니다. 이로 인해 도저히 묵과할 수 없을 정도로 국가와 국회의 품격이 추락하고 모든 여성과 국민이 모욕당하고 성희롱당했습니다. 치욕적으로 국가원수의 인격을 능멸했습니다. 현장에서 제가 느낀 수치심과 울분은 형언하고 자제하기 힘든 정도였습니다.

현장에서도 밝혔습니다만 저는 일부 언론에서 기사화한 것처럼 '보수단체 회원'이 아닙니다. 어느 정당원도 아닙니다. 박근혜 대통령을 지지하는 사람도 아닙니다. 그냥 나라를 걱정하고 사랑하는 평범한

2017년 1월 24일 국회 의원회관 1층 로비에 전시 중이던
박근혜 대통령 패러디 전라 그림 〈더러운 잠〉을 끌어내려 팽개치는 모습이다.

시민입니다.

    조국 대한민국과 대통령에 대한 국민의 자부심을 바탕으로 나라가
조속히 정상화되고 하나가 되기를 기원합니다. 감사합니다.

    "의를 보고 행하지 않으면 용기가 없는 것이다."(見義不爲無勇也)

                                       — 2017. 1. 25. 페이스북

    나는 오후 세 시경에 재물손괴 현행범으로 연행되어 영등포경찰서
에서 조사를 받고 유치장에 감금되었다가 다음 날 11시에 석방되었
다. 본 사건은 검찰에 송치된 상태다. 언론의 인터뷰 요청이 쇄도하
였지만 한 언론사와만 전화 인터뷰하여 내 입장을 밝혔다.

그는 왜 〈더러운 잠〉을 끌어내렸나?

박근혜 대통령 모욕 논란 사진 철거한 심동보 예비역 해군제독, "대통령을 발가벗긴 묘사, 표현의 자유에도 금도 있는 것".

더불어민주당 윤리심판원은 2월 2일 박근혜 대통령 성폭력 논란을 낳은 그림 전시회를 주선해 파문을 일으킨 표창원 의원에게 당직 정지 6개월의 징계를 내렸다. … 표창원 의원실은 지난 1월 20일부터 국회 의원회관 1층 로비에서 '시국풍자 전시회 — 곧, BYE!'를 주선했다. 전시 작품 가운데 〈더러운 잠〉이라는 그림은 곧장 논란에 휩싸였다. 이 그림은 프랑스 화가 에두아르 마네의 그림 〈올랭피아〉에 박근혜 대통령과 최순실 씨의 얼굴을 끼워 넣어 패러디한 그림으로, 모욕과 성희롱, 여성혐오 시비에 휩싸였다.

논란에도 불구하고 이 그림은 24일 오후 한 남성에 의해 강제 철거되기 전까지 계속 전시될 수 있었다. 다수의 여성 의원들이 포함된 300명의 국회의원들이 로비를 오가면서도 이 그림을 의도적으로, 또는 무관심으로 방치했기 때문이다.

그림 강제 철거소식이 언론을 타자 해당 남성은 당장 유명세를 탔다. 주인공인 해군사관학교 31기, 최윤희 전 해군참모총장의 동기인 심동보 예비역 해군제독과 1월 26일 간단히 전화로 인터뷰했다.

어떻게 그림을 철거하시게 된 겁니까.

… 행사가 있어 국회에 들렀다가 로비 입구에 있는 그림을 보게 됐어

요. 내가 국회에 오기 전 24일 TV를 보니, 그림은 이미 논란이 되고 있었고, 표 의원 소속 정당도 사과를 했더군요. 문재인 전 대표까지 잘못된 것이라고 지적했어요. 징계위원회에 회부하겠다는 말이 나왔습니다. 그런데 국회에 가 보니 그림이 계속 걸려 있는 겁니다. 그림을 뗐겠지 싶었는데 버젓이 걸려 있더군요. 자기들이 잘못을 인정을 한 것인데 그림이 그대로 있다는 게 너무 한심했습니다. 국회의원 300명이 있는데도… 제가 그림을 떼 던져 버렸습니다. 사람들이 모여 들더군요.

불편한 그림이지만 그래도 그렇게 행동으로 옮기려면 용기가 필요했을 것 같은데요.

제 평소 소신이 '의(義)를 보고 행하지 않으면 용기가 없는 것이다'라는 겁니다. (심 제독은 자신의 블로그에 쓴 한 글에서 "의를 보고 행하지 않으면 용기가 없는 것이다. — 견의불위무용야, 見義不爲無勇也"란 공자의 글을 소개해 놓았다.) 제가 해군사관학교를 나왔습니다. 군 생활하면서도 평생 그런 가르침 속에서 살았습니다. 무사안일한 불의의 길보다 험난한 정의의 길을 간다는 생각을 갖고 살았습니다. 행동하지 않으면 소용없다는 겁니다."

경찰에 연행돼 조사를 받으셨지요?

국회 경위 측에서 신고한 것 같은데 그날 오후 3시경 연행돼 그 다음 날 11시까지 조사를 받았습니다. 제가 어느 정당이나 단체에 가입된 사람이 아니고, 그림을 뗀 것은 시민으로서 도저히 묵과할 수 없었기 때문이라는 이유를 경찰에 가서 밝혔습니다.

— 2017.2.9. 박주연 〈미래한국〉기자

이런 지도자가
조국의 희망찬 미래를 연다

북핵의 '노예'냐, 북한을 포함한 '자유'냐? 북한 세습독재 공산전체주의 집단의 위협과 국내적 분열 및 혼란으로부터 대한민국을 지켜내야 한다. 이념, 계층, 지역, 남북으로 분열된 대한민국은 북한을 포함한 하나된 통일국가로 재건국해야 한다.

그러기 위해선 대통령이 국민 자부심의 중심에 서서 앞장서 헌정을 수호하고 국민을 보호하면서 자유롭고 공의로운 국가로 거듭나게 개혁해야 한다. 대한민국의 정통성을 이어 자유와 인권을 신장하고 국민의 생명과 재산, 행복을 보장해야 한다.

국가 지도자는 목숨을 다하여 국민과 역사 앞에 책임을 다할 것을 맹세하면서 남북한 국민과 위대한 대한민국을 위해 다음과 같이 국가재건의 깃발을 높이 들어야 한다.

① 국가와 지도자에 대한 국민의 자부심을 리더십 원천으로 삼고

다양하게 소통하여 국민통합을 이룬다.

② 상호존중과 배려의 공동체를 구현하고
국가에 대한 국민의 자부심을 고양한다.

③ 자유민주 시장경제체제의 대한민국 헌정을 수호한다.

④ 내·외부의 적과 위해로부터 국민을 보호한다.

⑤ 북한 동포를 해방하고 자유통일을 이룬다.

⑥ 지도층의 도덕적 책무를 강화하고 부패 기득권을 척결하여
공의롭게 사회를 개혁한다.

⑦ 인기에 영합하는 중우 선동정치를 개혁한다.

⑧ 고효율의 강소조직으로 정부구조를 개혁한다.

⑨ 국가안보전략 체계를 재정립하고 스마트 군대로 혁신한다.

⑩ 남녀 차별 없는 경쟁적 국민개병제로 병역제도를 개혁한다.

⑪ 핵·미사일을 포함한 북한의 위협을 근원적으로 제거한다.

⑫ 굳건한 한미동맹을 기반으로 공영의 다자간 안보협력체계를
발전시킨다.

— 2017. 1. 23. 심동보 전략리더십센터
닮고 싶은 리더 이야기(블로그)

자유롭고 하나된 조국을 위하여!

군과 기업, 그리고 사회활동을 통해 체득하고 실무적으로 적용한 내 나름의 리더십 원칙과 실제 사례를 통일시대를 향한 전략과 함께 제시했다.

이 책에서 제시한 자유의 리더십 원칙이 결과적으로 내가 지휘·관리한 거의 모든 조직을 최강으로 만들어 준 것만은 확실하다. '인재경영'이란 그럴싸한 경영학의 원칙을 모르는 것은 아니지만 나는 어떤 조직에서도 우수한 인재들을 스카우트하여 내 부하로 삼아 편하게 일해 본 적이 없다. 인사명령에 의해 맺어진 대로 사람 가리지 않고 소중한 인연으로 생각하였다. 부족하면 직접 가르쳐 가면서 근무하였다. 무엇보다 부하들 스스로 일을 찾아 자유롭게 근무하도록 보장하면서 온몸을 던져 부하들과 하나가 되어 임무를 수행하였다.

그 결과 수많은 부대와 장교들이 결국 나의 지휘·관리 사례를 벤치마킹했다. 각급 지휘관들과 간부들의 집무책상과 수첩에 내가 만든 '기준함 장교 근무수칙'이 있을 정도로 선·후배와 동료를 가리지 않고 알게 모르게 나를 따라 했다.

리더십은 종합예술이다. 다양한 악기로 구성된 오케스트라를 지휘하는 것과 같은 것이다. 지휘자가 전문성, 통찰력, 판단력, 그리고 통합능력이 없으면 다양한 소리를 조화시켜 감동(승리)을 연출할 수 없다. 악기들마다 내는 고유한 음의 다름을 인정하지 않는다면 이미 오케스트라가 아니다. 그러나 각 연주자들의 기량이 그 악기가 낼 수 있는 최고의 음을 연주할 수 없다면 기본에 문제가 있다고 봐야 한다. 어떻게든 단호히 기량을 끌어올려야 통합이 가능함은 물론이다.

모든 리더십이 지향하는 목표는 조직의 승리(이익)에 있다. 승리하기 위해선 리더의 지시에 의해서가 아니라 임무만 떨어지면 구성원들이 모든 역량을 발휘하여 최고도의 팀워크를 이루어 자기가 할 일을 스스로 알아서 최고수준으로 해낼 수 있어야 가능하다.

동서고금을 통틀어 최고의 전략가인 손자(孫子)가 말하길 가장 이상적인 부대는 '솔연'(率然)과 같이 임무 앞에 저절로 움직이는 부대라고 했다. 요즈음의 '슈퍼리더십'을 떠올리게 하는, 리더십과 관련하여 내가 접한 말 중 단연 최고의 함의를 지닌 백미였다.

미국의 리더십 연구자 헌터(James C. Hunter)는 그의 저서《서번트 리더십》(*Servant Leadership*)을 통해 진정한 리더십은 권력(*power*)이 아닌 권위(*authority*)에 근거하며, 권위는 리더의 솔선수범하는 봉사와 희생을 통해 얻어지는 것이라 밝혔다. 철저히 자유가 보장된 조직 구성원들의 자발적 지지와 참여가 조직의 생존과 번영을 결정하는 절대적 요소이고, 이것을 이끌어 낼 수 있는 것이 바로 구성원들을 감동하도록 만들 수 있는 리더의 희생과 봉사라고 했던 것이다.

모든 리더는 이와 같은 섬기는 자세에서 출발하여 '솔연'과 같이 임무 앞에 저절로 움직이는 조직을 지향해야 한다고 믿는다. 그런 리더에게 내가 온몸을 던져 복무하면서 체득하고 적용한 리더십 노하우가 지침이 되어 행복하고 강한 조직과 자유롭고 하나된 조국의 동량이 되기를 바라 마지않는다.

심동보

예비역 제독, ㈜ 한국군사문제연구원 비상임이사, 해군사랑장학회 감사, 대한민국해군협회 정책위원.

해군 후배들이 가장 닮고 싶은 리더로 손꼽은 심동보 제독.
1977년 해군사관학교를 졸업하고 당시 한국 함대의 기함이던 충북함에서 통신관으로 군 생활을 시작하여, 이후 해군참모총장 수석부관, 충남함 함장, 국방관리대학원장을 비롯한 다양한 보직을 역임하였다.
미국 해군 해상전학교를 거쳐 미국 국방대학원에서 국가안보전략 석사학위를 받았으며, 서울대 경영대학 최고경영자과정도 수료하였다.
2008년 전역 후에는 현대중공업 상무를 거쳐 현재 한국군사문제연구원 비상임이사, 대한민국해군협회 정책위원, 해군사랑장학회 감사 및 안보교육 전문강사 등으로 활동하고 있다.

정보작전 및 효과기반작전 개념을 처음 국내에 도입하고 《초전대응전술교범》을 제작하는 등, 다양한 혁신과 성과를 통해 해군의 조직문화와 전략발전에 크게 기여하였다.
또한 전우와 후배들을 위해 출간한 《기준함의 770일》, 《심동보 제독의 실전 리더십 10계명》은 군 및 기업체 등에서 비공식 교재로도 활용되었다.

화랑무공훈장, 보국훈장천수장, 대한민국충효대상 등을 받았다.